최준석 특파원의 인도 비즈니스 기행

간디를 잊어야
11억 시장이 보인다

최준석 _지음

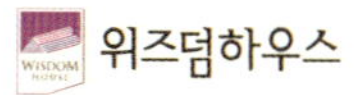
위즈덤하우스

최준석 〈조선일보〉 특파원은 항상 '출장 중' 이었습니다. 뉴델리에 앉아 있는 날보다 지방을 돌아다니는 날이 훨씬 많아 보였습니다. 뉴델리 북쪽 히말라야 산중의 오지 강고트리에 가는가 하면, 인도 최남단 케랄라 주의 도시 코친, 중동부의 오지 잠셋푸르에 가 있었습니다.

그는 섭씨 45도를 넘는 더위와 어려운 음식, 교통 여건을 아랑곳하지 않고 인도 구석구석을 돌아다니면서 수많은 인도 이야기를 쏟아냈습니다. 〈조선일보〉와 〈주간조선〉, 그리고 조선닷컴 내 그의 개인 블로그 '인도야 놀자jschoi.chosun.com' 에는 인도와 관련된 생생한 현장 정보와 인도 사회를 이해할 수 있는 깊이 있는 정보가 그득했습니다.

이 책에도 나옵니다만, 무굴제국의 2대 황제 후마윤이 이란까지 쫓겨갔다가 권좌에 복귀했다는 이야기, 미얀마의 마지막 왕이 인도 땅(라트나기리)에 묻혀 있다는 이야기는 최 특파원의 글을 통해 처음 접했습니다. 델리의 대표적인 관광지인 무굴 황성 '레드 포트' 도 몇 차례 가 봤습니다만, 최 특파원의 글을 읽고서 그곳의 풍성한 역사를 다시 발견할 수 있었습니다. 뉴델리 근무 당시 틈틈이 '인도야 놀자' 에 접속해 다양한 인도 이야기와 만나는 일은 인도 생활 속 즐거움 중의 하나였습니다. 주재국 수도에 발이 묶여 있는 외교관과는 달리, 현장을 두 발로 뛰어다니며 취재하는 기자가 때로는 부럽기도 했고 그 열정에 감복하기도 했습니다.

국내에서 인도에 대한 관심이 급속도로 커지고 있습니다. 하지만 인도 관련 정보는 생각보다 부족합니다. 우리와 인도와의 관계사가 그만큼 짧은 탓입니다. 우리는 인도 하면 힌두교, 소, 마하트마 간디, 요가 등 일부 단어를 피상적으로 떠올리기 쉽습니다. 그래서는 안 됩니다. 인도는 21세기 중반 이전에 세계 3대 강국이 된다는 평가를 받고 있는 나라입니다. 인도를 제대로 알아야 합니다. 인도 정계를 움직이는 사람들과 그들의 힘이 어떻게 작용하는지를 파악해야 합니다. 또한 인도 재계의 주요 경제인, 인도 경제의 가능성과 한계, 그리고 남과 북, 동과 서가 크게 다른 다양한 인도 사회를 이해해야 합니다. 이런 의문점을 최 특파원의 책이 상당 부분 해소시켜 줄 것입니다.

최 특파원이 1년이라는 그리 길지 않은 시간 동안 인도에 머물렀지만, 이 같은 책을 낼 수 있는 건 인도에 대한 남다른 애정과 관심이 있기 때문입니다. 인도에 거주하는 한국인들을 보면, 인도를 싫어하는 사람과 인도를 좋아하는 사람 두 부류로 갈립니다. 어려운 생활 여건과 고정관념 때문에 인도에 애정을 갖지 못하는 사람들이 많습니다만, 그러한 고정관념을 버리지 않는다면 '달리는 코끼리' 에 비유되는 새로운 인도를 제대로 볼 수 없을 것입니다.

최 특파원은 인도에 대한 남다른 애정을 갖고, 이 나라를 이해하려 했기 때문에 많은 인도인들을 만나 그들의 이야기를 담아낼 수 있었던 것입니다. 현장을 부지런히 뛰어다니는 최 특파원을 대사관 직원들에게 많이 칭찬했던 기억이 납니다. 이 책이 인도에 대한 한국인의 이해를 넓히는 데 많은 도움이 되길 바랍니다.

최정일 전 주인도대사(현 주독일대사)

    2005년 봄, 〈조선일보〉 편집국은 브릭스BRICs의 한 축으로 중국 다음
으로 주목받는 인도에 특파원을 내보내야겠다고 결정하였다. 기자들을
상대로 지원자를 받았다. 마지막 날까지 지원자가 나서지 않았다는 말
을 듣고, 기사를 봐주는 '데스크'에서 다시 현장 기자가 돼 일선을 누비
고 다니고 싶다는 생각이 들었다. 그렇게 인도와의 인연이 시작됐다.
    그날부터 인도를 접했다. 인도 관련 책을 모조리 사다가 공부했다.
아는 만큼 보이기 때문이다. 하지만 책을 읽을수록 내가, 그리고 우리
한국이 11억의 나라에 대해 정말 아는 게 없다는 점을 느꼈다. 내가 아
는 것이란 간단한 지리 정보와 역사 상식 등이 전부였다. 그래서 인도
에 가면 기자로서 할 일이 많겠다는 생각이 들었다.
    인도에서의 1년은 너무나 빠르게 지나갔다. 사우스 델리의 바산트
비하르에 있는 한국인 게스트하우스에 둥지를 틀고, 그곳에서 차로 15
분 거리인 인디라 간디 공항을 제집 드나들듯 다녔다. 인도 남단 케랄
라 주에서 북단 카슈미르까지 인도 곳곳을 뒤지고 다녔다. 11억이 모
여 사는, 남한의 30배가 넘는 넓은 땅인 탓에 가봐야 할 곳이 너무 많았
다. 언어와 문자, 종교, 민족이 제각각인 사람들이 모여 사는 땅이어서
이해하기도 쉽지 않았다. 우리가 흔히 알고 있는 인도는 북인도였고,
남인도는 매우 달랐다. 인도아대륙 북서부의 파키스탄, 북동부의 네팔,
그리고 인근 아프가니스탄까지 다니다 보니 1년이 후다닥 지나갔다.

귀국일이 다가올 즈음, 머물고 있던 숙소 벽에 붙여놓은 대형 인도 지도에는 32개 도시 위에 빨간색 표시가 되어 있었다. 그리고 방 한쪽에는 인도 관련 책과 자료가 수북이 쌓여 있었다.

한 곳을 취재하기 위해 해당 지역에 관한 정보들을 사전에 철저히 검토했다. 이 때문에 국내에서 출간된 인도에 관한 그 어떤 책보다도 생생하고, 구하기 힘든 정보를 담고 있다고 자부한다. 인도의 정치, 경제, 사회를 움직이는 힘을 담아내기 위해 노력했고, 상당 부분 성공했다고 생각한다. 중국에 이어 새로운 거대 시장으로 떠오르는 인도를 이해하는 데 이 책이 일부나마 기여할 수 있을 것으로 기대한다. 인도에 관한 국내 정보는 외국 필자에 의존하거나, 인도를 주마간산 격으로 여행한 국내인이 생산한 게 대부분이어서 아쉬운 실정이다. 앞으로도 기회가 되면 인도에 대한 국내의 이해를 넓히는 데 기여하고 싶다.

책을 쓰는 데는, 인도에 진출한 한국의 빅3 기업 삼성전자(법인장 오석하 전무), 현대자동차(법인장 임흥수 부사장), LG전자(법인장 신문범 부사장)의 도움이 컸다. 이들의 현지 네트워크가 없었으면 현장에 파고들기가 쉽지 않았을 것이다. 독일대사로 옮긴 최정일 전 주인도대사의 격려에도 감사드린다.

사랑하는 아내 미형과 재성, 재희 두 아들에 대한 느낌은 특별하다. 떨어져 있었던 게 가족을 재발견하는 기회가 됐다. 또 멀리 있는 아들을 걱정해주신 어머니(정필례 씨) 덕분에 건강하게 돌아올 수 있었다. 끝으로 인도로 가는 길을 열어준 조선일보 방상훈 사장, 송희영 전 편집국장에게 감사드린다.

2007년 5월 최준석

1부 무섭게 떠오르는 인도

1장 | 깨어나는 산업 도시들

2장 | 코끼리 경제? NO! 거북이 경제

11억의 땅,
인도의 허상과 실상

BANGALORE

JAMSHEDPUR

CHENNAI

GREATER NOIDA

MUMBAI

SASARAM

BHOPAL

BHUBANESHWAR

GANGOTRI

AHMEDABAD

AMRITSAR

KOCHIN

DHARAMSALA

DELHI

ALLAHABAD

PATNA

NAGPUR

POKHRAN

PONDICHERRY

GANGTOK

SRINAGAR

WAGAH

RATNAGIRI

시간이 지날수록 알기 힘든 나라

한국을 방문한 한 인도인이 서울 시내의 한 호텔에 투숙했다. 객실에서 인터넷을 이용하기 위해 호텔 프론트에 연락을 했다. 한국인 직원이 잠시 후 달려와 노트북 컴퓨터를 이용해 인터넷을 사용할 수 있도록 도와줬다. 이 직원은 "인도는 IT강국이라지요. 인터넷 속도가 빠를 텐데, 한국은 느린 편입니다. 미안합니다"라고 말했다.

그 말을 들은 이 인도인은 내심 당황했지만, 아무 말도 하지 않았다. 2007년 현재, 인도의 일반 가정용 인터넷 중 속도가 빠른 게 256kbps다. 보통은 128kbps다. 서비스 속도가 100Mbps를 넘는 한국과는 비교도 할 수 없을 만큼 뒤져 있다. 그는 델리에 돌아와 '한국에서의 어처구니없는 경험담'을 한 매체에 기고했다. 인도의 실상을 모르는 한국을 비판한 게 아니라 '인도를 보는 외국의 시각이 이런데 우리는 아직까지 거기에 도달하지 못하고 있느냐'를 말하고 싶었기 때문이다.

델리에서 이 글을 읽으면서 한국인이 얼마나 인도에 대해 모르는지 다시 생각했다. 1990년대 중반부터 방갈로르를 중심으로 인도가 IT강국으로 부상한다는 이야기가 나왔다. 방갈로르에 다녀온 한국 기자들은 마이크로소프트, 텍사스 인스트루먼트, IBM, 인텔 등 세계적인 IT 기업의 방갈로르 법인이 즐비하다며 '인도의 실리콘밸리'라는 예찬을 늘어놨다.

2000년대 중반 무렵에는 인도가 경제 대국으로 뜨고 있다는 내용으로 바뀌었다. 2003년 국제 투자은행인 골드만삭스가 인도를 '브릭스BRICs' 국가에 포함시키면서 다른 차원에서 주목을 받기 시작했다. 브릭스는 골드만삭스가 만든 신조어로, 〈브릭스와 꿈꾸기 : 2050년으로 가는 길Dreaming with BRICs : The Path to 2050〉이라는 보고서에 처음 등장한 용어다.

그 보고서는 당시 "향후 50년간 브라질, 러시아, 인도, 중국 등 브릭스 경제가 세계 경제에서 훨씬 더 큰 세력이 될 수 있다. 40년 이내에 브릭스는 미국 달러 기준, G6보다 규모가 커질 수 있다"고 주장했다. G6는 미국, 일본, 독일, 영국, 프랑스, 이탈리아를 말한다. 이러한 인도 관련 언론 보도의 흐름 속에서 우리는 인도가 '인터넷 강국'이고, 순식간에 경제 대국으로 부상하고 있다고 생각하게 됐다.

하지만 델리에 사는 사람들은 한국에서 일고 있는 인도 붐에 대해 다르게 생각한다(뉴델리는 델리 중심의 한 부분으로 정부 청사가 밀집해 있는 곳이다. 인도에서는 '뉴델리'라는 표현은 거의 쓰지 않고, '델리'라는 표현을 주로 쓴다. 뉴델리는 서울로 치면 시내 한복판인 종로에 해당하고, 델리는 전체를 아우르는 서울시쯤 된다). 한국인 델리왈라(델리에 사는 남자)와 델리왈리(델리에 사는 여자)들은 이에 대해 냉소적이다. "인도가 뜬다고 한 게 벌써 10년째"라는 말에 그 같은 정서가 응축되어 있다. 생각보다 빨리 인도 경제가 커 올라오지 않는다는 판단이다.

'인도는 인구가 11억이어서 돈이 있어 소비 능력을 갖춘 중산층이 전체 인구의 5%만 되어도 5,000만 명'이라는 생각이 일단 잘못된 신화였다. 1991년 인도 경제 개방 이후 적지 않은 선진국 기업들이 인도 시장에 달려들었다가, 시장이 커지지 않아 손해만 보고 후퇴한 게 그 예다. 인도 시장에서는 단기적인 투자보다는 인내심을 갖고 길게 보는 투자를 해야 한다.

인터넷 속도가 느려 컴퓨터를 사용할 때마다 속이 터지는데, 서울에 있는 한국인이 "인도는 인터넷 강국 아니냐"고 하면 실소가 나온다. 인도는 인터넷 강국, IT강국도 아니다. 정확히 말하면 소프트웨어 강국, IT기술을 이용한 서비스 강국이라 할 수 있다.

인도에 오래 살면 살수록 인도를 잘 모르겠다고 말하는 한국인이 많다. 뉴델리한인경제인회 심영섭 회장(LG생명공학 법인장)이 대표적인 경우다. 심 회장은 "인도는 땅덩어리가 크고, 워낙 국가 구성원이 다양해 '인도는 이렇다' 라고 쉽게 말할 수 없다. 다만 '내가 보고 겪은 인도와 인도인은 이렇다' 라고 말할 수 있을 뿐이다"라고 말한다. 장님 코끼리 만지기 식이라는 것이다. 그래서 전에는 서울에서 온 손님이 인도에 대해 물어오면 이런저런 이야기를 했는데, 시간이 갈수록 입을 다물게 된다고 한다.

인도는 영적인 나라?

한국인과 다른 외부 세계의, 인도에 대한 가장 큰 오해는 '인도=영적인 나라' 라는 생각이다. 2,000명 남짓한, 델리의 한국인 사회에서 제일 욕을 많이 얻어먹는 한국 사람은 소설가 류시화다. 1997년 그가 펴낸 인도 여행기, 《하늘 호수로 떠난 여행》은 한국에서 베스트셀러가 돼 인도 바람을 일으켰다. 그 책을 읽은 한국인들, 특히 젊은 여성들이 책 내용에 매료되어 인도에 몰려왔다. 그의 인도 이야기 속 등장인물은 릭샤 왈라(인력거 꾼), 버스 속에서 만난 사두(힌두 탁발승), 힌두 성지 바라나시에서 만난 구루(스승), 장사꾼이다. 그에게 투영된 등장인물은 모두 다 개똥철학자이고 현자(賢者)들이었다. 그는 인도 여행을 하면서 수없이 뒤통수를 맞았고 돈을 뜯겼고, 약속을 지키지 않은 인도인들 때문에 고생을 했다. 그는 순간 화가 나고 때로는 어처구니없어 했지만, 돌아서 생각하면 그들의 말에는 진리가 담겨 있다고 말했다. 그의 책이 얼마나 인기를 모았는지 당시 인도를 찾는 사람들 손에는 '인도 관광 가이드' 책자와 함께 《하늘 호수로 떠난 여행》이 들려 있었다.

하지만 인도행 비행기에서 내려 델리의 관문인 인디라 간디 국제공항 청사에 들어서는 순간 환상은 깨진다. 지저분하기 짝이 없는 청사, 폐차장에 갔어도 진작에 갔어야 했을 낡은 차들, 꾀죄죄한 차림의 사람들, 얼굴에 달려드는 모기를 위시한 각종 날벌레들……. 한 나라의 첫인상을 결정짓는 수도의 국제공항이 이 지경이라면 다른 곳은 말할 것도 없다는 생각이 들게 마련이다.

이들은 여행기 속 등장인물을 직접 체험한 순간 고개를 설레설레 흔든다. 쉴 새 없이 거짓말을 해대고, 약속을 지키지 않고, 책임감 없고……, 그러고도 당당하다는 듯 고개를 뻣뻣이 들고 변명만 늘어놓는 일부 인도인에게 손발 다 든다. 그런데 문제는 여행객들이 돈까지 적게 갖고 온다는 점이다. 인도 여행은 돈이 아주 적게 든다고 알려져 돈을 넉넉하게 갖고 오지 않은 이가 태반이었다. 후진국일수록 여행객의 호주머니를 노리는 사람들이 많은 법이다. 돈을 잃어버리거나 돈이 떨어진 이들은 갖은 고생을 하다가, 결국 한국 대사관이나 인도에 진출한 한국 기업을 찾아와 손을 내밀곤 했다. 이런 이들을 많이 접한 델리의 한국인들에게 류시화는 술자리의 안주거리로 심심찮게 등장했다. "인도의 실상을 잘못 알렸다"는 죄목이다.

인도는 결코 영적인 나라가 아니다. '류시화의 인도'는 없다. 그는 타고난 감성으로 인도의 모습을 자신의 방식으로 소화해내 '현자의 나라'로 풀어냈지만, 일반인이 그렇게 느끼기는 쉽지 않다. 세계적으로 인도는 영적인 나라라고 알려져 있으나, 이는 영국 식민 통치의 유산이라는 말도 있다. 영국인들은 식민 지배의 비참한 현실을 분식하기 위해 이 같은 이미지를 만들어냈다는 지적을 받는다. 인도인들도 자신들의 무기력과 가난을 외부 세계에 설명하고 스스로 위안을 삼기 위한 수단으로 '영적인 나라' 이론을 받아들였다. 그런 뒤 인도인들은 이 같은 이미지를 다시 해외로 역수출하고 있다. 식민 지배자와 피지배자들이 서로 목적은 달랐지만 '영적인 나라' 인도라는 이미지 만들기 작업을 같이 한 셈이다.

바라나시Varanasi, 하리드와르Haridwar 등 강가(갠지스 강)변에 자리 잡은 힌두교 성지에 가면 주황색 옷을 입은 힌두교 수행자(사두)들이 많이 보인다. 하지만 그건 그곳의 얘기일 뿐이다. 또한 사두라고 해서 진정한 수행자라고 단정할 수도 없다. 생계를 위해 사두 행세를 하는 사람도 많기 때문이다. 자와할랄 네루 초대 총리도 이 같은 일을 비꼰 적이 있다. "인도에 520만 명의 사두와 거지가 있다고 한다. 일부는 정직하겠지만 대부분은 남을 속이는 전혀 소용없는 사람들이다." 예컨대 중국의 소림사 무술 승려들이 나오는 영화를 많이 보면, 중국은 무예의 나라이고, 중국인들은 모두 무술가인 것으로 착각할 수 있다. 인도도 마찬가지다. 요가 하는 사람이 있고, 히말라야 산중에서 수행하는 사람이 있다고 해서 인도를 영적인 나라라고 말할 수는 없다. 그보다는 인도인은 대단히 현세적이고 물질적인 사람들이라고 얘기하고 싶다.

힌두인들이 제일 좋아하는 신은 락시미Lakshmi와 가네샤Ganesh이다. 락시미는 명성과 재산, 부, 번성을 상징하는 여신이다. 가네샤는 사람 모습에 코끼리 코를 갖고 있는데, 상인들은 가게에 가네샤의 신상이나 그림을 모셔놓는다. '돈'을 가장 중요시하는 게 인도인의 보편적인 정서다. 고리대금업자는 어느 사회에서나 존경받지 못하는 '필요악'의 존재지만 인도 사회는 그들에게 상대적으로 관대하다. 인도 독립의 아버지 마하트마 간디의 금욕 생활을 당시 대부분의 인도인들은 이해하지 못했다고 말하는 인도인도 있다. 간디는 인도 현대사에서 가장 걸출한 인물이다. 하지만 우리가 11억 인도의 모습을 제대로 파악하려면 간디를 잊어야 한다.

힌두교의 핵심 교리 중 하나인 카스트 신분제를 봐도, 상인계급(수드라Shudra)은 농민계급(바이샤Vaishya)보다 한 단계 위에 있다(지주는 수드라에 속하고, 농부는 바이샤에 속한다). '비즈니스맨'을 장사치라고 폄하하고 농민을 그들보다 더 중시했던 한국과는 '상인'들에 대한 사회적 인식이 다른 것이다.

힌두교는 사원은 있으되 기독교와 같은 단일 성서도 없고, 가톨릭과 같은 수직화된 종교 조직도 없는 좀 특이한 종교다. 수백만 명의 신을 섬기는 다신교이며, 힌두 신은 지금 이 순간에도 늘어나고 있다. 힌두교는 종교라기보다는 미신에 가까워 보인다. 힌두 신들은 모두 인간의 얼굴을 하고 있어, 그리스 로마 신화에 나오는 신들과 흡사한 면이 많다. 힌두교의 신화 역시 그리스 로마 신화 못지않게 다양하고 재밌기도 하다.

현대 인도에 대해 '부처님의 나라'라고 존경을 표할 필요도 없다. 인도에는 부처님이 없다. 이 나라가 배출한 세계적인 종교 지도자 부처를 인도는 그들의 삶에서 지워버렸다고 해도 과언이 아니다. 불교 신도는 전체 인구의 1%도 되지 않는다. 1193년 북인도를 침략한 투르크계 이슬람 세력 바크티야르 킬지Bakhtiyar Khilji가 현재 비하르 주의 주도州都 파트나 인근 날란다에 있던 날란다Nalanda 대학을 파괴한 이래 불교는 이 땅에서 사라졌다. 하지만 위대한 선각자인 부처를 버릴 수는 없었던지 인도인들은 이후 부처를 힌두 신 비슈누Vishnu의 현신avatar 중 하나로 만들어놓았다. 힌두교에 편입시켜놓은 것이다.

현재 인도의 불교도 중 절대 다수는 소위 '신新불교운동'의 산물이다. 신불교운동은 인도 헌법의 아버지 B. R. 암베드카르Ambedkar 박사가 힌두교의 신분 차별에 절망해, 힌두교를 버리고 불교로 개종하면서 시작됐다. 불교는 같은 인도 땅에서 태어났지만 힌두교와는 달리 '만민평등'의 종교다.

암베드카르 박사는 불교를 연구했고, 《인도로 간 붓다》 등의 저서를 썼다. 1956년 암베드카르의 개종은 당시 큰 파장을 불러일으켰다. 수십만 명의 달릿dalit(불가촉천민을 존중해서 부르는 말)들이 그를 따라 개종했다. 불가촉천민은 힌두교의 최하층으로 '카스트 4계급'에 끼지도 못한다. 이들과 접촉하면 죄와 더러움이 옮는다고 해서 이들은 다른 카스트와 접촉조차 할 수 없다. 한마디로 '카스트 외外'다. 불가촉천민을 영어로는 'outcaste'라 부른다. 결국 사회적 불평등에 반발하여 개종하고 있는 것이다.

인도 여행 중 많은 거리에서 보게 되는 인물상 가운데, 안경을 쓴 중년 남자는 십중팔구 암베드카르 박사다. 인도 중부 도시 낙푸르(마하라슈트라 주의 겨울 수도)의, 그가 개종한 장소에 세워진 딕샤푸미에는 오늘도 불교로 개종하는 사람들이 찾아온다.

하지만 '신불교운동'은 11억의 땅을 뒤흔들지는 못했다. 찻잔 속의 폭풍이었을 뿐이다. 2006년은 암베드카르 박사가 불교로 개종한 지 50년이 되는 해였다. 딕샤푸미에는 많은 사람들이 모여 암베드카르 박사를 추모했지만, 〈타임스 오브 인디아〉를 비롯한 인도의 주요 언론은 단 한 줄도 이와 관련한 기사를 쓰지 않았다. 그만큼 주류 사회에 파장을 일으키지 못하고 있다는 얘기다.

경제는 온통 장밋빛 미래?

인도는 빨리 변하고 있다. 필자는 1997년, 테레사 수녀의 장례식을 취재하기 위해 콜카타로 가는 길에 뉴델리에 처음 들렀다. 당시 델리 거리를 달리는 승용차 차종은 두 가지였다. 국영 힌두스탄 모터스에서 나온 흰색 승용차 '앰배서더'와 일본 스즈키 자동차와 인도 정부의 합작기업인 마루티 스즈키에서 나온 소형차였다. 간혹 대우자동차의 씨에로도 보였다. 외제 차라고는 그것이 고작이었다. 당시 델리에 나와 있던 한국 기업의 한 주재원은 인도에서는 씨에로가 벤츠 자동차 급으로 대우받고 있다고 했다.

그런데 2005년 9월, 다시 찾은 델리 거리를 보고 깜짝 놀랐다. 8년 전 거리를 휩쓸던 앰배서더는 뒤로 밀려났고, 마루티 스즈키 자동차는 신 모델을 내세워 시장을 주도하고 있었으나, 현대차, 도요타, 혼다, 벤츠, GM시보레, 포드, 미쓰비시, 스코다 등 한국과 일본, 미국, 독일, 체코 등 외국 브랜드가 거리를 휩쓸고 있었다. 인도 자동차로는 타타 자동차가 새롭게 시장에 선보였다. 거리는 활력이 넘치고, 아스팔트 도로 바닥에는 예전에는 없었던 차선이 그려지기 시작했다.

델리 동쪽 외곽 위성도시인 그레이터 노이다Greater Noida에 있는 삼성 전자와 LG전자 인도법인 공장을 가기 위해 '타지Taj 고속도로'를 탔을 때는 입이 딱 벌어졌다. 넓은 곳은 왕복 6차선 고속도로였고, 새로 닦은 듯 포장이 반듯했다. 차가 빨리 달리는 듯하더니, 어느새 운전사가 몰고 있던 차의 속도계는 시속 100킬로미터를 넘고 있었다. 와! 인도에서 시속 100킬로미터라니? 생각지도 못했던 속도감이었다. 도요타에서 나온 승합차 콸리스로 무장한 인도 경찰이 도로 한쪽에 차를 세워놓고 과속 차량 단속을 하고 있는 것도 신풍속도였다.

델리 서쪽 외곽의 신도시 구르가온도 놀랍기는 마찬가지였다. 시내의 가장 큰 도로인 MG로드 변에 즐비한 대형 쇼핑몰은 눈을 휘둥그레지게 만들었다. 인도를 처음 방문한 사람들은 이런 모습을 보고 "드디어 인도가 뜨는구나. 1970년대 중국 같아!"라고 감탄사를 연발했다.

하지만 이런 걸 보고 감탄만 하면 인도를 잘못 본 것이다. '또 다른 인도'를 봐야 한다. 인도를 알게 될수록 '올드 인도'의 그림자가 너무나 강해 '뉴 인도'가 발하는 빛을 가릴 수 있을 정도라는 걸 알게 된다. 그걸 해결하지 않고서는 인도의 경제 발전은 도약대에 오르기 쉽지 않다.

타지 고속도로를 빠른 속도로 달리고 있던 중 정면에서 트럭이 나타나 소스라치게 놀랐다. 중앙분리대가 설치된 고속도로에서 그런 일이 일어나다니! 반대 방향으로 가는 차는 분명 분리대 저편의 차선을 달려야 한다. 그런데 필자가 탄 차의 정면을 향해 대형 트럭이 유유히 달려오고 있는 게 아닌가? 그냥 가다가는 정면으로 충돌할 판이다. 차로를 비켜줘야 했다. 아주 긴급 사태여서 역주행을 하더라도 바깥쪽 차로를 저속으로 달리는 게 상식이다.

"저 트럭이 왜 그러느냐"고 인도인 운전사에 물었더니 그는 태연하게 아무렇지도 않다는 듯이 말했다. "여기는 인도입니다This is India." 이는 어떤 일이든 일어날 수 있는 곳이니, 그리 놀라지 말라는 뜻으로 들렸다. 가장 기초적인 교통규칙조차 무시되는 게 인도다. 그러고도 아무런 죄의식도 없다. 쌩~ 하고 지나가는 트럭 운전사 얼굴을 쳐다보니 지구상에서 가장 평온한 표정이다.

이 때문에라도 인도 도로에서는 빨리 달리기가 겁난다. 현대자동차 인도법인의 민왕식 이사는 인도에서는 자동차로 이동할 때 평균 시속 40킬로미터로 간다고 생각하면 소요 시간이 맞게 나온다고 말했다. 그의 말이 맞았다. 아스팔트 도로 바닥은 파손돼 수많은 구멍들이 뚫려 있었고, 소와 개, 염소 등 온갖 동물들이 도로에 나와 있어 속도를 낼 수 없었다. 한 인도인은 인도의 길은 '동물농장'이라고 말했다. 사람을 포함해서 동물들이 온통 길에 나와 있어 위험하기 짝이 없다는 얘기였다. 이로 인해 외국인들은 인도에서 자가 운전하길 꺼린다.

인도 언론은 '다시 일어나는 거인'이라고 자신들을 묘사한다. 역사상 처음 주목받는 위치에 올라서는 게 아니고, 과거 인도는 거인이었으며, 이제 다시 역사의 전면에 부상하고 있다는 주장이다. 이들은 자신들의 분홍빛 미래를 그려내는 데 여념이 없다. 가만히 있어도 특별히 노력하지 않아도 인도는 21세기의 강대국이 된다는 자아도취에 빠져 있다.

인도가 미국, 중국과 함께 3대 글로벌 파워로 올라설 가능성이 높지만 '당위'는 아니다. 시간만 지나면 자연히 그렇게 될 것이라는 낙관은 근거가 없다. 인도 경제는 연평균 8% 성장률을 달성하며 고도성장을 하고 있으나, 인도가 중국에 근접하기 위해서는 두 자리 성장률이 필요하다. 이를 위해서는 보다 많은 외국 자본이 투자되어야 하고 추가적인 경제 개방이 요구된다. 하지만 개혁 개방의 속도는 지지부진하다. 예컨대 인도의 농산물 유통 등에 일대 혁신을 가져올 수 있는 유통시장 개방에 대해서도 만모한 싱 정부의 '공약'만 있지 실천으로 옮겨지지 못하고 있다.

인도 정부는 자국민을 교육시켜 노동의 질을 향상시켜야 한다. 인도의 문자 해독률은 65.38%(2001년 인구조사)에 이르고 있다. 중국의 문자 해독률은 90%가 넘는다. 이로 인해 인도에서는 이미 노동력 부족이라는 얘기가 나오고 있다. 세계적으로 명성 높은 IT산업과 IT기술을 이용한 서비스 산업의 경우, 영어를 구사할 수 있는 소수의 교육받은 사람들만 고용한다. 훈련받은 인력이 곧 바닥을 드러낼 수밖에 없다. 인도의 인건비가 급상승하는 이유가 여기에 있다. 이런 여러 가지 이유들로 인해 생각만큼 인도가 빨리 뜨지 못할 수도 있다는 유보적인 전망도 적지 않다.

중국은 공산당이 독재하면서 '국가 발전'을 위해 앞을 보고 치고 나가는데 인도는 꿈도 꾸지 못한다. '거북이 경제론'은 인도의 경제 발전 속도를 설명할 때 김광로 LG전자 인도법인 전 사장이 자주 사용하던 말이다. 인도는 여러 가지 변수가 많아 중국처럼 빠른 속도로 경제가 발전하지는 않을 것이며, 뜨는 데 오랜 시간이 걸린다고 김 전 사장은 말한다. 한국인으로서는 최고의 인도 전문가인 그의 말에 많은 이가 수긍한다. '인도가 뜬다 뜬다' 하는데 갑자기 달아오르지는 않을 것이며, 예열 기간이 상당할 것이란 관측이다.

카스트는 붕괴된다?

카스트 문제는 외부인에게는 이해하기가 퍽이나 어렵다. 21세기에 어떻게 신분제 사회가 존속할 수 있을까? 상상이 가지 않는다. 하층민들은 왜 상층민의 억압에 들고 일어나지 않을까 하는 생각도 든다. 인도의 신분 차별은 지금도 여전하다. 농촌과 도시 간 양극화가 심하고, 발전이 기형적으로 이분화한 데는 카스트 계급의 존재에 큰 원인이 있다.

카스트는 힌두교의 핵심 구조라서 쉽게 없어지지 않을 것이란 게 인도 델리 대학 D. N. 자Jha 교수(역사학)의 얘기였다. 인도 최대 주인 구자라트의 최대 도시 아메다바드의 '샤르마 현대'의 현대자동차 딜러 수렌드라 샤르마 사장은 "카스트는 카스트"라며 신분제 철폐 가능성을 묻는 필자의 질문에 고개를 가로저었다. "돈이 있으면 카스트의 장벽을 넘을 수 있지 않느냐"는 말에 대해서도 "돈은 카스트가 아니다"라고 부정했다.

카스트는 힌두교에서만 나타나는 것은 아니다. 이슬람교, 시크교, 기독교, 자인교, 불교는 신분 차별이 없는 종교다. 하지만 인도에서는 상황이 다르다. 제도화된 카스트의 굴레는 없으나 신분 차별이 존재한다. 예를 들어 힌두교에서 이슬람교로 개정했더라도 당초의 카스트가 꼬리표처럼 따라다닌다.

신분 차별은 인도 신문들의 주말판 결혼 광고 섹션에 잘 나타나 있다. 카스트에 따른 배우자를 찾는 광고 일색이다. 세상이 바뀌면서 카스트 간 통혼도 있으나 이는 예외적일 뿐이다. 신분 차별은 교육 기회의 차별로 나타나 하층민의 상당수가 교육 기회를 갖지 못하고 있다. 수천만 명의 어린이가 학교에 가지 못하고 어린이 노동에 시달리고 있다.

대중교육은 매우 부실하나, 고등교육은 잘 발달해 있는 교육 현실도 인도 사회 양극화의 한 단면이다. 인도 정부는 하층민에게 절실히 필요한 초중등 교육은 등한시한 채, IITIndian Institute of Technology(인도공과대학), IIMIndian Institute of Management(인도경영대학원) 등 엘리트 교육기관은 세계적인 명성을 얻을 정도로 키워 놨다. 즉 현대 인도 정부는 산스크리트 시대와 마찬가지로 브라만들의 교육에 많은 예산을 쏟고 있다. 이는 카스트적인 사고의 유산이다. 실제로 중국과 비교했을 때 초등학교 졸업생은 중국이 압도적으로 많고, 대학 졸업생은 인도가 많다.

인도의 농촌은 절대 빈곤에 시달리고 있고, 농촌의 절대 다수는 하위 카스트 주민들이다. 시골을 바라보면 인도의 현주소는 너무 어둡다. 제대로 교육받지 못한 탓에 경제가 좋아진다 해도 이들의 삶이 개선될 전망은 요원하다. 유엔개발기구UNDP의 인도 내 주요 프로젝트 중 하나가 화장실 설치해주기다. 하지만 화장실을 만들어주는 것보다 더 힘든 건, 화장실이 왜 필요한지를 시골 사람들에게 설득하는 일이다.

이 사람들은 오랫동안 동네의 외진 곳 아무데나 볼일을 보는 데 익숙해왔다. 밤새 기차를 타고 아침에 올드델리Old Delhi역에 도착할 때쯤 창밖을 내다보면 '모닝 똥'을 누기 위해 철도변에 엉덩이를 까고 앉아 있는 남녀노소의 대오를 볼 수 있다. 상당수 인도인들에게는 '어디에

뇌야 하는지'에 대한 훈련부터 시켜야 할 정도다. 일부 인도인은 "서양인들은 똥 위에 똥을 누지만, 우리는 깨끗한 대지에서 맑은 공기를 마시며 똥을 눈다"는 말을 농반진반으로 할 정도로 인식이 전근대적이다.

도시민이라 해도 하층 계급의 삶은 비참하다. 델리의 중산층 거주지 바산트 비하르Vasant Vihar 인근의 링 로드Ring Road(순환도로)나 뭄바이의 게이트 오브 인디아Gate of India 인근을 새벽에 나가보면 길바닥에 누워 자는 사람들이 수두룩하다. 그들이 동네 영화관이나 길거리 쇼윈도에서 본 전자제품을 손에 넣을 날은 요원하다.

인도 정부는 하층 도시민과 농촌 사람들에게 일자리를 창출해주지 못하고 있다. 제조업을 일으키지 못하기 때문이다. 제조업은 비숙련 혹은 반숙련 인력들을 위한 대규모 일자리를 제공한다. 중국은 공장에서 대규모로 인력을 고용하고 있으나, 인도는 그것이 안 되고 있다. 인도의 경제 성장은 소수의 잘 교육받고 영어를 구사하는 상류 계급들에게만 혜택을 주고 있다. IT업종이나 콜센터 등 ITES(IT응용서비스) 업종은 소수 특권층의 지갑을 불려주고 있을 뿐이다.

힌디어가 공용어?

인도는 이해하기 어렵고 아는 데 시간이 걸리는 나라다. 이는 인도가 지구상에서 가장 복잡다단한 데 원인이 있다. 언어와 문자, 민족, 종교가 이질적인 집단이 모여 이렇게 한 나라를 구성하는 경우는 그 유례가 없다. 중국, 러시아, 미국도 땅덩어리가 크고, 인구가 많은 대국이라는 점에서는 인도와 같다. 하지만 구성원 측면에서 살펴보면 너무 다르다. 중국이나 러시아, 미국에는 각각 한족, 슬라브족, 유럽 이민자라는 그 사회의 주류 및 다수를 이루는 집단이 있다. 중국의 경우 소수민족이 많지만 한족이 전체 인구의 80% 이상을 점하면서 나라의 중심을 잡아가고 있다. 하지만 인도는 나라의 중심을 잡는 핵심 그룹이 없다.

인도는 독립 후 9년이 지난 1956년, 오늘날의 형태로 7개의 연방 직할지와 28개의 주로 행정지역을 구분하였다. 당시 경계선을 긋는 데 가장 중요한 기준은 주민이 사용하는 언어였다. 힌디어는 인도 내 최대 언어로 전 인구의 40% 이상(약 4억 8,000만 명)이 사용한다. 최대 언어를 사용하는 사람이 국민의 절반도 안 되는 것이다. 북인도와 중인도의 델리, 우타르프라데시UP, 하리아나, 비하르, 마디아프라데시, 라자스탄,

자르칸드가 힌디 언어권이다. 힌디어는 1950년 제정된 헌법에서 '미래의 인도 공식어'로 지정됐다(인도 헌법 343조). 이는 힌디어가 인도의 현재 공식 언어가 아니란 말이다.

인도 헌법 351조는 연방정부에게 힌디어 확산을 위해 노력하도록 요구했다. 당시는 전국적으로 힌디어가 사용되지 않고 있어, 중간단계로 15년간 영어를 연방정부와 주정부 간의 의사소통을 위한 언어로 사용한다고 명시했다. 힌디어의 전국적인 사용이 확산되면 일정한 시기가 지난 뒤 위원회를 구성해 인도의 공식 언어official language 지정을 위한 권고를 위원회로부터 받는다고 했다.

하지만 50여 년이 지난 오늘의 현실 역시 별반 다르지 않다. 힌디어 사용자가 늘어나기는 했지만, 자와할랄 네루 총리 등 인도 독립의 아버지들이 기대했던 수준에는 크게 못 미친다. 오히려 인도 각 주의 독립적인 언어 사용은 고착화됐고, 전국적인 언어로서는 영어가 더 인기를 끌고 있다. 델리를 중심으로 한 '구심력'이 작용하기보다는, 지방정부의 힘이 더 커지는 '원심력'이 더 크게 작용하고 있다. 상·하원에서 가장 많이 쓰이는 언어 중 하나가 영어이고, 언어 소통이 안 되는 의원들은 동료 의원의 발언을 이해하기 위해 동시통역이 되는 헤드폰을 사용한다.

남인도와 중인도 일부 지역은, 북인도와는 언어도 다르고 인종도 다르다. 남인도 4개 주인 타밀나두(주도 첸나이, 타밀어, 제1언어 구사자 8,000만 명), 카르나타카(주도 방갈로르, 칸나다어, 제1언어 구사자 5,000만 명), 케랄라(주도 트리반드룸, 말라얄람어, 제1언어 구사자 3,570만 명), 안드라프라데시(주도 하이데라바드, 텔루구어, 제1언어 구사자 6,600만 명)는 드라비다계 언어권이다. 중인도의 구자라트(주도 간디나가르, 구자라트어, 제1언어 구사자 4,600만 명), 마하라슈트라(주도 뭄바이, 마라티어, 제1언어 구사자 7,000만 명),

오리사(주도 부바네스와르, 오리야어, 제1언어 구사자 3,100만 명)도 독자적인 언어를 갖고 있다.

북인도라고 다 힌디어를 사용하는 게 아니다. 파키스탄과 접한 편잡(편잡어), 잠무·카슈미르(우르두어, 카슈미르어), 중국령 티베트와 접한 시킴(네팔어) 주는 각자의 공식 언어를 갖고 있다. 서부의 서벵골(주도 콜카타)은 벵골어를 사용하며, 벵골어를 제1언어로 사용하는 사람은 방글라데시를 포함하면 2억 3,200만 명이다. 또 미얀마와 접한 동북부 7개 주(아삼 등)의 경우 인종은 몽골계가 많으며, 언어권도 인도의 다른 지역과는 완전히 달라 현지 언어를 공용어로 사용하고 있다.

어찌 보면 이들은 한 나라를 유지하고 살 필요가 없다. 다만 인도 아대륙이라는 마름모꼴 땅에 우연히 한데 살고 있다는 점에서 같은 국민인 것이다. 실제로 인도가 영국으로부터 독립했을 때 일부에서는 인도가 나라를 유지하지 못하고 해체될 것이라고 전망하기도 했다. 윈스턴 처칠 전 영국 총리는 "인도란 나라가 지구상에 어디 있느냐"는 악담까지 했다.

네루 총리는 언어에 따라 행정을 개편하면 인도라는 국가 자체가 유지되기 쉽지 않을 것이라고 우려했다. 하지만 반세기가 더 지난 오늘날, 인도는 놀랍게도 국가 정체성을 유지하고 있다. 통일된 언어가 없으면서도 인도의 각 주들은 인도의 정체성에 기여하고 있다. 오히려 인도인들은, 만일 하나의 언어를 전 국민에게 강요했으면 어떻게 됐을 것인가라며 우려의 목소리를 낸다. 그토록 이질적인 요소가 많은 인도가 어떻게 '인도'란 한 집에서 살고 있는지 그 자체가 현대의 수수께끼이기도 하다. 인도는 델리를 중심으로 한 균일적인 나라가 되기보다는, 주州들이 힘을 갖는 원심력이 더 크게 작용하는 나라가 되고 있다. 원심력을 인정하기 때문에 오히려 나라가 깨지지 않고 있는지도 모른다.

세계 최대의 민주주의 국가?

인도처럼 사건 사고로 인한 사망자가 많은 나라는 지구촌에 없을 것이다. 북쪽의 카슈미르에서는 분리주의자가 군경을 향해 폭탄을 던지고, 구자라트나 마하라슈트라 주에서는 힌두들의 억압에 항의하는 무슬림의 테러가 발생하고, 델리 인근 북인도의 '카우cow 벨트' 지역에서는 카스트 간 충돌로 사람이 죽고 집이 불탄다. 또한 동북부 아삼 지역 역시 분리 독립운동을 벌이고 있는 아삼연합해방전선ULFA, United Liberation Front of Assam의 폭탄 테러로 열차 승객 수십 명이 숨진다. 인도의 어느 보통 날의 초상화다.

이런데도 인도가 세계 최대의 민주주의 국가라는 평가를 받고, 1947년 독립 이후 민주주의를 유지해온 건 미스터리가 아닐 수 없다. 인도가 해체되지 않고 오늘날처럼 유지되는 건 현대사 최대의 기적이라는 얘기도 있다. 인도의 민주주의가 오래 가지 못할 것이라는 일부의 예언도 보기 좋게 빗나가고 말았다.

이와 관련하여, 인도의 노벨 경제학상 수상자인 아마르티아 센Amartya Sen은 1999년 〈저널 오브 데모크라시Journal of Democracy〉에 기고한 '보편적 가치로서의 민주주의' 라는 제목의 글에서, 인도인의 민주주의에 대해 자부심을 드러냈다. 센은 "영국인들이 인도의 독립을 거부하면서 인도인의 자치 능력에 의구심을 표시했다. 실제로 1947년 독립 당시 인도는 상당한 혼란에 빠져 있었다. 인도가 미래에 한 나라로 남아 있고 민주주의적일 것이라고 믿기는 어려웠다. 하지만 50년이 지난 뒤 인도의 민주주의는 우여곡절은 있지만 놀랄 정도로 잘 작동하고 있다. 정치적 이견들은 헌법에 규정된 지침 내에서 해소되었고, 정부들은 선거와 의회 규칙에 의해 들어섰다가 무너지곤 했다"고 말했다.

인도에서 민주주의가 살아남은 이유에 대해, 《인도인 되기Being Indian》의 저자 파반 K. 바르마(현역 외교관)는 사회 내 위상 상승과, 권력과 재산을 획득하는 데 민주주의가 가장 효과적이라고 인도인들은 생각했기 때문이라고 진단하고 있다. 과거의 유산인 카스트 신분 차별 제도는, 새로운 제도인 선거 민주주의와 교묘한 접점을 찾았다. 유권자들은 투표장으로 몰려가 자신이 속한 카스트 후보에게 표를 던졌고, 이로 인해 정치인들은 기존의 계급적인 사회구조 내 한 계층을 대표하는 역할을 맡게 됐다. 이렇게 선출된 지도자들에게는 관사, 심복, 관용차, 경호원, 수행원 등이 따라붙었고 이들은 계급 사회를 깨려고 하기보다는 기존의 계급 사회구조에 올라탔다고 바르마는 설명했다.

하지만 인도 민주주의는 무늬만 민주주의라는 비판이 많다. 일정 기간마다 선거가 치러진다는 측면에서 선거 민주주의는 작동하나, 신분 제도의 존재로 상당수 국민의 존엄성은 무시되고 있고, 정치 지도자의 부패와 권위주의적 행태는 과거 제국시대와 다르지 않기 때문이다. 특히 신분제 사회인 점이 비난받는다. 국민이 평등하게 대우받지 못하는 나라가 어떻게 민주주의 국가일 수 있느냐는 기본적인 의문 제기가 있다. 미국의 존 F. 케네디 대통령 시절 인도 주재 대사를 지낸 경제학자존 케네스 갤브레이스(대사 재임 기간 1961~1963년)는 인도에 대해 "작동하는 무정부 상태functioning anarchy"라고 묘사한 적이 있다.

또한 인도는 과잉 민주주의 국가이다. 인도의 '과잉 민주주의'는 영어사전에 새 단어로 추가될 정도로 명성이 높다. 'bandh', 'gherao', 'dharna'는 인도 민주주의가 영어사전에 기여한 새 어휘다. 'bandh'는 힌디어로 '닫다'라는 뜻으로, 철시撤市·휴교가 포함된 총파업을 가리킨다. 2006년 11월 델리의 상인들은 정부의 불법 상가 건물 철거 조치에 'bandh'로 맞서기도 했다. 'gherao'는 '에워싼다'는 뜻의 힌디어로, 특정 정치인이나 관청을 둘러싸고 자신들의 요구가 관철되거나 요구사항과 관련한 답변을 들을 때까지 항의를 계속하는 걸 가리킨다. 예컨대 신문에 보면 "(제1야당인) BJP가 (인도 델리의 총리인) 쉐일라 딕싯의 사임을 요구하며 'gherao'에 들어간다"는 기사가 나온다. 'dharna'는 항의하고자 하는 기관에 들어가 거칠게 소란을 피우는 행동을 말한다.

이렇게 소란스러워도 나라가 무너진다고 생각하는 사람은 없다. 그게 인도 민주주의의 가장 큰 장점이다.

우리와 다른 사고방식

인도에서 개인 운전수를 잠시 고용한 적이 있었다. 길거리의 난폭 운전이 심하다며 델리의 지인들이 필자에게 다들 운전수를 쓰라고 권했다. 운전수 월급이 적기에 가능한 일이기도 했다. 월급은 5,000루피(약 12만 원)였다. 가족도 없이 혼자 체류했기에 차량 운행이 잦지 않아 근무 시간에 좀 융통성을 뒀다. 오전 11시부터 오후 6시까지로 정했다. 그와의 갈등은 월말이 되면서 일어났다.

운전수는 그간의 초과 근무 시간이라며, 종이 한 장 가득히 적힌 내역서를 내밀며 월급 외에 돈을 더 달라고 요구했다. 당황스러웠다. 하루 근무 시간이 다른 사람에 비해 적은 만큼 일부 초과 근무는 '무료로' 해줄 수 있다는 게 필자의 생각이었다. 그건 한국식이다. 하지만 인도인의 산법은 달랐다. 정해진 시간 이후 근무에 대해 돈을 더 줘야 한다는 주장이었다. 그의 말이 맞기는 맞았다. 그의 논리에 밀려 초과 근무 수당을 줄 수밖에 없었다. 하지만 내심 괘씸하다는 생각을 떨쳐버릴 수 없었다. 결국 그를 해고하고 직접 운전대를 잡았다.

이웃한 중국인과는 달리 인도인에 대해 우리는 아는 게 별로 없다.

게다가 아리안족으로 서양인의 외모를 갖고 있고, 피부색도 우리와 다르기 때문에 더욱 그러하다. 중국인이나 일본인과 대화하면 대개는 상대방의 사고방식을 이해하거나, 이해하고 있다고 생각해서 별다른 거리감이 느껴지지 않는다. 하지만 인도인은 다르다. 외모가 다를 뿐만 아니라, 서구적인 사고를 급속도로 받아들이고 있다. 위에서 말한 초과 근무에 대한 산법도 그렇고, 직장을 수시로 옮겨 다니는 것도 서양식이다.

인도인을 겪은 한국인들 중 일부는 그들에 대해 매우 부정적인 평가를 내린다. 한마디로 고개를 설레설레 흔들 정도다.

"쓰레기 같은 놈들이에요."

델리에서 2년간 근무하고 2006년 7월 귀국한 정부 부처의 윤 모 씨는 송별 자리에서 인도인 얘기가 나오자 욕을 퍼부어댔다.

"일을 시키면 이런저런 이유를 내세우며 차일피일합니다. 제 날짜에 끝낸 적이 없습니다. 그런 일이 반복돼 아예 몇날 며칠까지 끝내라고 못을 박아 얘기하면, 그날은 아예 출근을 하질 않아요. 웃기지도 않는 놈들입니다."

그는 "투서질 좋아하는 게 인도 놈들"이라며 "일도 안 하고 제대로 하지도 못하면서 남 모함하기 좋아하는 놈들"이라고 입에 거품을 물었다. 필자가 "인도의 수재들이 모인 인도공과대학ⅡT 출신은 뛰어나지 않느냐"고 묻자 "ⅡT요? 우리나라 중학교 나온 애들만큼도 못해요"라고 언성을 높였다.

윤 씨는 극단적으로 인도를 싫어하는 인사다. 윤 씨뿐만 아니라 인도에 거주하는 한국인 중에는 '혐인증嫌印症' 증세가 심한 사람이 많다. 오래 체류하며 인도인들을 많이 겪을수록 그런 경향이 강하다. 거짓말 잘하고, 뒤통수 치고, 약속 안 지킨다며 이들은 고개를 설레설레 흔든다.

인도에서는 기존의 상식이 깨지는 경우가 많다. 10년 가까이 인도에서 산, 이동통신 관련 사업가인 유상선 씨는 자신이 장기간 사용한 인도 이동통신회사와 통화할 일이 있어 이야기를 하던 끝에, "장기 고객인데 무슨 혜택이 없느냐"고 물었다. 그랬더니 "당신이 계속 우리 회사 전화를 사용하는 건 그만큼 이득이 있기 때문 아니냐. 혜택은 없다"란 말이 돌아왔다. 최소한 "장기 고객님 감사합니다. 하지만 특별 할인 혜택 프로그램은 없습니다"라는 정중한 말을 기대했던 그는 황당해하며 전화를 끊었다. '장기 고객을 우대할 필요 없다' 는 게 그 업체의 발상이었다.

오랜 비즈니스 파트너는 신뢰할 수 있다는 게 우리의 상식이다. 믿음이 쌓이기 때문이다. 하지만 인도는 다르다. 델리의 한국인들은, 오래 거래할수록 인도 측 파트너에게 뒤통수를 맞을 가능성이 높아진다고 말한다. 인도의 발상은 "저 사람이 왜 나와 거래를 오래하지? 뭔가 많이 남는다는 것 아닌가? 그렇다면 내가 속고 있는 건가?" 하는 식으로 의심을 한다. 이 때문에 처음 거래를 틀 때와는 달리 몇 번 거래가 진행된 뒤 상대를 믿고 허술하게 일처리를 했다가는 반드시 코가 깨진다.

'황당한 인도인' 케이스가 한 가지 더 있다. 아그라_{Agra}에 있는 타지마할에 관광을 다녀온 한 한국인의 경험담이다. 타지마할 인근 상점에서 기념품을 하나 산 뒤 가게를 빠져 나오는데 상점 주인이 일행 중 물건을 사지 않은 한 사람에게 달라붙으며 "당신에게는 더 싸게 주겠다"고 제안을 해왔다. 다른 일행도 아니고, 같은 일행에게 하나라도 더 팔려고 낮은 가격을 제시하는 것은 우리에게는 상식 밖의 행동이다. 물건을 이미 산 사람은 '비싸게 샀다' 란 느낌에 황당해하고, 사지 않은 사람은 '무슨 이런 상술이 있느냐' 며 불신이 생겨 살 생각이 사라지는 법이다. 헌데 인도 상인들의 발상은 '너와는 거래가 끝난 것이고, 나는 이제 새로운 사람과 또 흥정을 하는 것'이라는 식이다.

인도인의 '돈'에 대한 집념은 매우 강하다. 최대의 이익을 실현하기 위해 끔찍할 정도로 집요하게 달려든다. "인도인은 친구하긴 좋은데, 비즈니스로 만나면 지옥이다." 인도의 황금사각형(GQ) 고속도로 건설 현장을 돌아보기 위해 비하르 주의 GS건설 현장사무소를 찾았을 때 조한경 당시 현장사무소장에게 들은 말이다. 인도인을 잘 설명한 말이라는 생각이 든다.

인도인 주머니에 돈이 들어가면 결코 다시 나오지 않는다고들 한다. 예컨대 집주인에게 내는 전세보증금의 경우, 전세 기간이 끝난 뒤 되받을 가능성은 거의 없다고 봐야 한다. 전세보증금을 돌려주지 않으려고 집주인들은 갖가지 이유들을 들이댄다. 델리 〈한인회보〉에, 한번은 보증금을 떼먹으려는 악덕 집주인을 상대로 소송까지 벌여 수 년 뒤 끝내 받아낸 한 한국인의 성공담이 소개된 적도 있다. 오죽하면 〈한인회보〉에 그런 내용이 실렸겠는가.

'코브라와 인도인' 이야기는 인도인을 바라보는 국제사회 일각의 시각을 잘 반영하고 있다. 정글에서 헤매던 중 코브라와 인도인을 동시에 만났다. 이럴 경우 어떻게 해야 할까? 코브라보다 인도인을 더 먼저 처치해야 한다는 게 정답이다. 왜냐하면 인도인은 코브라보다 더 위험한 존재이기 때문이다. 인도인들이 들으면 매우 불쾌하겠지만 그런 말이 유통되고 있고, 상당수 외국인들이 이 말에 공감한다.

인도인은 말을 잘하기로 유명하다. 델리의 영어 뉴스 전문 채널인 'NDTV 24×7'의 주말 시사 토론 프로그램인 〈We the People〉과 한 주의 크리켓 경기를 놓고 얘기하는 〈크리켓 논란들Cricket Controversies〉을 보면 끝없이 떠들어대는 인도인들의 입담에 놀라지 않을 수 없다. 토론자 몇 명만 나서서 말하는 우리나라의 토론 프로그램과는 달리, 일반인들이 대거 출연해 좌충우돌하며 거침없이 자신들의 애기를 늘어놓는다. 이같이 말 잘하는 인도인이, 영어로까지 무장하고 있으니, 자기표현이 부족하고 영어 앞에서는 주눅 드는 한국 비즈니스맨은 협상에서 백전백패하기 십상이다.

말 잘하는 인도인을 풍자한 또 다른 얘기로 "국제회의를 주재할 때 인도인의 입을 다물게 하고, 일본인의 입을 열게 하면 절반은 성공"이라는 말도 있다.

인도인의 상재商才는 중국인 못지않게 유명하다. 중국 상인을 화상華商이라 하고, 인도 상인을 인상印商이라 한다. 인상들은 지금 물 만난 고기처럼 비즈니스를 키워가고 있다. 이미 세계의 철강왕을 만들어냈다. 미탈 스틸의 락시미 미탈 회장이 장본인이다. 그는 당대에 부를 일군 사람이다. 그 밖에도 신생 재벌이 수두룩하다. 1970, 1980년대 고도 성장기의 한국을 보는 느낌이다.

관료 사회가 최대의 개혁 대상

미래를 향해 줄달음쳐야 하는 인도의 발목을 잡고 있는 집단은 관료 사회다. 이들은 인도의 최고 엘리트 집단이지만, 부패하고 비효율적인 정치인 집단 못지않게 인도 사회의 암적 요소가 되고 있다.

남부 케랄라 주의 최대 도시 코친에 갔을 때 코친이 포함된 행정구역인 에르나쿨람 디스트릭트district 책임자인 A. P. M. 무하마드 하니시를 만났다. '디스트릭트'는 주 바로 아래 단위의 대단위 행정구역이며, 이곳의 책임자를 '컬렉터collector'라고 한다. 컬렉터는 치안 판사와 지역 행정을 책임지는데, 영국 식민 통치 시대의 유산이다. 40대 후반의 하니시 컬렉터는 무슬림이었다. 에르나쿨람 디스트릭트의 인구는 310만 명이고, 코친의 인구는 59만 명이니, 하나의 디스트릭트 안에 몇 개의 도시가 있다고 보면 된다.

그를 만난 시간은 밤 10시. 코친의 최대 호텔 체인인 카지노 호텔 소유주의 아들인 바부 도미니크 미독 크루비나군넬 이사(부인은 한국인 임정숙)가 하니시와의 만남을 주선해줬다. 약속 시간이 한밤중이라는 이야기를 들었을 때도 놀랐지만, 약속 장소인 공관에 찾아갔을 때 또다시 놀랐다. 인도 행정고시 IAS 출신인 그는 그 밤중에 민원인들을 만나고 있었다. 20여 분을 기다린 끝에 그를 만나러 들어간 방은 마치 작은 강당 같았다. 수십 개의 의자가 줄줄이 놓여 있고, 그는 그 앞에 놓인 책상에 앉아 민원인을 상대하고 있었다. 그의 자리 뒤쪽 벽에는 에르나쿨람 디스트릭트의 역대 컬렉터 명단이 붙어 있었다. 인도의 고위 공직자 사무실을 방문하면 어디서나 볼 수 있는 풍경이었다.

밤늦게까지 일하는 모습에 감동했다고 말했더니, 그는 컬렉터는 지역의 수호자guardian라고 말했다. 공무원인 자신을 '국민의 종복civil servant'이 아닌, '수호자'라고 생각하고 있는 그의 인식이 인도의 현주소였다. 그는 일을 잘한다고 주민들에게 높은 평가를 받고 있는 사람이었다.

인도 기업인들은 제발 덜 간섭할수록 좋다며 정부에게 간섭하지 말 것을 요구하고 있다. 뭘 도와주지 않아도 되니, 이대로만 그냥 놔달라는 주문이다. 인도의 공무원 조직은 영국 식민지 시대의 유산이다. 네루는 영국이 인도를 통치하기 위해 만든 관료 조직을 해체하지 않고, 그들을 독립한 공화국의 핵을 이루는 엘리트 그룹으로 계속 활용했다. 문제는 그들이 인도를 앞으로 밀고 나가는 동력원이 아니라 장애물이 되어 있다는 데 있다. 관리들의 부패와 직무 유기는 인도인들을 질식시키고 있다.

예컨대 빈민 구제를 위해 정부가 푸는 식량의 대부분은 필요한 사람들에게 미치지 않고, 중간에서 다 샌다. 남편의 사망증명서를 발급받아 이를 근거로 정부 보조금을 받으려는 과부들은 관리들에게 뇌물을 줘야 한다. 증명서를 발급받기 위해서다.

인도에 시급히 필요한 건 정부 부문 개혁이다. 관료들이 부패해 있을 뿐만 아니라, 나라의 발전을 막고 있다. 정부를 개혁하기 위해서는 정치 리더가 앞장서야 한다. 인도의 상황은 이 점에서 비관적이다.

과반수를 차지하는 정당이 선거를 통해 나오지 않은 지 오래됐다. 자와할랄 네루와 인디라 간디가 이끌던 국민회의당은 시간이 지나면서 세력 기반이 약화됐다. 지난 2004년 총선 때 국민의회당의 득표율은 26.53%에 불과했다. 이제는 소수당과 연립하지 않으면 권력을 잡을 수 없다. 소냐 간디가 이끄는 국민회의당이 현재 집권하고 있는 건 '단독으로만 집권한다'는 오랜 전통을 포기했기 때문이었다. 제1야당인 인도인민당BJP도 마찬가지다. 현재 국민회의당이 중심이 된 연립정부는 모두 20여 개의 정당으로 구성되어 있다. 우파에서 좌파, 전국 정당에서 지역 정당에 이르기까지 다양한 스펙트럼의 정당이 모여 있다. 공산당의 경우 내각에는 참여하지 않았으나 외부에서 지지하고 있다. 공산당이 현 연립정권에 대한 지지 철회를 선언하면 정권은 하루아침에 붕괴된다. 그런 탓에 소냐 간디 국민회의당 대표는 공산당이나 지역 정당 등 연립정부에 참여한 소수당에게 끌려 다니지 않을 수 없다.

힘을 가진 정당이 없으니 개혁을 주도할 세력이 형성되질 않는다. 국민에게 국가가 지향해야 할 방향을 제시하고 치고 나가야 하는데, 발목을 잡는 세력이 너무 많다. 그러니 포퓰리즘populism(대중연합주의) 정책을 펼 수밖에 없다.

콧대 높은 대국 의식

인도인들은 인도가 대국이라는 상당한 자부심을 갖고 있다. 그래서 한국은 '소국small country'이라는 인식이 강하다. 헬스클럽에서 만난 트레이너도 그랬고, 찬디가르를 방문한 열린우리당 정덕구 의원(2007년 초 정치를 접었다)을 따라 CRRID(농촌·산업개발연구센터)를 방문했을 때 만난 인도의 대학교수들도 한국 이야기를 하면서 '소국'이라고 자기들끼리 쑥덕거렸다.

이러한 대국 의식은 지난 2004년 12월 인도네시아 지진으로 발생한 쓰나미로 인도 동남부 해안 타밀나두 주를 중심으로 큰 피해를 입었을 때 극명하게 드러났다. 당시 인도는 자국 이재민을 먼저 돌봐야 할 처지였다. 하지만 인도는 도움을 주겠다는 미국과 일본 등 외국에 대해 "인도에는 쓰나미 피해를 복구할 수 있는 재원과 물자가 충분하다"며 거절했다. 만모한 싱 총리는 한발 더 나아가 "스리랑카 등 이웃 국가들의 재난 피해가 가슴 아프다"며 스리랑카와 인도네시아에 각각 해군 함정 4척과 공군 헬기 6대를 파견했으며, 몰디브에는 5,000만 루피(12억 5,000만 원)를 제공했다. 우리로선 이해하기 쉽지 않은 처사였다. 때문에 인도인과 거래하면서 인도의 자존심에 상처를 주는 발언은 재앙이 될 수도 있다.

만모한 싱 총리는 2004년 집권했으나 주변 남아시아 국가를 거의 방문하지 않고, 그들 국가의 정상들을 델리에 앉아서 맞고 있다. 싱 총리는 SAARC(남아시아지역협력기구) 정상회담 참석을 위해 방글라데시 수도 데카에 들렀을 뿐, 파키스탄, 네팔, 부탄, 스리랑카 등 주변국을 방문한 적이 없다.

인도는 세계를 향해 자신들이 가르친다는 높은 자부심을 갖고 있다. 독립을 전후해서는 마하트마 간디의 '비폭력 투쟁'이 세계를 향한 인도의 대표적인 수출품이었다. 미국의 흑인 인권 운동가 마틴 루터 킹 목사는 간디에게서 비폭력 투쟁을 배웠다. 킹 목사는 1959년 간디의 고향인 구자라트 주에 대한 '순례 여행'을 했고, "나는 불가촉천민"이라는 유명한 말을 남기기도 했다. 자와할랄 네루 총리는 1960년대 비동맹운동을 창설하여 국제사회에서 대국 인도의 위상을 과시했다. 네루는 미국의 식량 원조를 받으면서도, 미국의 패권주의에 대한 노골적인 반감을 숨기지 않았다. 기회가 있을 때마다 미국에 핵무기를 포기하라고 설교했다. 지금도 인도 외교관들은 외국인들로부터 자국 문화의 심오함과 위대함에 대한 찬사를 받는 걸 당연하게 여긴다.

이 같은 인도의 대국 의식은 한국 기업에게는 플러스 요인이 된다고 생각하는 사람도 있다. 중국은 말할 것도 없고, 우호적인 관계를 갖고 있는 일본의 인도 시장 대거 진출에 대해 인도가 경계심을 갖고 있으나, '소국'인 한국의 활발한 인도 진출에 대해서는 우려할 필요가 없다는 생각을 갖고 있다는 것이다.

11억의 땅, 인도 속으로

영국의 시사 주간지 〈이코노미스트〉는 '2007년의 세계'에서 인도에 대해 다음과 같은 관측을 내놓았다.

"경제 붐은 계속된다. 자유화로 인해 지금까지 비즈니스가 번성하는 성과를 거뒀고, 계속 도움이 될 것이다. 하지만 과잉 규제는 인도 산업의 만개滿開를 방해할 것이다. 또한 정부는 국민회의당이 주도하고 있으나 수십 개의 소수 파트너와 공산주의자들의 지지에 의존하고 있는 연립정부라서 합의에 이르기가 매우 힘들다. 정부는 단합해야 한다. 집권당으로 조기 총선을 하는 건 예측하기 어려울 것이다. 하지만 국민회의당은 갑작스러운 선거를 실시해 제1야당인 인도인민당의 약점을 이용할 수 있다."

인도는 2020년이면 일본을 제치고 미국, 중국에 이어 글로벌 3강에 오른다며 각광을 받고 있다. 식민지 국가 신세에서 1세기도 채 지나지 않아 운명이 그토록 바뀐다는 말을 듣는 나라는 없다. 세계사적인 일이 아닐 수 없다. 우리에게는 최대의 신흥 시장이던 중국이 포화 상태에 접근하면서, 인도가 급속도로 다가오고 있다. 그런데 인도에 대한 정보는 국내에 너무 부족하다. 경제뿐만 아니라, 인도, 정치, 사회, 문화를 알아야 하는데, '1차 정보'가 별로 없다. 외국인이 전한 정보나 국내인의 주마간산격 여행 정보가 주류를 이뤘다. 필자는 인도를 뒤지고 다니면서 사람을 만나고 이 사회를 움직이는 힘이 뭔지를 알려고 노력했다.

자, 그럼 이제부터 11억의 땅 인도 속으로 들어가 보자.

1부

무섭게 떠오르는 인도

1장

깨어나는 산업 도시들

BANGALORE
JAMSHEDPUR
CHENNAI
GREATER NOIDA
MUMBAI

인도 구자라트 주는 고대부터 상업과 교역의 중심지였으며, 세계적으로 부유한 지역이었다. 항구 도시 수라트Surat와 캄바이Cambay는 무역선으로 붐볐다. 영국 식민 통치 시절 구자라트 최대 도시 아메다바드Ahmedabad는 '동방의 맨체스터'라고 불렸는데, 면직공업이 융성해 식민지 종주국의 산업을 위협할 정도였다. 지금도 인도에서 제일 유명한 상인 집단이 '구자라트 상인'이다. 발리우드 영화에 등장하는 상인은 터번을 머리에 쓴 구자라트인으로 항상 묘사된다.

카스투르바이는 인도 산업의 견인차

이들은 이제 상인 집단을 넘어, 인도 산업의 견인차인 기업가들로 부상했다. 대표적인 가문이 아메다바드의 카스투르바이Kasturbhai다. 이들은 16, 17세기 무굴제국의 최대 상인이었다. 1627년 무굴의 4대 황제 자한기르가 죽은 해에 영국의 한 문건은 당시 카스투르바이 집안을 "죽은 황제의 보석상인"이라고 묘사했다. 미국의 남북전쟁(1861~1865년) 때는 미국산 면화 수출이 중단되면서 특수를 누리기도 했다.

카스투르바이 가문이 '상인'에서 '기업가'로 변신을 꾀한 건, 1895~1905년 섬유 산업에 진출하면서다. 이후 세트 카스투르바이 랄바이Sheth Kasturbhai Lalbhai(1894~1980년)는 1차 세계대전으로 돈을 모았고, 1930년대에는 7개의 섬유 기업을 소유하여 인도 섬유 업계 일인자가 됐다.

1947년 조국이 독립하자 새로운 비즈니스 기회가 찾아왔다고 생각한 카스투르바이 랄바이는 그간 독일에서 주로 수입해오던 염료를 직접 생산하기로 했다. 독립한 지 한 달도 안 된 1947년 9월 5일 회사 법인 등기를 마쳤고, 회사 이름을 '아툴'이라 붙였다. 1952년 3월 공장 가동을 위해 자와할랄 네루 초대 총리를 테이프 커팅 행사에 초대했다. 하지만 네루의 생각은 달랐다. 네루는 사회주의적 중앙계획에 의한 중

공업 중시 정책을 펼 생각이었고, 서방식 자본주의 경제는 불평등을 부르고 일부 자본가의 배만 불린다고 못마땅하게 생각했다. 네루 총리는 공장 가동식 연설에서 염료와 화학 공장의 중요성을 강조하면서도 자신의 사회주의적 경제 모델에 대한 확신을 숨기지 않았다. "이 프로젝트는 나라 발전에 도움이 되어야 하며, 개인이나 회사 차원의 이익에만 머물러서는 안 될 것입니다."

네루 정부의 반기업적 정책은 사기업의 숨통을 조였다. 이에 따라 '아툴'도 별달리 성공을 거두지 못했다. 그가 소유하고 있던 섬유 기업도 당시 인도의 다른 기업들과 마찬가지로 쇠락을 면치 못했다. 재능 있는 인도 기업인들에게는 암흑의 시대였다.

1991년, 인도 기업에게 긴 터널의 끝이 보였다. 나라시마 라오Narasimha Rao 국민회의당 정부가 경제 정책을 대전환한 것이다. 외국 기업에게 문을 열었고, 국내 기업에 대해서도 규제 완화를 시도했다. 카스투르바이 가문도 다시 기회를 잡아 일어섰다. 카스투르바이 랄바이의 손자인 산자이 랄바이Sanjay Lalbhai의 아르빈드 밀즈Arvind Mills는 지금 세계 3위의 데님 생산 업체다. 갭, 리바이스, 에스프리, 오시코시, 리복, 나이키 니트, 리즈 클레어본 등이 그의 고객이다.

인도의 섬유 산업은 2007년 현재 인도 수출의 약 30%, 전체 산업 생산의 14%를 차지하고 있다. 농업에 이어 두 번째로 많은 고용을 창출하고 있다.

속속 등장하는 산업 도시들

인도에는 신흥 재벌과 대기업들이 하루가 다르게 늘어나고 있다. 규제의 물꼬가 트이자 기업가 정신이 만발하고 있다. 타타, 비를라, 신가니아, 모디와 같은 오래된 기업을 비롯하여 릴라이언스 그룹(소유주 무케슈 암바니, 석유화학 · 이동통신 등), 인포시스(소유주 나라야나 무르티, 인도에서 가장 존경받는 IT업체), Zee텔레비전(소유주 수바슈 찬드라, 별명 아시아의 루퍼트 머독), 란바시Ranbaxy Laboratories(소유주 말빈데르 모한 싱, 인도 최대 제약회사) 등 신흥 기업들이 황무지에서 솟아나오고 있다.

인도의 기업은 우리나라와 일본에서 볼 수 있는 '재벌형'이다. 전문 업종에 집중하는 '서구형'이 아니다. 돈이 되는 온갖 영역에 무차별 진출하는 문어발식 경영이 특색이다. 대표적인 재벌인 타타 그룹과 릴라이언스 그룹이 그렇다. 타타 그룹은 제철로 시작해 자동차, 이동통신, 소프트웨어 등에서, 릴라이언스 그룹은 이동통신, 석유화학, 섬유, 유통업에 진출해 있다. 새로운 시장이 열리면서 '돈'이 보이는 사업 영역에 자본력이 있는 재벌들이 앞 다퉈 투자한다.

이런 상황이 벌어지면서 산업 도시들이 속속 등장하고 있다. 남인도의 첸나이(자동차 도시), 방갈로르(IT산업 도시), 하이데라바드(IT, 생명공학 도시), 중인도의 푸네(타타 자동차, 벤츠 자동차 공장 위치), 북인도의 델리 인근 위성도시 그레이터 노이다가 대표적이다. 아직 이들은 거대한 인도에서 점과 같은 존재다. 하지만 점들이 모여 선을 만들고 선은 면을 향해 갈 것이다. 그렇게 되면 인도는 중국과 마찬가지로 '세계의 공장'이라는 말을 듣게 될 것이다.

세계 IT산업의 중심축
방갈로르

BANGALORE

인도 IT산업의 중심 도시 방갈로르 시내 서쪽 울수르 호수 옆 머피로路 변에 20층 가까운 초현대식 오피스 건물 5, 6개가 모여 있다. 필립스 빌딩 단지다. 인도의 대표적인 사무 외주BPO, Business Process Outsourcing 업체 엠파시스MphasiS(회장 제리 라오)의 방갈로르 지사가 그중 한 동을 쓰고 있다. 14층짜리 건물이다.

엠파시스의 전략 마케팅 담당상무 사치뎁 라마크리슈나는 40대 초반이었다. 건물 못지않게 라마크리슈나 상무의 회사 소개 브리핑도 현대식이었다. 깔끔한 사무실 내 한쪽 회의실에서 프로젝터를 사용해 회사의 연혁부터 설명을 해나갔다. 이 회사는 해외 기업을 상대로 콜센터에서부터 소프트웨어 프로그래밍 등 다양한 영역의 업무를 하고 있었다.

콜센터를 보여달라고 요청하자 공개하지 않는 게 원칙이라며 난색을 보였다. 그리고는 잠시 머뭇거리더니 1층으로 내려가자고 했다. 엘리베이터를 타고 내려가 콜센터 입구에 들어서자 경비원이 카메라, 컴퓨터, 가방 등 일체의 소지품은 갖고 들어갈 수 없으니 필자의 등에 메고 있던 가방을 맡기라고 요구했다. 보안을 위해서란다. "내부 모습 사

인도 남서부에 자리 잡은 카르나타가의 주도. 해발 920 미터의 데칸 고원에 자리 잡아 연중 기후가 온화하다. 영국 식민지 시절 윈스턴 처칠 전 영국 총리가 군 장교로 인도에 근무할 때 방갈로르를 찾기도 했다. 인구 625만 명(2006년 현재). 마이크로소프트, 인텔, IBM, 델 등 세계적인 IT기업이 진출해 있다. 인도의 실리콘밸리라 불린다.

❶ 엠파시스 건물.
❷ 방갈로르 거리 책방.

진 한 장만 찍자"고 했으나 라마크리슈나 상무는 "안 된다"고 거절했다. 콜센터 업무를 대행해주는 고객사와의 계약 때문에 공개할 수 없다고 했다. 경비원 자리 옆에 설치된 컴퓨터 모니터에 콜센터 내부 곳곳의 이미지가 비춰지며 실시간으로 감시가 이뤄지고 있었다.

라마크리슈나 상무는 "안에 있는 컴퓨터는 저장장치도 없고, 프린터와 연결되어 있지도 않습니다. 플로피 디스크 드라이브도 없지요. 고객들로부터 전화를 받으면 전화로 응대할 뿐 어떤 자료도 유출하지 않습니다. 이를 위해 그런 장치들을 제거해 놓았습니다. 직원들은 펜, 휴대전화, 심지어는 지갑도 갖고 들어갈 수 없습니다"라고 말했다.

건물 곳곳에 콜센터가 있었는데, 필자가 들어간 곳은 외국의 한 회사와 용역 계약을 맺고 그 회사 고객들의 전화를 받는 콜센터 업무 공

간이었다. "어느 회사의 콜센터인가"라고 물었지만 그것도 밝힐 수가
없다고 했다.

실내는 150평 정도 규모로, 책상 사이에 칸막이가 되어 있는, 마치
독서실과 같은 분위기다. 100여 명이 한꺼번에 근무할 수 있는 책상과
의자가 놓여 있었다. 벽에는 미국의 각 시간대를 보여주는 5개의 시계
가 걸려 있었다. 시계 밑에는 뉴욕, 샌프란시스코라고 쓴 글씨가 보였
다. 미국 업체를 위한 콜센터 업무 공간이 분명했다. 때문에 직원들이
현재 미국 시간이 어떻게 되는지 알아야 할 게 아닌가.

근무자들과 얘기하는 것도 허용되지 않았다. 실내 분위기만을 돌아
보고 나온 뒤 "미국 업체가 고객사냐"고 물었더니 라마크리슈나 상무
는 "어떻게 알았느냐"며 놀라는 눈치였다.

콜센터 근무자와 얘기하고 싶다고 했더니, 사무실에서 직원 한 명을
데리고 나왔다. 이름은 파이잘 이크발, 나이는 26세, 엠파시스 콜센터
부문 직원으로 3년째 일하고 있다고 한다.

다음은 파이잘 이크발과 나눈 대화 내용이다.

● 방금 고객으로부터 어떤 전화를 받았나?

30대 중반으로 판단되는 여성이 사이트에 로그인이 안 된다고 문의를
해왔다. 에러 메시지가 뜬다고 했다.

● 뭐라고 했나?

비밀번호가 확실하냐고 물었더니 잠시 머뭇거렸다. "비밀번호를 잘못
입력한 것 같다"고 말했더니 문제가 해결됐다.

● 고객이 인터넷 뱅킹을 하려다 문제가 있었던 것 같은데?(건너짚어 물
어본 질문)

그렇다.

● 고객이 질문해오면 답변을 위해 미국에 있는 고객사의 관련 자료를 빨리 열어봐야 할 텐데?

방갈로르에 앉아 있어도 미국 은행 안에 앉아 있는 것처럼 자료를 빨리 열어볼 수 있다. 인터넷 연결 속도가 매우 빠르다.

● 콜센터 내에 빈자리가 많이 보이는데?

지금(저녁 7시)은 직원들이 출근하기 시작하는 시간이다. 저녁 9시가 업무 피크 시간이다. 뉴욕 시간으로는 오전 10시여서, 그 시간에 은행 고객의 전화가 몰린다.

● 직원들은 어떤 사람들인가?

20대 혹은 30대 초반으로 모두 영어를 능통하게 구사하는 대졸자들이다.

● 콜센터는 단순 업무인데, 만족하나?

임금 수준에 만족한다.

인도인들은 학교에서 영어로 수업받는 경우가 많아 영어를 잘한다. 하지만 힌디어 식 악센트 문제 때문에 BPO업체들은 직원을 채용한 뒤 이들의 영어 발음을 현지식으로 뜯어고치는 훈련을 시킨다. 고객사가 미국이면 미국식 영어 발음을 하도록 하고, 스코틀랜드이면 스코틀랜드식 영어 발음을, 캐나다이면 캐나다식 영어 발음을 하도록 교정 훈련을 시키는 것이다. 신입사원 교육 기간은 4~6주로, 이 가운데 3주 정도는 발음 교정, 나머지 기간은 직무 훈련을 한다고 엠파시스 측은 설명했다.

엠파시스는 1999년 미국 시티뱅크의 콜센터 업무를 하청받아 인도 서부 도시 푸네에서 첫 비즈니스를 시작했다.

“지금도 미국이 최대 고객입니다. 미국이 없었으면 오늘날 국제적인 명성을 얻고 있는 방갈로르는 태동하지 못했을 것입니다.”

엠파시스는 단순한 콜센터만 운영하는 게 아니다. 단순히 영어 구사 능력을 활용하던 단계에서 한발 나아가 '지식'이 요구되는 단계로 진입해 있다. 그래서 'BPO'가 아니라 'KPO Knowledge Process Outsourcing 산업'이라고 부르기도 한다. 상상할 수 있는 온갖 영역으로 업무가 확대되어 있다.

"지금 푸네에서는 까다롭기로 유명한 미국인의 연례 소득 신고 업무를 대신해주고 있습니다. 지난해부터는 미국의 3개 은행을 위해 주식 분석 업무도 해주고 있습니다. 월가 투자 은행을 위한 기업 재무 분석도 해주는데, 미국의 증권거래위원회, 은행 웹사이트 등에서 정보를 얻습니다. 우리는 기업 재무 분석을 위해 공인회계사, MBA 출신을 합해 100명의 직원을 확보하고 있습니다. 미국의 경우 이만한 능력을 가진 인력을 고용하려면 최소 연 8만 5,000달러를 줘야 하지만, 인도에서는 5,000~1만 달러면 됩니다. 고객들이 매우 만족스러워합니다."

BPO산업의 영역은 무한대로 팽창하고 있다. 그 일례로 최근 미국의 한 미장원 체인 업체는 고객들의 예약 업무를 대신해달라고 요청해왔다고 한다. 라마크리슈나 상무는 "어떤 일이든 가능하다. BPO산업 영역은 얼마든지 늘어날 것으로 예상한다"고 말했다.

이 회사의 전체 직원 수는 2006년 3월 현재 1만 1,000명이고, 매년

❶ 방갈로르의 힌두교 사원.
❷ 힌두교 사원 세부 장식.

30% 이상 성장하고 있다. 또 BPO업무 외에, 소프트웨어 개발 등 IT업무를 하고 있으며 IT업무 비중이 65% 정도를 차지한다. 연간 2억 5,000만 달러의 매출을 올리며, 부채는 한 푼도 없고, 보유 현금도 많다고 한다.

방갈로르에는 엠파시스와 같은 1,300여 개의 기업이 직원 30만 명을 고용해 미국, 영국 등 해외 기업을 주 고객으로 하는 BPO나 IT업무를 하고 있다. 방갈로르가 지난 2004년에 올린 IT와 IT 관련 서비스 업무 수출 총액은 연 160억 달러이다. 그중 대부분은 제품이 오간 게 아니라 인터넷을 통해 거래된 '비트bit' 제품이 올린 것이다.

변화하는 인도

필자가 방갈로르를 다시 찾은 건 9년 만이었다. 9년이란 시간이 지나면서 기억이 많이 흐려졌으나, 기후가 좋은 아름다운 고원 도시이며, 전원 도시에 세계적인 IT기업들이 소규모 사무실을 차리고 막 진출해 있던 잔상이 남아 있었다.

당시 방갈로르에 들렀을 때 LG소프트웨어연구소의 최항준 차장의 소개로 인도 현지 소프트웨어 프로그래밍 업체 몇 곳을 방문했다. 허름한 시장통 건물 2층의 어두컴컴한 실내에서 낡은 컴퓨터 몇 대를 갖다 놓고 프로그래머들이 눈을 반짝이며 일에 몰두하고 있었다. LG전자는 이들에게 가전제품에 들어가는 일부 프로그램을 맡기고 있었던 걸로 기억한다. 작업 환경은 매우 열악했지만 '이들이 인도의 미래를 열어가는 사람들이며, 머지않은 시간 내에 방갈로르는 달라질 것'이라는 생각을 했었다.

그리고 인도과학대학IISc, Indian Institute of Science의 슈퍼 컴퓨팅 센터, 핵물리학 관련 연구실을 둘러보고 인도 기초 과학의 저력에 감탄했다. IISc는 인도 재계 1위인 타타 그룹의 설립자 잠셋 타타Jamshed Tata가 1909년 재산의 3분의 1을 출연해 세운 대학이다. 당시 인도 총독 커즌 경은 "인도인들은 고등 과학 교육을 받을 준비가 안 되어 있다. 졸업한 뒤 취직할 회사도 없지 않은가"라며 설립을 반대하기도 했다. 한국에는 거의 알려지지 않은 인도의 고등교육 기관이었다. 지금은 과학 분야 대학원으로 남아시아에서 최고 수준이다.

마이크로소프트, IBM 방갈로르 사옥.

LG소프트웨어연구소의 최항준 차장을 찾아갔으나 그는 해외 출장 중이었다. 중동의 두바이에 있다고 했다. 세월이 흐른 만큼 그는 상무로 승진했고, 법인장을 맡고 있었다. 인도에서 이토록 오래 근무하는 경우는 흔치 않다. 날씨와 자녀 교육 환경 등 근무 환경이 열악하기 때문인데, 최 상무는 한국인으로는 방갈로르의 진화를 지켜본 산 증인이 되어 있었다. 그를 만나 방갈로르 이야기를 듣지 못한 게 유감이었다.

방갈로르는 정말 많이 달라져 있었다. 엠파시스 사무실 빌딩과 같은 번쩍번쩍한 건물들이 꽤 많이 들어서 있었다. 공항에서 멀지 않은 시내 한복판의 '엠버시 골프 링크 테크놀로지 파크'에는 7~10층 높이의 푸른색 대단위 빌딩 단지가 형성되어 있었다. 건물 외벽에는 IBM, 마이크로소프트, 델, 루슨트 테크놀로지스 등 세계적인 IT기업의 이름이 붙어 있었다.

때마침 마이크로소프트의 빌 게이츠 회장이 방갈로르를 방문 중이다. IT황제 게이츠 회장을 IT도시 방갈로르는 국빈으로 대우했다. 언론은 그의 일거수일투족을 전했고, 다음날 일정까지 소개했다. 마이크로소프트 방갈로르 사옥 밖에는 많은 경비원들이 나와 있었다. 빌 게이츠가 곧 이곳에 도착할 듯한 분위기였다. LG CNS글로벌의 정희대 대표가 화단에 심어져 있는 키 작은 나무들을 보더니, "어제만 해도 없던 것인데, 빌 게이츠의 방문에 맞춰 급히 심어놓은 것 같다"고 말해 함께 웃었다. 차 속에서 창문을 내리고 건물 사진을 찍으려 하자, 경비원들이 달려와 막았다. 건물주의 허락 없이는 사진을 찍을 수 없단다. 역시 인도다. 길거리에 노출된 건물 사진도 못 찍게 할 정도로 폐쇄적이다.

빌 게이츠는 방갈로르에 직접 찾아와 17억 달러(약 1조 7,000억 원)의 투자 보따리를 내놨다. 인텔은 이보다 이틀 전에 10억 달러(약 1조 원) 투자를 발표했다. 인텔의 신규 투자 규모는 과거 10년간의 투자액 합계(7억 달러)보다 더 많다고 한다. IBM도 새로운 소프트웨어 개발 단지 건립을 추진 중이다.

앰버스 골프 링크 테크놀로지 파크 바로 옆에는 KGA(카르나타카 골프협회)골프장이 있는데, 이 골프장은 〈뉴욕타임스〉 칼럼니스트이면서 글로벌화의 전도사인 토머스 프리드먼Thomas Friedman이 그의 세계적인 베스트셀러 《지구는 평평하다The World is Flat》에서 언급해 유명해진 곳이다. 프리드먼은 책의 첫 도입부를 KGA골프장에서의 라운딩으로 시작한다.

"누구도 골프장에서 이전에 내게 이렇게 방향을 얘기해준 적이 없다. '마이크로소프트나 IBM을 겨냥하세요.' 나는 남인도의 방갈로르 도심의 KGA골프장에서 첫 티샷을 하려고 서 있었다. 나의 동반 플레이어는 첫 번째 홀 그린 뒤쪽에 있는 번쩍거리는 유리와 철골로 된 건물 두 개를 가리켰다."

정희대 대표는 "방갈로르는 텍사스 인스트루먼트가 20년 전 '칩 테스트'라는 단순 업무를 위한 법인을 세우면서 시작됐다. 하지만 이제는 칩을 디자인하는 높은 수준으로 기술이 향상됐다"고 말했다. 그는 "테스트가 제일 '노가다(허드렛일)'이고, 그다음은 설계 분석 R&D로 넘어가는데 방갈로르는 이미 그 단계에 왔다"면서 "필립스의 경우 방갈로르에 1,500명의 직원을 고용하고 있으며, 필립스가 출원하는 세계 특허의 30~40%가 이곳에서 나온다"고 말했다.

그에 따르면 인도의 대표적인 IT기업 인포시스(회장 나라야나 무르티)의 방갈로르 사옥 단지는 미국 실리콘밸리에 있는 오라클 사의 사옥보다 훨씬 낫다고 한다. 골프 연습장, 수영장 시설을 미국 기업들처럼 꾸며 놓았다. BPO업계 4위인 사트얌은 하이데라바드(안드라프라데시 주도) 사옥 단지 내부에 9홀 규모 골프장과 동물원도 갖추고 있다.

"인도 정부가 조성한 IT업체들을 위한 공단인데요, STPISoftware Technology Park of India라고 있습니다. 보세지역으로 이곳에서 만든 제품은 바로 해외로 수출하지요. 7, 8년 전에는 도시에 5, 6개가 있었는데, 5, 6년 전에는 15개, 요즘은 29개인가 30개로 늘어났습니다. 방갈로르의 대표적인 전자 업체 입주 단지인 '일렉트로닉스 시티'에 인포시스 사옥이 있습니다. 일렉트로닉스 시티는 인도의 민간 기업이 조성한 공단인데, 휴렛패커드, 위프로 등 인도 국내외 유수 기업 100개가 입주해 있습니다. 이 가운데 인포시스 사옥은 3, 4동이었는데 지금은 40동이나 됩니다. 엄청난 속도로 성장했지요. 방갈로르가 속한 카르나타카 주의 또 다른 대도시 마이소르에도 땅을 매입했고, 하이데라바드로 가는 쪽에 7년 전에 부지를 사들이고 담장까지 쳐놨지요. 인포시스의 일렉트로닉스 시티 안의 사옥에는 대형 화상 회의실이 있습니다. 이곳에서는 전 세계 24곳과 연결해서 동시에 얼굴을 보면서 회의를 진행합니다. 인도 기업이 얼마나 성장했는지 실감할 수 있습니다."

방갈로르의 인구는 1951년 80만 명이었으나, 2001년에는 560만 명,

2006년 현재 625만 명으로 늘어났다. 데칸 고원에 자리 잡고 있어 아열대 지방인데도 기후가 온화하다. 그래서 '가든 시티'라고 불린다. 영국 식민지 시절에는 군인들의 휴양지로 인기를 모았다. 윈스턴 처칠의 흔적도 남아 있다. 지금은 인도의 연금 수혜자들이나 돈 많은 은퇴자들이 적지 않게 찾는다.

정희대 대표는 "한국의 경제 규모로 볼 때, 방갈로르의 싸고 양질의 인력을 더 활용해야 한다"고 말했다. 그는 "한국의 소프트웨어 개발 인력에 연 1억 원이 들어간다면, 방갈로르에서는 4,000~5,000만 원이면 된다"고 말했다. 1명당 5,000만 원이 절감되는데 그렇게 하지 않는 건 언어 소통 면에서 불편하기 때문이나, 이를 감수해야 한다고 강조했다.

"우리가 핸드폰을 잘 만든다고 하는데, 10년 있으면 우리도 하드웨어에서 밀려날 것입니다. 옛날 톰슨이 텔레비전 시장에서 완전히 밀려난 것처럼요."

물론 인도인의 정서와 직장 문화가 한국과 많이 다르다. 김규철 삼성전자 방갈로르 소프트웨어연구소 소장(상무)은 "중국의 통신장비 전문 업체 화웨이(華爲)가 방갈로르에 진출하면서 임금을 두 배 제의하며 인력을 빼갔다"면서 "이곳 사람들은 조금만 더 준다면 1초도 주저하지 않고 직장을 옮긴다"고 말한다.

방갈로르 삼성소프트웨어연구소는 핸드폰에 들어가는 프로그램을 만들고 있는데, 직원이 1,000명에 육박한다. 인도는 전통적으로 직장을 구하기 쉽지 않아 한 직장에 대한 충성도가 높았다. 하지만 방갈로르에서는 이 같은 전통적인 직장 문화는 사라진 지 오래다. 서구식 직장 문화가 그대로 이식되어 있다. 24시간 영업하는 맥주 바가 있는 것도 방갈로르의 특색이다. 밤새도록 일하는 사람이 있다는 얘기다.

LG CNS글로벌은 LG CNS의 인도 자회사로, 방갈로르에서 세계적인

IT기업들과 경쟁하고 있었다. LG전자나 삼성전자가 소프트웨어연구소를 두고 인도인 엔지니어를 채용해 서울 본사에서 만드는 전자제품에 들어갈 소프트웨어를 개발하고 있는 것과는 달랐다. LG CNS글로벌 직원은 정규직 270명과 촉탁직을 포함해서 350명이다. 정희대 대표 외에 한국인 직원으로는 문창모 부장이 있을 뿐이다.

문 부장의 이야기에 귀가 솔깃해졌다.

"인도 직원들이 저에게 '당신들은 금광 위에 앉아 있다. 그런데 그걸 모른다'고 말합니다. 우리의 IT기술과 경험을 잘 포장하면 유럽 등 세계 시장에 팔 게 매우 많다는 것이지요. 그런데 세상을 모르니 우물 안 개구리이고, 뭘 하나 내놓아도 찻잔 속 폭풍에 그치고 만다고 합니다."

그의 얘기를 좀 더 들어봤다. "교육방송의 교육 과외 서비스는 30만 명이 동시에 인터넷으로 접속해도 문제가 없습니다. 이건 보통 노하우가 아닙니다. 이런 노하우를 팔 수 있습니다. 대개의 경우 이렇게 한꺼번에 접속하면 시스템이 다운되어 운용을 못합니다. 우리는 이를 팔 줄도 모르고 시장이 외국에 있는지도 모릅니다. 카드 하나로 버스, 지하철을 이용할 수 있는 서울시 통합 교통카드 시스템도 마찬가지입니다. 노동부의 워크네트Worknet도 마찬가지죠. 방갈로르는 이런 걸 파는 '세일즈 허브'Sales Hub가 될 수 있습니다. 상품을 갖다가 고객이 원하는 대로 다국어로 만들어 팔 수 있습니다." LG CNS글로벌은 이런 시장 개척을 위해 뛰고 있다고 했다.

정해롱 씨는 인도 IT서비스업체 L&T인포텍의 임원Senior Vice President이다. 삼성전자 출신으로 인도 회사에 들어가 혈혈단신으로 분투하는 도전적인 사람이다. 방갈로르의 한국 기업 근무자와는 사뭇 분위기가 달랐다. 한국 기업에 대해 상당히 비판적이었다. L&T인포텍은 방갈로르 화이트필드에 자리 잡고 있다. 그를 만난 건 그가 일본과 한국 출장을 다녀온 다음날이었다.

"인도의 소프트웨어 개발 능력이 이미 한국을 넘어섰습니다. 한국에서 하는 일 가운데 여기서 못할 게 없습니다. 시스코 시스템스는 이미 하드웨어 개발도 방갈로르로 옮겨왔습니다. 서울은 상품 기획을 하고, 부가 기능 개발, 프로그램 코딩, 테스트는 다 방갈로르로 넘겨야 합니다. 이 일을 빨리 하는 기업이 이깁니다.

미국 기업이 방갈로르를 활용하는 것 보세요. 텍사스 인스트루먼트는 소프트웨어 하드웨어 개발 제품 테스트를 여기서 시작했습니다. 그러다가 소프트웨어 개발 업무를 넘겼고, 이제는 하드웨어 개발까지 방갈로르에서 하고 있습니다. 일본도 급속도로 방갈로르에 대한 인식이 바뀌고 있어요. 인도와의 '협업' 측면에선 일본이 한국보다 낫습니다. 일본 기업에 가면 '인도 데스크'가 있어 일하기 편합니다. NEC에는 인도 담당 중역이 있습니다. 준비가 다르지요. 한국 기업에는 그런 사람이 없잖습니까? 인도가 미국의 시녀 노릇을 했지만 이제는 대등한 관계입니다. 방갈로르에 있는 IBM의 자회사 IBM글로벌이 미국 시장을 놓고 IBM 본사와 경쟁하고 있습니다.

한국에서 프로그래머를 육성한다는 건 한국에서 다시 컬러텔레비전을 생산하자고 주장하는 것과 같습니다. 소프트웨어는 이미 인도에 있습니다. 한국은 인도 사람이 못하는, 시장을 창출하는 창조적인 제품을 개발해야 합니다. 예컨대 모바일 게임처럼 인도 사람이 못하는 시장을 창출해야 합니다. 제품을 만들면 5년간 장사하고, 5년 이후에는 타사 제품과 경쟁하고, 10년 이후에는 포기하는 것이지요. 한국에서는 프로그래밍을 가르칠 게 아니라 매니지먼트와 해외시장을 올바로 보는 능력을 키워야 합니다. 극단적으로 말하면 한국 대학들의 컴퓨터 공학과를 폐지해야 합니다."

여전히 부족한 도시 인프라

정해룡 씨와 헤어진 후 방갈로르 시내의 약속 장소로 가기 위해 차를 탔다. 하지만 외통수 길만 있는 탓인지 도로는 꽉 막혀 있었다. 극심한 교통 체증이었다. 때문에 약속 시간을 지킬 수 없다고 양해를 구하는 전화를

공항로 고가도로 공사 현장. 2003년에 시작된 공사가 3년이 지나도록 끝나지 않았다.

해야 했다. 방갈로르는 세계적인 도시로서, 그 자체가 인도의 훌륭한 브랜드이지만, 다른 한편에서는 신음 소리를 내고 있었다. 도시 성장에 따라 도로 등 인프라 시설 개선이 이뤄져야 하는데, 정치 지도자들의 무능으로 진척이 없다. 이 때문에 지옥과 같은 교통난이 하루 종일 계속되고, 비만 오면 온 도시가 물에 잠긴다.

방갈로르 공항 인근 사거리에서 만나는, 공사하다가 만 고가도로는 방갈로르의 새로운 명물이었다. 지난 2003년 2월에 공사를 시작했는데, 그리 크지 않은 고가도로인데도 공사를 끝내지 못하고 철골 골조를 드러낸 채 그대로 방치되어 있었다. 영국의 시사 주간지 〈이코노미스트〉는 2005년 4월 '방갈로르의 역설'이라는 제목으로 이 공사 현장을 언급한 적이 있었는데, 필자가 그해 말에 방문했을 때도 여전히 같은 상태였다. 단언컨대 2007년 현재에도 형편은 똑같을 것이다.

또한 호텔 방이 부족해 도무지 예약을 할 수 없다. 방문객이 많은 탓도 있지만, 제때에 객실 수요를 예측하고 공급을 해야 하는데 그런 메커니즘이 작동하지 않기 때문이다. 이로 인해 호텔은 6개월 전에 예약을 해야 하고, 객실 요금 할인은 절대 없다. 〈이코노미스트〉에 따르면,

한 호텔 매니저는 2005년 한 해 목표 매출을 두 달 만인 2월 말에 달성했다고 한다. 100% 객실 점유율에, 하룻밤 400달러를 받는 살인적인 객실료 덕분이었다. 필자 역시 호텔 객실 난으로 방갈로르에서 객실을 구할 수 없어 도시에서 두 시간이나 떨어진 곳으로 나가 한국인이 운영하는 게스트하우스에 묵었다. 하지만 게스트하우스마저 100달러 대여서 입을 다물 수가 없었다.

이 때문에 특히 방갈로르의 기업인들은 도시 인프라 정비를 주정부에 요구하며 아우성이다. 인도 일간지 〈인디안 익스프레스〉는 이와 관련하여 2004년 12월 '무너지는 방갈로르'라는 제목 아래 특집 시리즈 기사를 연재하기도 했다. 신문에 따르면 인도 생명공학 업계의 아이콘이자, 최고 부자 여성인 키란 마줌다르 샤우 '바이오콘Biocon' 회장은 "어떻게 휴일에도 이런 일이 일어날 수 있나"라며 휴일에도 교통 체증이 일상화된 현실을 개탄했다. 방갈로르에서는 매일 출퇴근하는 데 평균 두 시간이 소요된다. 인도 IT업계의 대표적인 주자 중 한 명인 위프로Wipro 사의 아짐 프렘지Azim Premji 회장은 언젠가 방갈로르에 대한 향후 투자를 중단하겠다고 말하기도 했다. 프렘지 회장은 방갈로르의 이런 현실을 알리기 위해 만모한 싱 총리가 방갈로르에서 주최한 행사에 일부러 늦게 도착했다는 얘기도 있다.

이는 순전히 카르나타카 주 정치의 난맥상에 기인한다. 전국 정당인 국민회의당과 인도인민당, 지역 정당인 자나타 달(세속)이 주의회 과반수 의석을 확보하지 못해 합종 연횡을 통해 정권을 잡고 있다. 이 때문에 정치인들은 권력 투쟁에만 골몰해 민생을 돌볼 여유가 없다. 실제로 2006년 2월에는 '정변'이 일어나 주총리가 한순간에 바뀌기도 했다. 2004년 주 총선 이후 집권한 국민회의당 소속 다람 싱 주총리는 연합 정권 파트너인 JD(S)당의 배신으로 권력을 내놓아야 했다. JD(S)당의 지도자인 H. D. 쿠마라스와미(H. D. 데베 가우다 전 총리의 아들)가 주총리가 되겠다는 야심으로 국민회의당과 결별하고, 자신을 주총리로 지지하겠다는 인도인민당과 전격적으로 손을 잡았다.

　이러는 동안에 방갈로르 신국제공항 계획은 2006년 현재, 발표한 지 13년이 되도록 부지조차 확정하지 못한 채 표류하고 있다. 그 동안 공식 착공식만 2002년 1월과 2004년 1월 두 차례나 있었다. 이 원고를 쓰는 순간까지도 논란은 계속되고 있다.

인도 IIM에 몰려든 월가 스카우터들

인도는 '뜬다 뜬다' 하지만 개발도상국이다. 개발도상국이 세계적인 명문 교육 기관을 갖고 있기란 쉽지 않다. 하지만 인도는 글로벌 랭킹 안에 드는 학교를 키워냈다. 인도의 양대 명문 대학은 IIT Indian Institutes of Technology(인도공과대)와 IIM Indian Institutes of Management(인도경영대학원)이다. 미국 실리콘밸리에서 IT붐을 일으킨 주역이 IIT 출신이라는 건 널리 알려진 사실이다. MIT대학의 한 교수가 수업 시간에 인도 학생을 보고 "인도에 IIT란 탁월한 학교가 있는데, 왜 이곳까지 왔느냐"고 물어보자, "IIT에 떨어져 MIT에 입학했다"고 했다는 전설 같은 얘기도 있다. IIT는 전국 7곳에 학교가 있다.

IIM은 아메다바드Ahmedabad, 방갈로르Bangalore, 인도르Indore, 콜카타Kolkata, 코지코드Kozhikode, 럭나우Lucknow 등 전국 6곳에 학교가 있다. 이 가운데 아메다바드에 있는 IIM-A가 가장 유명하다. 〈이코노미스트〉는 2004년 IIM-A를 아태 지역 1위이자 세계에서 가장 입학이 어려운 비즈니스 스쿨로 선정한 바 있다. 2004년의 경우 13만 2,000명이 지원해 528대 1의 경쟁률을 보였다. 실제로 하버드대학보다 입학하기 어려운 학교라고 한다. IIM은 최근 급부상한 탓에 '가장 덜 알려진 최고의 명문 학교'(비즈니스2.0 조사) 중 하나라고 불리기도 한다.

2006년 졸업생을 위한 연례 구직 행사에서 학교 측은 기자회견을 갖고 구직 행사 결과를 공개했다. "외국 기업 취업 확정자가 전체의 30%가 넘는 72명이고, 평균 연봉은 9만 2,500달러(약 9,250만 원)입니다. 10만 달러 이상 연봉자는 이 가운데 50명입니다. 올해 최고 연봉은 18만 5,000달러(약 1억 8,500만 원)로, 바클레이스 캐피털에 스카우트됐습니다."

바쿨 H. 돌라키아 학장은 취업 행사에 인도 국내외 초일류 기업 110곳이 참가했다고 말했다. "해외 취업자의 평균 연봉이 전년도에 비해 16% 올라간 건 졸업생에 대한 높은 평가를 반영한다"며 흡족해했다. 이 행사에 월스트리트의 내로라하는 투자은행과 컨설팅 업체가 몰려들었다. 바클레이스 캐피털은 16명, 리만 브라더스는 12명, 메릴린치는 8명, ABN 암브로(홍콩 소재)는 7명의 졸업생을 스카우트해갔다. 도이치뱅크는 자사 인턴 출신 6명을 애널리스트로 채용했다. 전체 졸업생의 20% 선인 50여 명은 스카우트 행사에 앞서 입도선매되었다. 기자회견장에는 30여 명의 기자들이 몰려와 전년도에 비해 연봉이 얼마나 올랐는지, 외국 기업들이 인도 인재들에게 얼마나 관심을 보였는지 취재 경쟁을 벌였다. 급성장하는 인도의 위상에 맞는 인도 엘리트 교육기관을 졸업한 학생의 몸값에 관심이 뜨겁다는 사실을 느끼게 했다.

대학 측은 "유수한 외국 기업 대신 인도 기업에 대한 관심이 높아진 게 졸업생들의 새로운 추세"

라고 밝혔다. 18명의 학생은 외국 기업
의 스카우트 제의를 받고도 고액 연봉
을 포기하고 인도 기업을 선택했다고
밝혔다. 돌라키아 학장은 "7년 전만 해도 외국 기
업이 스카우트 행사에 참여하는 경우가 단 한 건도
없었다"면서 "이제는 세계 최고의 비즈니스 스쿨
출신과 대등하게 경쟁하고 있다"고 자랑했다.

아메다바드 IIM 건물. 왼편이 도서관 건물인데, 세계적인 건축가 루이
스 칸의 작품이다.

졸업생 대표인 라지브 수브라마니안은 "외국의
최상위 비즈니스 스쿨 졸업생과 비교하면 약속받
은 연봉 수준이 어느 정도인가"라는 한 인도 기자
의 질문에 "비슷한 급여 수준"이라고 말했다. 그는
"외국의 비즈니스 스쿨 졸업생들이 대개 현직 경
험이 있어 30세에 가까운 걸 보면, 평균 나이가 20
대 중반 이하인 IIM 출신들이 연봉을 잘 받는 것이
라고 본다"는 말을 덧붙였다.

과연 IIM 학생들은 어떻게 공부했기에 유수 기
업들로부터 이처럼 높은 평가를 받는 것일까? 스
탠더드 차타드 은행에 취업한 군잔 만트리는 "하
루 3개의 수업이 있는데, 1개 수업을 준비하는 데
3시간은 걸리고, 그러면 예습을 9시간은 해야 한
다"고 말했다. IIT봄베이에서 컴퓨터공학을 공부
한 뒤 IIM-A에 진학해 졸업을 앞둔 프리트비 라지
는 "학교 생활 2년 동안 엄청난 지식을 배우고 일
정한 관점을 갖게 됐다. 이로 인해 내 자신이 완전
히 변했다고 생각한다"고 말했다.

자얀트 R. 바르마 부학장은 학교 경쟁력의 비결
에 대해 "최고의 학생들과 우수한 교수진이 상호
작용하면서 서로를 자극하게 된다"면서 "책 10쪽
의 분량을 학생들에게 읽으라고 말하기 위해서는
교수들은 100쪽 분량을 읽어야 한다. 그리고 새로
운 강의를 계속 개발하거나 교과 내용을 개편해야
한다"고 말했다. "제목이 같은 교과목이라 해도 10
년 전과는 내용이 완전히 다르다. 그리고 많은 새
로운 강좌가 생긴다. 선택과목의 경우 매년 10여
개가 새로 도입된다"고 했다.

그는 "글로벌 순위에서 하버드 등 미국의 최상
위 비즈니스 스쿨에 약간 밀리는 이유는 외국 학생
이 없다는 점, 그리고 인도 기업에 취업하는 학생
들의 연봉이 낮을 수밖에 없는 인도 특유의 사정
때문이다"라고 말했다. 이로 인해 해외 평가기관
의 평가 기준에서 감점을 받는다는 것이다.

돌라키아 학장은 "이렇게 좋은 학교를 가지고
있어 샘난다"는 필자의 말에 "혹독하게 짜진 강의
과정으로 학생들을 몰아가고, 외국에서 박사 학위
를 받은 82명의 탁월한 교수진이 학교 경쟁력을 향
상시키고 있다"고 말했다.

100년 된 기업 도시
JAMSHEDPUR
잠셋푸르

인도의 대표적인 철강 도시. 동부 자르칸드 주에 있으며 인구 57만 명. 타타 스틸이 자리 잡으면서 도시로 개발되었다. 100년 전에 세워진 기업 도시다. 타타 스틸이 정부를 대신해 도시를 '경영' 하고 있다. 거리가 깨끗하고 쾌적하다. 도시 이름은 타타 스틸을 세운 '잠셋 타타' 에서 따왔다. 창사 50주년을 맞아 세운 '골든 주빌리 공원' 은 도심 휴식처로 유명하다.

자르칸드의 주도 잠셋푸르jamshedpur는 인도 최대 민간 제철 기업인 타타 스틸이 자리 잡고 있는 철강 도시이다. 타타 스틸은 2007년 초 자신보다 몸집이 큰 영국-네덜란드 제철 기업 코러스(당시 세계 9위)를 113억 달러에 집어삼켜 세계 5위의 제철 기업으로 도약, 화제가 된 바 있다. 자르칸드 주와 포스코가 진출하는 인근 오리사 주는 철광, 석탄, 보그사이트 등 지하자원이 풍부하게 매장되어 있는 자원의 보고다.

포스코가 인도에 제철소를 짓기 위해 프로젝트를 시작하면서 필자도 인도의 철강 산업에 대해 관심을 갖게 되었다.

타타 스틸은 1907년, 밀림을 밀어내고 그 위에 기업 도시를 세웠다. 인도 최초이자 아시아 최초의 제철소를 짓기 위해서였다. 100년 전에 기업 도시를 세웠다니, 인도의 숨은 저력이 느껴진다. 잠셋푸르는 인도에서 가장 오래된 계획 도시이고, 타타 스틸은 2007년으로 '백년 기업' 이 됐다.

❶ JUSCO 사옥. 잠셋푸르의
　시청에 해당한다.
❷ 타타 스틸 공장 정문.

기업이 시 정부 역할 하는 시청 없는 도시

뉴델리에서 잠셋푸르로 가는 길은 멀고 불편했다. 직항편이 없어 콜카타까지 비행기를 타고 간 뒤 그곳에서 다시 기차로 6시간을 더 가야 했다. 콜카타에서 잠셋푸르까지는 동쪽으로 250킬로미터 거리다. 서벵골의 주도 콜카타의 후글리 강변에 있는 하우리 정선 기차역에서 오후 1시 5분에 출발하는 기차를 타기 위해 물어물어 21번 플랫폼을 찾아가니 승강장 초입의 게시판과 객차 바깥 면에 승객 명단이 붙어 있었다. 예약 좌석번호 옆에 정확히 인쇄되어 있는 ‘J. S. Choi’라는 필자의 이름을 확인하곤 인도의 기차 예약 시스템이 잘 작동하고 있다는 생각이 들었다. 기차 이름은 ‘하우라-쿠를라 익스프레스’. 콜카타에서 뭄바이까지 2,000킬로미터가 넘는 거리를 달린다. 잠셋푸르까지 요금은 521루피(약 1만 3,000원)였다.

기차는 1등석 침대칸. 올라타니 냉방이 빵빵하게 가동되고 있었다. 기차는 연발(延發)하지 않고, 정시에 출발했다. 얼마 지나지 않아 승무원이 침대칸 담요 위에 깔, 흰색 시트 두 장과 베개를 갖다 주었다. 깔

❶ 침대칸 내부. 창밖이 보이지 않는다.

❷ 열차에서 제공되는 식사.

끔히 세탁되어 있었다. 옆 칸에 앉은 50대의 남자는 마하라슈트라 주(뭄바이가 주도)의 겨울 수도 낙푸르까지 간다고 했다. 24시간 가까이 걸리는 거리다.

여행은 편했으나 객실 창밖이 보이지 않아 답답했다. 유리창이 깨끗하게 닦여 있지 않은데다 기차가 오래된 탓인지 누렇게 바래서, 기차가 어디를 통과하는 중인지 알 수가 없었다. 정차역 안내방송도 없었다. 이 때문에 도착 예정 시각인 5시가 가까워지자 하차할 역을 놓칠까 봐 불안해졌다. 승무원에게 '타타 나가르Tata Nagar' 까지 얼마나 남았느냐고 계속 물었지만 승무원이 그다지 친절하지 않은 탓에, 매번 기차가 설 때마다 올라타는 승객들에게 '여기가 어디냐' 고 물어볼 수밖에 없었다. 결국 타타 나가르 역에 도착했을 때도 올라타는 승객에게 확인한 뒤, 황급히 배낭과 노트북 컴퓨터를 챙겨 기차에서 뛰어내렸다.

목적지에 내려서 다행이라고 안도하며 서서히 플랫폼을 빠져나오는데 플랫폼 한쪽에 '철강 도시에 온 걸 환영한다' 는 문구가 내걸려 있다. 그 밑으로는 타타 스틸을 홍보하는 조그만 안내판들이 보였다.

다음날, 잠셋푸르의 한복판 '노던 타운' 지역에 있는 타타 스틸 자회사인 '잠셋푸르 유틸리티 & 서비스 회사JUSCO' 1층 건물에서 산집 폴 사장을 만났다. JUSCO는 잠셋푸르를 경영하는 민간 기업이다.

다음은 산집 폴 사장과 나눈 대화 내용이다.

● 타타 스틸의 웹사이트를 보니 JUSCO가 도시를 운영한다고 설명되어 있는데, 그게 무슨 말인가?

잠셋푸르는 정부 간여가 거의 없이 사기업에 의해 완전히 관리 운영되고 있다. 법질서 확립 업무를 제외한, 일반적으로 시정부가 제공하는 모든 행정 서비스를 주민에게 제공한다. 싱하수도 처리·도로·다리 공원 건설 관리 등과 같은 도시 인프라 구축은 물론, 쓰레기 수거, 도시 내 가로 및 공원 정비, 방역 서비스 등…….

● **그러면 잠셋푸르에는 시청이 없나?**

그렇다. 시 정부가 없다. 다만 '잠셋푸르 공시지역위원회Jamshedpur Notified Area Committee'가 있으나, 사실상 기능을 하지 않는다. 주민의 출생·사망 신고만 받는다.

● **세상에 이런 곳이 있나?**

인도 최초이고, 다른 나라에도 없을 것이다.

● **어떻게 해서 이런 시스템이 자리 잡았는지?**

타타 스틸은 1908년 지역 족장으로부터 땅을 구입했다. 그곳에 공장을 위한 도시를 만들었다. 독립 후 20년 가까이 지난 1966년 인도 정부는 자민다리(대 토지 소유주) 법을 만들어 옛 지방 토후국이나 족장 소유 땅을 정부에 반납하도록 했다. 하지만 타타 스틸은 정부에 반납하지 않았고, 이로 인해 법정 공방이 벌어졌다. 인도 정부와 타타 스틸은 법정 밖 화해를 통해 타타 스틸이 땅을 정부에 헌납하는 대신, 30년마다 계약을 연장한다는 조건으로 반영구적으로 임대하기로 했다.

● **JUSCO는 언제 생겼는지?**

당초 타타 스틸의 '도시과Town Division'로 시작했으나, 2004년에 자회사로 독립했다. 잠셋푸르 외에 다른 도시 및 특별경제지역SEZ에도 전력과 상수도 등의 서비스를 제공할 계획이다.

● **민간 기업인 JUSCO가 정부보다 서비스를 더 잘 제공하고 있나?**

잠셋푸르의 거주 인구는 70만 명(2001년 통계는 57만 명)이다. 9만 세대쯤 될 것이다. 인도 지방자치단체들의 행정 서비스는 인프라 건설, 서비스 제공, 정책 등에 있어 대부분 주민의 기대와 열망에 부응하지 못하고 있다. 반면 JUSCO는 24시간 콜센터를 운영하고, 하루에 800통의 주민 불만 전화를 받는다. 전화 접수 뒤 전기 가설의 경우 6시간 안에, 수돗물 공급은 10시간 안에 처리한다.

● 그렇게 빠른 서비스가 가능한가?

인도의 다른 곳에서는 이같이 신속하게 행정 서비스를 제공할 수 없다. 잠셋푸르는 그런 측면에서 인도가 아니다. 지난 1년간 접수된 주민 불만의 86%가 이처럼 자체적으로 정해놓은 서비스 처리 시간 내에 이뤄졌다.

● 비용은 얼마나 소요되는지?

타타 스틸은 매년 잠셋푸르 운영으로 인해 6억 루피(150억 원)의 손실을 보고 있다. 잠셋푸르 인근 지역 개발과 각종 서비스 제공에 들어가는 비용까지 생각하면 10억 루피의 손실 규모가 될 것이다. 2001년 타타 스틸의 이윤 규모가 20억 루피였다. 하지만 행정 서비스는 타타 스틸의 사회적 책임감의 일환이다.

필자가 보기에도 잠셋푸르는 깨끗했다. 산집 사장이 말한 대로 수돗물을 안심하고 마실 수 있다면 그건 대단한 일이 아닐 수 없다. 24시간 전기가 공급된다는 것도 인도에서는 놀랄 만한 얘기다.

하지만 자르칸드 주정부는 잠셋푸르에 시정부 구성을 추진하고 있다. 산집 사장의 말에 따르면 자르칸드의 주도 란치의 고등법원에서 잠셋푸르 시정부 구성을 위한 청문회가 진행 중이다. 자르칸드 주정부는 잠셋푸르에 시정부를 설립하기로 하고, 2005년 12월 이를 공시했다고 한다. 하지만 주민 60만 명이 반대 서명을 했다. 주정부의 이 같은 시도는 지난 15년 동안 세 번째다. 주민들은 계속 타타 스틸에 의한 지역 관리 경영을 원한다. JUSCO 직원 수는 엔지니어, 건축가, MBA 등 관리직이 200명이고, 현장 관리자와 일반 근로자는 1,300명이다. 1년 예산은 16억 루피(약 400억 원)라고 한다.

라제시 라잔 JUSCO 홍보담당 책임자는 다음과 같이 말했다.

"전기의 경우 충분한 생산량이 중요하지만 효율적인 사용이 무엇보다 중요하죠. 밤 11시 이후 거리의 교통량이 줄어들면 가로등의 전력을 240와트에서 150와트로 낮춥니다. 그러면 약간 거리가 어두워지지만 전력 소모량을 절약할 수 있습니다. 어두워지면 켜지고 해가 뜨면 꺼지는 절전형 스위치도 사용합니다. 이렇게 해서 한정된 전력을 더 효율적으로 사용합니다. 전기는 타타 전력과 자르칸드 주전력청 두 곳에서 공급받고 있습니다. 직접 생산하지는 않습니다."

JUSCO에 전기료를 내러 온 바룬 쿠마르 시나(23). 그는 5개월치가 밀려 2,181루피(약 5만 5,000원)를 한꺼번에 냈다면서, "이용료가 다른 지역에 비해 약간 비싸지만 서비스가 좋아서 만족한다"고 말했다. 그는 "개인 기업이 도시를 경영한다고 해서 아무런 문제가 없으니 정부가 맡겠다고 나서서는 안 된다"고 말했다.

타타 스틸의 직원이자 지역사회 봉사자인 라만드 랄(50)은 잠셋푸르 인근 마을에 질병을 앓는 사람이 있어 의료진을 보내달라고 요청하기 위해 JUSCO를 찾아왔다고 했다. "12~15킬로미터 도시에서 북쪽으로 떨어진 모하르다, 랄바타 마을인데 말라리아 이질을 앓는 사람이 있습니다. 그래서 부탁을 했지요." 그는 JUSCO 측으로부터 어떤 답을 들었느냐는 질문에 "2~3일 내에 JUSCO가 신속히 조치할 것"이라고 대답했다. "그렇게 빨리 움직이느냐? 믿기 어렵다"는 반응을 보이자, "잠셋푸르는 인도의 다른 지역과는 다르다"며 자랑스럽게 말했다.

100년 기업의 저력

'잠셋푸르' 란 도시명에서 '잠셋' 은 타타 그룹 설립자 잠셋 타타의 이름을 딴 것이고, '푸르' 는 힌디어로 도시란 뜻이다. 결국 '잠셋의 도시' 란 뜻이다. 잠셋 타타는 43세 때인 1882년 독일 전문가 리테르 폰 슈바르츠가 쓴 〈찬다 지역에서의 광석 작업의 재정적 전망〉 보고서를 읽고 인도 제철 산업의 가능성에 대해 매우 흥분했다. 그는 이후 인도 내 제철소 건립에 20년을 매달린다. 1901년, 1902년 연속 미국에 건너가 제철 산업의 중심지인 클리블랜드와 버밍햄을 방문하고, 저명한 제철 업자를 만났다. 하지만 그는 잠셋푸르에 공장이 들어서기 전인 1904년 사망하고 그의 큰아들 도랍 타타가 유지를 이어받아 1907년 회사를 설립한 뒤 삭치 마을을 공장 부지로 선정했다. 1908년 3,584에이커(약 439만 평)의 땅을 4만 6,632루피에 매입해 첫 삽을 떴다. 1911년 12월 쇳물이 용광로에서 처음으로 흘러나왔고, 이로부터 8년 뒤인 1919년 인도총독 첼름스퍼드Chelmsford 경이 이 지역을 방문하여 지명을 잠셋푸르라고 개칭했다.

오늘날 잠셋푸르에는 타타 스틸 외에, 타타 자동차의 트럭 공장, 양철을 생산하는 타타 틴플레이트Tinplate 등이 있다. 타타 스틸의 인터넷 홈페이지에 따르면 타타 스틸 직원은 4만 명이다. 타타 자동차, TRF(엔지니어링 장비 업체), 타타 틴플레이트 등 다른 계열사 직원을 포함하면 주민의 약 30%가 직·간접으로 타타 그룹과 관련되어 있다.

잠셋푸르 내 삭치 지역에 자리 잡은 '루씨 모디 엑셀런스 센터Russi Mody Centre for Excellence' 는 타타 스틸의 100년사를 소개하는 전시실과 자료관이 있는 곳이다. 이 건물 복도에 '75년간의 산업 평화' 라고 크게 쓴 패널이 보였다. 지난 2004년, 타타 스틸 노조의 75년간의 무(無)파업을 기념하기 위해 압둘 칼람 대통령이 행사에 참석했다.

타타 스틸 홍보실의 베로제 가즈데르는 "1928년 타타 스틸 사상 처음이자 마지막 파업이 일어난 뒤 지금까지 산업 평화가 지켜지고 있다"고 했다. 노조 관계자를 만나기 위해 면담 주선을 요청했으나, 인도 특유의 관료주의로 인한 시간 지체 때문에 결국 만나지 못했다. 하지만 타타의 노사관을 들으니, 2006년까지 77년간 파업이 없었던 이유가 상당 부분 납득이 됐다.

1839년 인도 서부 구자라트 주의 나브사리에서 조로아스터교를 믿는 파르시 집안에서 태어난 잠셋 타타는 아편 무역과 면화 사업으로 막대한 부를 축적했다. 1868년 타타 그룹의 출발점이 된 무역회사를 시작한 잠셋 타타는 직원들 복지 후생에서 선구적이었다. 1870년대 인도 중부 마하라슈트라 주의 면화 생산지대 낙푸르에 세운 섬유 공장 '임프레스 밀'에 인도 최초로 환풍기, 스프링클러, 습도 조절기, 의무실 등을 설치했다. 그리고 그의 기업 경영 철학 따라 큰아들 도랍 타타 등 후계자들은 1904년 잠셋 타타 사후 타타 스틸을 경영하면서 인도 첫 8시간 노동제(1912년), 무료 의료 지원(1915년), 유급휴가제(1920년), 성과급제(1934년), 퇴직금제(1937년)를 도입했다. 8시간 근로가 법적으로 규정된 것이 1948년이니 타타 스틸이 36년이나 앞선 셈이다. 퇴직금제가 법적으로 규정된 건 1972년이니 이 또한 35년이

1919년 지명을 잠셋푸르라고 개칭.

인도의 전설적인 화가 M. F. 후사인이 1984년 그린 노조 무파업 관련 작품.

나 앞섰다.

1928년 파업은 외국인 경영진과 인도인 근로자들과의 마찰 때문이었다고 가즈데르는 설명했다. 당시 파업은 상당 기간 계속됐고 이에 인도 독립의 아버지인 마하트마 간디가 우려를 표명, 수바시 찬드라 보스(1897~1945년)를 보내 타결토록 했다. 수바시 찬드라 보스는 국민회의당 대표를 지낸 독립투사다. 간디의 비폭력운동과는 달리 영국을 상대로 무장 독립 투쟁을 벌였다. 콜카타 공항명은 그의 이름에서 따온 것이다. 그는 1945년 대만에서 항공기 추락 사고로 숨진 것으로 알려졌으나, 최근 인도 정부의 한 위원회는 이를 부인하는 보고서를 냈다. 그의 최후는 독립 인도의 최대 미스터리로 남아 있다.

수바시 찬드라 보스는 당시 도랍 타타 회장에게 보낸 편지에서, 계약이 만료된 외국인과의 계약을 연장하지 않는 방법으로 외국인 경영진을 물갈이할 것을 요구했다. 그는 이후 노조를 결성, 7년간 노조위원장을 지냈다. 수바시 찬드라 보스의 인도인에 의한 경영 요구는 1936년 처음으로 인도인 사장이 임명되면서 수용됐다.

타타 그룹은 이런 기업관 때문에 인도에서 가장 존경받는 기업으로

❶ 타타 스틸 창사 50주년을 맞아 세운 골든 주빌리 공원 내의 무굴 정원.
❷ 골든 주빌리 공원에 서 있는 잠셋 타타의 동상.

꼽힌다. 세계 최대 민주주의 국가를 운영하는 데 막대한 정치 자금을 필요로 하는 정치권도 타타 그룹에는 손을 벌리지 않는 것으로 유명하다. 정치 자금을 주지 않기 때문이다. 잠셋 타타의 후손들은 자선 재단을 만들어 그곳에 주식을 대거 기부했다. 타타 그룹의 지주회사인 '타타 아들들Tata sons' 주식의 약 66%는 '도랍 타타 경 트러스트'와 '라탄 타타 경 트러스트'의 양대 자선 재단이 보유하고 있다. 도랍 타타는 잠셋 타타의 큰아들, 라탄 타타는 잠셋 타타의 작은아들이다. '타타 아들들'의 회장이 전통적으로 타타 그룹의 회장을 맡고 있다. 때문에 타타가 돈을 벌면 벌수록 인도에 좋다는 인식이 일찍이 인도인의 마음속에 자리 잡았다.

우리나라의 포스코가 뛰어난 성과를 내고 있어 필자는 사실 타타 스틸을 한 수 밑으로 보아왔다. 하지만 타타 스틸의 100년 역사를 보니, '100년 기업'의 저력이 보였다. 특히 그룹의 설립자인 잠셋 타타가 기업을 일으킨 때는 영국의 식민 통치 시절이었다. 그는 인도가 산업 국가로 변신하기 위해서는 제철과 전기가 필요하고, 고등교육 기관을 세워야 한다고 생각했다. 식민 통치자들인 영국인들은 이러한 비전을 비웃었다. 그러나 선친의 유지를 따라 타타 가족은 결국 1911년 인도과학대학을 세웠고, 이 학교에서 인도 최고의 과학자들이 쏟아져 나왔다. 인도 원자폭탄의 아버지로 불리는 호미 바바Homi Bhahba(1909~1966년)도 이 학교 출신이다.

또 타타 스틸이 공장이 완성된 뒤 고로 설계와 원료인 석탄의 품질 문제로 어려움을 겪자, 당시 인도 철도청장인 영국인 프레데릭 업콧 경은 이를 비웃기도 했다. 그는 "타타가 영국의 사양에 맞춰 기차용 철로를 만들 수 있다는 것인가? 그들이 그런 철을 만들면 내가 그 철을 모두 먹겠다"고 조소했다. 어디서나 식민 통치자들의 행태는 같은가 보다.

잠셋 타타는 타타 스틸 설립을 위한 최초의 자금 조달을 위해 런던
에 가지 않았다. 인도의 자본 시장에 나갔고, 주식 공모를 시작한 지 12
일 안에 2,317만 5,000루피(현재 인도 화폐 시세로 단순 계산하면 약 5억 7,937
원)를 조달했다. 투자자의 수는 약 8,000명이었다. 이를 통해 인도 내부
자본력의 탄탄함을 드러낼 수 있었다.

타타 스틸의 설립은 인도가 전통적인 무역 국가에서 근대적인 제조
업 국가로 가는 큰 걸음으로 평가된다. 2007년은 타타 스틸 창업 100주
년의 해이다. 타타 스틸은 "100년 전 설립자의 전통을 이어가면서도 향
후 100년을 바라보는 미래를 준비하고 있다"면서 "건축가에게 잠셋푸
르의 향후 50, 60년을 위한 미래 계획 입안을 의뢰했고, 2007년까지는
새로운 도시 모델을 공개할 수 있을 것"이라고 밝히고 있다.

1923년, 잠셋 타타의 사촌으로 파트너였던 R. D. 타타(J. R. D. 타타 3
대 회장의 아버지)는 "잠셋푸르에 돈을 낭비하고 있다"는 일부 주주들의
비판에 대해 이렇게 말했다. "주택과 하수도, 도로, 병원 그리고 복지
에 왜 그렇게 많은 돈을 써야 하는가 하는 질문을 받고 있습니다. 이런
질문을 하는 사람들은 슬프게도 상상력이 없는 것입니다. 우리는 잠셋
푸르에 근로자들을 위한 오막살이들을 세우는 게 아닙니다. 우리는 도
시를 짓고 있습니다."

위대한 기업가의 비전과 기업관 앞에 감동하지 않을 수 없다. 지금
도 타타는 잠셋푸르에 많은 돈을 들이고 있다.

인도를 움직이는 사람들, 파르시

타타 가문이 독특한 것은 조로아스터교를 믿는 파르시Parsi 출신이라는 점이다. 조로아스터교는 흔히 불을 숭배한다고 해서 배화교拜火敎로 알려져 있다. 이와 관련하여 타타 스틸 홍보관인 '루씨 모디 엑셀런스 센터'의 가즈데르로부터 잠시 조로아스터교와 파르시에 대해 얘기를 들을 수 있었다.

"조로아스터교는 불을 숭배하는 게 아니고, 불을 신이 주신 가장 신성한 것으로 여깁니다. 사원에 들어가면 신전 안에 불만 타고 있는 모습이 보이는데 그런 이유 때문입니다." 그는 예수가 태어날 때 동방에서 온 세 명의 학자가 조로아스터교 사제들이라고도 했다.

파르시들은 9세기 이란에 이슬람이 들어오면서 이들의 종교 박해를 피해 인도의 구자라트 지역으로 이주해왔다. 구자라트의 당시 힌두 왕은 파르시의 상륙을 처음에는 거부했다. 힌두 왕은 우유가 가득 찬 통을 갖고 와 "보라, 한 방울만 더하면 넘친다"면서 이들을 수용할 땅이 없음을 비유적으로 표현했다. 하지만 끈질긴 호소를 받은 끝에, 힌두 왕은 세 가지 상륙 허가 조건을 내걸었다.

첫째, 파르시 여자가 인도 전통 의상인 사리를 입고, 둘째, 구자라트 언어로 말하며, 셋째, 조로아스터교를 선교하지 말 것을 요구했다.

이로 인해 세월이 지나면서 파르시들은 자신들의 언어도 잊어버리고, 선교도 하지 못해 현재 인도 땅에 7만 명(2001년 인구조사 6만 9,101명)밖에

없다고 한다.

그럼에도 불구하고 파르시들은 활동적이고 교육열이 높아 인도에서 상당한 영향력을 행사하고 있다. 현재 인도 최대 재벌가로 손꼽히는 타타 가문을 비롯하여, 정치, 경제, 교육, 군 분야에서 위대한 지도자들을 배출해냈다.

인도 독립투사로 국민회의당의 1세대 지도자인 다다바이 나오로지Dadabhai Naoroji(1825~1917년), 첫 인도 5성 장군 샘 마넥쇼Sam Manekshaw(1914년생), 유명한 법학자 나나보이 팔키발라Nanabhoy Palkhivala(1920~2002년), 인도 원자폭탄의 아버지 호미 바바Homi Bhabha(1909~1966년)가 모두 파르시다. 그룹 '퀸'의 멤버였던 프레디 머큐리(1946~1991년)도 파르시다. 머큐리는 파르시인 인도인 부모 사이에서 아프리카 잔지바르에서 태어났다.

파르시들은 인도 내 수라트, 바로다, 뭄바이 지역에 많이 살고 있다.

남아시아 자동차 산업의 메카

CHENNAI

첸나이

인도 남동부 해안에 자리 잡은 타밀나두의 주도. 인구 698만 명으로 인도에서 네 번째로 큰 도시다. 자동차 산업이 발달해 '남아시아의 디트로이트'라 불린다. 식민지 시절 옛 이름은 '마드라스'. 타밀어 영화의 제작지로도 유명하다. 전 주총리이자 주 의회의 제1야당 대표인 자얄랄리타도 영화배우 출신이다.

인도 제2의 항구인, 타밀나두의 주도 첸나이Chennai(옛 이름은 마드라스)는 남인도의 대표적인 제조업 도시로, 항구 등 물적·인적 인프라를 비교적 잘 갖추고 있다. 심상만 첸나이 한인회장(현대자동차의 협력업체 '인코텍' 사장)과 함께 현대자동차 공장이 있는 시내 동쪽 외곽에서 첸나이 시내로 국도 4번을 타고 들어가는 길이다.

"저기 보세요. 논바닥에 들어서고 있는 건물은 모조리 다 학교입니다. 공과대학들이에요. 얼마나 공대가 많이 생기는지 하도 많아서 차를 타고 가면서 세어본 적이 있는데, 30~40개 됩니다. 지난 3년 사이의 일입니다."

그러고 보니 온통 공과대학투성이다. 세인트 존스, 로욜라, EVP공과대 등. 그중에는 학교 건물을 제법 번듯하게 지어놓은 것들도 있다. 최소 1,000여 명의 학생은 수용할 만한 규모이다. 심상만 회장은 "정부에서 학교를 세우면 보조금을 얼마나 주는지, 거품 같기도 하다"라고 말한다.

세계 자동차 회사들이 첸나이로 모여들다

외국 자동차 업체들을 어떻게 유치하는지 알아보기 위해 첸나이 시내 타밀나두 주정부의 산업 안내 수출진흥국*Tamil Nadu Industrial Guidance & Export Promotion Bureau* 책임자 M. 벨무루간 국장을 만났다. 첸나이에는 현대자동차를 비롯하여 포드 자동차, 미쓰비시 자동차, BMW 등 다수의 외국 자동차 완성차 업체들이 진출해 있다. 벨무루간 국장은 타밀나두 주에서 외국 업체 유치를 책임지고 있다. 투자 유치와 관련된 모든 문제를 해결하는 단일 창구이다.

50대 초반으로 보이는 벨무루간 국장은 필자에게 컴퓨터 옆에 앉으라고 권하더니, 모니터에 'GM은 왜 타밀나두에 투자해야 하나' 라는 제목의 파일을 띄웠다. GM의 두 번째 인도 공장을 첸나이에 유치하기 위해 만든 내부 문건이다. 인도 언론에서 GM이 첸나이에 공장을 세운다는 기사를 본 적이 있다.

"첸나이의 안나 대학은 세계 최대 규모의 공과대학입니다. 첸나이에 대학 본부가 있고, 252개 공과대학*college*에서 매년 7만 9,800명의 졸업생을 배출하고 있습니다. 이 밖에 타밀나두 주에는 공과전문대학이 230개가 있어, 5만 6,000명의 인력이 나오고 있지요."

벨무루간 국장은 "주정부가 기술교육을 권장해 지난 20년간 많은 공과대학이 세워졌다"면서 "타밀나두의 엔지니어 배

첸나이에는 인도의 다른 지역과 달리 교회가 많다.

출 규모는 미국 전체 규모보다 많다”고 말했다.

“다른 주는 얼마나 되냐”고 물어보니, 인접 주인 카르나타카(주도 방갈로르)에는 122개 공과대학이 있다면서 정확히 수치를 보여주겠다며, 컴퓨터 안의 자료를 열심히 찾는다. 컴퓨터 화면에는 다른 주의 각종 현황 관련 파일이 많이 보인다. 그는 “다른 주의 현황 자료 파악은 매우 중요하다. 투자 유치 경쟁에서 이기기 위해서이다. 많은 정보를 수집하고 있다”라고 말했다.

포드 자동차가 1995년 초, 그리고 현대자동차가 그해 말 첸나이 투자를 위해 찾아왔을 때부터 투자 유치 업무를 해왔다고 그는 말했다. “현대자동차의 내부 조사 결과, 첸나이가 세계에서 가장 값싸게 소형차를 생산할 수 있는 지역이라고 나왔습니다. 유럽에 수출하기 위해 드는 운송비를 상쇄하고도 남습니다.” 면담 약속 시간 30분이 넘어가는데도, 그의 설명은 그치질 않았다. 첸나이에서 여러 자동차 관련자와 기관을 찾아갔지만 구할 수 없었던 통계 수치를 놓고 그는 계속 이야기를 이어간다. 서둘러 일어날 이유가 없었다.

“첸나이는 인건비가 중국보다 낮습니다. 전문대학 졸업생의 초임이 100~200달러로, 미국 근로자 2일간의 급여 수준에 불과합니다. 생활비도 적게 들죠. 메르세르MERCER에서 세계 145개 도시를 대상으로 생활비를 조사한 게 있는데, 첸나이는 133위로 나왔습니다. 베트남의 호치민, 방글라데시의 데카, 스리랑카의 콜롬보보다 낮습니다.”

잠재적인 투자자들의 마음을 흔들기 위해 모아놓은 자료들이었다.

“현대자동차는 6,000명을 고용하고 있는데 노사문제는 없습니다. 노사 평화가 매우 중요하죠. 방갈로르에 있는 일본 도요타 자동차는 노사문제로 어려움을 겪고 있지 않습니까? 타밀나두에 노사 갈등이 없는 이유는 취업하기가 힘들어 일단 취업하면 일자리를 놓치지 않으려고 하기 때문이죠. 근로자들은 성실하게 일합니다. 타밀나두의 기술 전문 인력 실업률은 아직도 16~19%로 높은 편입니다. 그만큼 기업들이 필요로 하는 인력은 얼마든지 있다는 뜻이죠.”

첸나이는 인도의 디트로이트라 불린다. 디트로이트는 미국의 자동차 도시다. 요즘에는 ‘인도’라는 말 대신 범위를 넓혀 ‘남아시아의 디트로이트’라고 인도인들은 말하기도 한다. 직접적인 불을 댕긴 건 지난 1996년 투자를 결정한 포드다. 포드가 진출하면서 현대자동차, 미쓰비시, BMW 등이 속속 진출했다. ‘포드가 입지로 결정했을 때는 뭔가가 있다’는 판단이 후속 업체들의 진출에 큰 변수로 작용한 것이다. 포드의 진출은 전통적인 자동차 도시 첸나이에 제2의 전성기를 열었다.

소형차로 인도 선두 달리는 현대자동차

첸나이의 최대 완성차 업체는 현대자동차다. 첸나이 서쪽 외곽의 이룬가투코타이 지역 내 ‘십콧sipcot 공단’에서 2006년 말 현재 연 30만 대를 생산하고 있다. 2006년 한 해 29만 9,513대를 판매해 전년도보다 18.5%의 신장률을 기록했다. 인도 승용차 업계 랭킹 2위다. 1위는 2006년 말 현재 연 62만 대의 생산능력을 갖추고 시장의 절반을 점유하고 있는 일본 스즈키 자동차의 합작사 마루티 스즈키다. 마루티 스즈키는 델리 외곽에 자리 잡고 있다.

현대자동차는 1998년 첸나이에 공장을 짓고 판매 시작 6개월 만인 그 다음해에 2위에 오르는 대단한 기록을 냈다. 현대자동차가 이런 성과를 낸 이유는 일찍 진출했고 좋은 제품을 내놓은 데 있다. 현대자동차가 진출하기 이전의 인도 자동차 시장은 수십 년 된 구닥다리 모델을

❶ 현대자동차 첸나이 제2공장
  건설 현장.
❷ 현대자동차 생산라인.

생산하는 앰배서더 자동차와 한참 된 일본 스즈키 모델을 들여다 만드는 마루티 스즈키뿐이었다. 현대자동차는 이런 시장에 다른 외국 업체들보다 일찍 진출하여 비교적 쉽게 시장점유율을 올릴 수 있었다. 그다음으로는 새 기술을 갖고 들어간 게 적중했다. 스즈키 등 외국 업체들은 몇 년씩 된 낡은 기술을 들고 갔으나, 현대자동차는 신기술을 들고 가 인도 시장을 개척했다. 당연히 인도 사람들은 이를 환영했다. 현대자동차는 인도 자동차 발전에 기여한 자부심을 가져도 된다.

현대자동차 인도법인은, 2007년 말이면 생산량을 60만 대로 늘린다. 이에 맞춰 인도 시장을 겨냥한 독자적인 소형차 모델을 내놓는다. 지난 10년간 인도 시장 공략의 일등 공신인 상트로(한국명 아토스) 모델의 후속타다. 현대자동차로서는 2007년, 2008년이 법인 창설 이후 제2의 도전기가 될 것으로 보인다. '제2의 상트로 신화 창조'를 해내느냐가 3위인 타타 자동차의 추격을 따돌리는 데 중요하다. 정몽구 회장이 해외법인 중 어느 곳보다 자주 인도법인을 찾고 있는 것도 이 때문이다.

하지만 현대자동차는 LG전자 인도법인의 김광로 전 사장(10년 인도 근무)과 같은 스타 경영인을 인도에서 만들어내지는 못했다. 정몽구 회장이 1996년 법인 설립 이래 지난 10년간 법인장을 5명이나 바꾸었기 때문이다. 짧게는 7개월 만에 법인장이 바뀐 경우도 있다.

160년이 넘는 역사를 지닌 첸나이 자동차 산업

포드 자동차는 1998년 생산을 시작해 연 6만 대의 생산능력을 갖추고 있다. 일본의 미쓰비시 자동차는 인도의 힌두스탄 자동차와 합작해 '랜서'라는 모델을 생산하는데, 연 2만 5,000대의 생산능력을 갖고 있다. 독일의 BMW는 첸나이 외곽의 마라이말라이 나가르에 조립 공장을 건설 중이다.

이들 업체들로 인해 첸나이의 인도 내 승용차 생산 비중은 2006년 말 현재 25%선에 이르고 있다. 승용차 생산 1위 업체 마루티 스즈키가 있는 뉴델리 인근에 비해 승용차 생산의 비중이 약간 떨어지는 편이지만, 외국의 주요 생산업체들이 속속 첸나이 진출을 검토하고 있어 수년 내에 인도 자동차 생산의 지도가 크게 달라진다는 게 첸나이 사람들의 한결같은 이야기다.

첸나이의 자동차 부품 업계를 보면 얘기가 또 다르다. 인도 업체들만 보면 완성차 업계보다, 부품 업계가 더 강세를 보인다. 타밀나두 주정부 통계에 따르면 첸나이가 인도 내 부품 생산량의 35%를 차지하고 있다. TVS, 무루가파, 힌두자 그룹 등 선두주자를 포함한 112개의 대형 업체와 중소형 업체 2,000개가 가동 중이다. 이들은 자동차 업계의 노벨상이라 불리는 '데밍상'을 여러 차례 받는 등 세계적인 품질을 과시한다. "첸나이 없이는 세계 자동차 부품 업계를 논할 수 없다"는 말이 나오고 있을 정도다. 첸나이의 완성차 업체들은 첸나이에서 73~80%의 부품을 조달하고 있다.

1916년 자동차 전용 판매 전시장으로 문을 연 쿠돈 빌딩.

그리고 트럭 완성차 업체인 아쇽 레일랜드(연 5만 대 생산능력), 트랙터 생산 업체인 TAFE(연 6만 대 생산능력), 이탈리아 업체인 SAME가 있다. 인도 유수의 오토바이 업체인 TVS도 첸나이에서 오토바이를 생산하고 있다. 인도 최대의 타이어 업체인 MRF도 첸나이에 본사가 있다.

첸나이의 자동차 산업 역사는 160년이 넘는다. 첸나이는 1903년 심슨 자동차Simpson Co.가 인도 사상 첫 자동차를 생산한 장소로 기록되고 있다. 심슨이 개발한 차는 증기 자동차였다. 그리고 이듬해인 1904년 자동차협회가 설립돼 인도 자동차 역사의 신기원을 열었다. 이는 영국에 자동차협회가 설립되기 1년 전의 일이다. 하지만 심슨의 증기 자동차는 상업적으로 성공하지 못했고, 이 회사는 미국의 시보레 등에서 수입한 자동차 반제품에, 자신들이 만든 바디를 붙여 판매했다.

첸나이에서 자동차가 본격적으로 조립 생산되기 시작한 건 독립 다음해인 1948년이다(인도 최초의 자동차 생산은 1942년 구자라트 주의 오카 공장

심슨 자동차의 옛 사옥.

에서 힌두스탄 자동차가 영국 자동차 업체의 누필드와 제휴해 만든 '힌두스탄10' 모델이라는 기록이 있으나 확실치는 않다. 1944년 설립된 뭄바이의 프리미어 자동차가 미국의 크라이슬러와 제휴, 1946년 인도 첫 자동차를 생산했다는 기록도 있다).

거의 동시에 첸나이에는 두 개의 자동차 회사가 설립됐다. 인도 기업인 라구난단 사란이 자와할랄 네루 정부의 권유에 의해 '아쇽 자동차'를 설립했고, 영국의 스탠더드 자동차가 인도 정부와 협상해 '스탠더드 모터스 프로덕트'를 세웠다. 아쇽 자동차는 영국 승용차 모델인 오스틴을 조립하기 위해 설립됐으나, 설립 직후 영국의 레일랜드 자동차가 지분 투자를 하면서 회사의 진로가 바뀌어 1955년에는 상용차 생산 업체로 변신했다. 이름도 아쇽 레일랜드가 됐으며, 지금은 힌두자 그룹의 간판 기업으로, 트럭이 유명하다.

인도 정부는 당시 국내 차량 수요가 적고 업체 간 경쟁을 피한다는 이유를 내세워, 몇 개의 업체에 생산 차종과 판매 지역을 할당했다. 자와할랄 네루 정부의 중앙집권적인 사회주의 경제 운영에 따른 정책 결정이었다. 콜카타의 힌두스탄 자동차에게는 '모리스10', 뭄바이의 프리미어 자동차Premiere Automobiles에게는 크라이슬러의 플리머스 승용차와 닷지 트럭, 첸나이의 심슨 그룹 에디슨스에게는 '모리스 마이너', 아쇽 자동차에는 'A-40'을 생산하도록 했다. 그리고 인가일로부터 2년 내에 차를 생산하도록 요구했다.

첸나이의 스탠더드 모터스 프로덕트는 설립한 지 2년쯤 뒤부터 '스탠더드 뱅가드' 모델을 생산했고, 에디슨스는 1950년부터 1952년까지 '모리스 마이너' 모델을 조립 생산했다. 스탠더드 모터스 프로덕트는 '스탠더드8/10'(1955년), '스탠더드 페난트'(1959년), '스탠더드 헤럴드'(1961년), '스탠더드2000'(1985년) 등의 영국 모델을 들여다 생산했다. 스탠더드 모터스 프로덕트는 1988년까지 스탠더드2000을 생산한 뒤, 노사분규 등을 이유로 문을 닫았다. 첸나이 외곽에 있는 스탠더드 모터스 프로덕트 건물은 폐쇄된 채 흉가처럼 방치되어 있다. 정문에는 여전히 '스탠더드'라는 글자가 남아 있다.

인도산업연맹CII 타밀나두 지부가 2005년에 작성한 〈타밀나두 자동차 산업 비전〉 보고서에 따르면 2004년 당시 연 30억~35억 달러 규모인 자동차 산업이, 2015년에는 180억~200억 달러로 늘어날 것이라고 예측하고 있다. 현재 인도 국내 생산의 4분의 1을 담당하는 첸나이는 2015년에 30~35% 생산을 목표로 해야 한다고 주장하고 있다. 타밀나두 주정부는 "현재는 55만 대 규모이나 향후 3년간 100만 대 생산이 목표"라고 말한다.

이러한 목표는 불가능해 보이지 않는다. 현대자동차는 2007년 초 현재 30만 대 생산 능력을 2007년 말까지 60만 대로 늘릴 예정이다. 임홍수 현대자동차 인도법인장(부사장)은 "첸나이는 낮은 물류비, 인건비 때

스탠더드 모터스의 옛 공장.

문에 현지 물품 조달률을 높일수록 생산 원가가 낮아진다"면서 "유럽 등에 수출을 위한 소형차의 생산 전진기지로 생각하고 있다"고 말했다. 그는 "울산공장의 '메이드 인 코리아' 보다 품질이 떨어지지 않을까 싶어 당초 '메이드 인 인디아' 제품은 가격을 5% 정도 낮춰야 하는 게 아니냐는 내부 의견도 있었지만 지금은 제품의 품질에서 별 차이가 없다"고 말한다.

인도 중앙정부의 P. 치담바람 재무장관은 2006년 자동차 물품세를 24%에서 16%로 낮추면서 인도를 '소형차 수출 전진기지' 로 만들겠다고 했다. 첸나이를 보니, 그의 말에 더욱 중량감이 실렸다.

"신규 업체마다 도와달라고 쫓아와서 죽을 지경입니다"

인도 첸나이 한인회 심상만 회장은 "최근 한국에서 엄청나게 몰려온다"면서 "'회사를 어떻게 세우느냐', '땅이 어디에 있느냐', '같이 가보자', '저녁 먹자'고 해서 나도 한가한 사람이 아닌데 괴로울 정도"라고 하소연을 했다.

첸나이가 한국인들로 북적인다. 현대자동차가 1997년 진출한 뒤 1차 붐이 일었고, 현대자동차가 제2공장을 신축하면서 또 한 차례 러시를 이루고 있다. 여기에 삼성전자가 인도 내 제2공장을 첸나이에 짓고 있고, 금호타이어 역시 공장 건설을 위한 현지 조사를 지난달에 마쳐 '비(非)현대자동차' 기업도 크게 늘어날 전망이다.

첸나이 외곽의 현대자동차가 있는 십콧 공단 인근의 한국 식당(식당명 '말죽거리')은 직원만 해도 32명이나 된다. 조상현 대표는 식당에 가득 찬 손님들을 가리키며 "40명은 기존 업체 주재원이고, 30명은 '뭔가'를 준비하는 사람들"이라고 말했다. 뭔가를 준비하는 사람들은 회사를 설립하거나 시장조사를 하기 위해 서울에서 온 기업체 직원들이다. 게스트하우스 업체도 성업 중이어서 5층짜리 건물 2동 중 9개 층을 임대해 방 35개를 갖고 사업을 하는 한국인도 나타났다.

이로 인해 2005년까지만 해도 600명이던 한인은 2006년 1,000명으로 늘어났다. 유동인구까지 합하면 1,300명이라고 말하는 사람도 있다. 한인들은 "해외 한인 사회 중 첸나이가 가장 빨리 성장

첸나이 한국문화원.

하고 있을 것"이라며, 교민 2,000명인 뉴델리를 따라잡는 건 시간 문제라고 말한다. 지난 2006년 4월 문을 연 첸나이 한국문화원은 한인 사회 성장의 또 다른 증거다. 현대자동차와 한인회, 첸나이 명예 총영사인 베누 스리니바산(TVS자동차 회장)이 기금을 내서 건물을 임대해 문을 열었다.

손태현 첸나이 한국기업체협의회 회장(화신 법인장)은 "타밀나두 주 근로자들의 노동의 질이 중국보다 낫다"고 말한다.

현대자동차 인도법인장 임흥수 부사장은 "당초 17개의 협력업체와 동반 진출했으나, 생산 능력을 확대하면서 추가 진출을 검토하고 있는 업체가 태양금속, 평화산업 등 11개에 이르고 있다"고 말했다. 임 부사장은 현대자동차 인도법인이 잘된다고 하니 서로 나오려고 한다고 덧붙였다. 현대자동차는 타밀나두 주에서 가장 세금을 많이 납부하는 민간 기업이기도 하다.

인도 1등 가전 업체 LG가 있는
그레이터 노이다

GREATER NOIDA

델리 동쪽을 흐르는 야무나 Yamuna 강은 인도인들이 신성하게 여기는 강이다. 힌두 신화에는 야무나 여신이 나온다. 그 강을 건너면 노이다이고, LG전자 공장이 있는 그레이터 노이다 지역은 그곳에서 차로 40분 정도 더 가야 한다. 삼성전자 공장도 이곳에 있다.

김광로 LG전자 인도법인 전 사장(1946년생)은 '신화의 남자'다. 그가 그레이터 노이다에 신화를 쓰기 시작한 건 1997년 1월. LG전자 인도법인 초대법인장으로 부임, 회사를 인도 내 부동의 1등 가전 업체로 만들어놓았다. 그는 이 같은 공적을 인정받아, 인도 근무 한국 기업인 중 최초로 2005년 11월 무역의 날에 석탑산업훈장을 받았다.

LG전자인도법인의 성적표는 발군이다. 1997년 2월 회사를 설립한 지 4년 만인 2001년 인도 가전 시장에서 1위로 올라섰고, 이후 흔들리지 않는 우위를 지키고 있다. 2006년 매출 825억 루피(약 18억 달러)로, 인도 가전 시장점유율 30%를 기록하고 있다. 컬러텔레비전, 에어컨, 세탁기, 냉장고 시장에서 1등이다. 처음 한국에서 자본금 3,000만 달러(약 300억 원)를 갖고 와 시작한 LG전자 인도법인은 이제 본사 송금을 빼고

델리 수도권 지역 내 대표적인 공단 도시. 델리 동쪽에 접해 있는 '노이다'에서 25킬로미터 떨어져 있다. 행정구역으로는 우타르프라데시에 속한다. 계획 도시로 LG전자, 삼성전자, 야마하, 혼다 등 다국적기업이 입주해 있다. 공단 가운데 있는 제이피 그린 골프장은 델리에서도 많이 찾는다.

그레이터 노이다 LG전자 공장
전경.

도 매년 4,000만(400억 원)~5,000만 달러(500억 원)의 이익을 내고 있다.

2005년 말 카슈미르에서 발생한 지진 피해 현장을 취재하러, 잠무 카슈미르의 오지를 헤매고 다닐 때 산속 마을에서도 만나게 되는 한국 브랜드가 LG전자 로고였다. LG전자는 인도 내 한국 긍지의 상징이다. LG전자의 독주에 밀려 일본의 소니가 무릎을 꿇고 인도에서 철수하기도 했다. 일본 언론인들은 김 사장을 찾아와 "왜 한국 가전 업체는 성공하고, 일본 기업은 망했나"를 열심히 캐묻는단다.

LG전자, 그레이터 노이다에 신화를 쓰다

LG전자 인도법인은 2007년 2월로 10년을 맞았다. 김 사장은 10년간 법인을 쑥쑥 키우면서 자신도 동반 성장했다. 고참 이사로 시작한 김 법인장의 본사 기준 직급은 상무(1998년), 전무(2000년), 부사장(2001년)을 거쳐 2005년 1월 사장이 됐다. 김 사장은, 이름의 영문 첫 글자를 딴 'KR Kim'으로 인도에 널리 알려진 인물이다.

뉴델리 한인경제인회의 심영섭 회장은 "언젠가 김 사장님이 내게 '직원들을 얼마나 믿느냐'고 물었습니다. 그래서 '믿고 싶은데, 그게 안 된다. 회사에 시스템이 갖춰지면 나도 믿고 맡기고 싶다'라고 했습니다. 그랬더니 김 사장이 '믿어주는 만큼 인도 직원들이 열심히 일한다'고 말하더군요."

김 사장 성공 신화의 저변을 캐는 필자에게 그를 아는 사람들은 한결같이 '현지화'와 '권한 위임'을 언급했다. 그의 10년 인도 경영 중 가장 돋보이는 부분은 현지화의 성공이었다고 다들 입을 모은다. 노무현 대통령이 2005년 인도를 공식 방문했을 때 김 사장은 대통령에게 '현지화 강의'를 했다. 그는 해외에 나온 한국 대기업 경영자로서 '현지화'를 관철해낸 최초의 한국 경영자라는 얘기까지 듣고 있다.

인도 현지에서 직원을 뽑아 그들에게 생산, 판매, 마케팅, 인사, 관리 등 회사의 모든 분야를 맡긴다. LG전자 인도법인 내 한국인 직원은 자신의 분야에서 인도 현지 직원에게 조언을 해주거나 한국과의 연결 업무를 담당한다. 예컨대 신기술이 필요할 경우 한국에 연락을 취해서 인도 공장으로 들여오는 문제를 도와준다. 다시 말해 인도 직원은 '의사 결정자', 한국 직원은 '조언자'로 역할 분담이 되어 있다. 한국인은 조언만 하고, 조언을 수용할지 여부는 인도인의 판단이다. 인도인 상사 밑에서 일하는 한국 직원은 인도인으로부터 인사고과를 평가받는다. 회의가 열려도 인도인이 앞에 앉고, 한국 직원들은 뒷자리에 앉는다.

김 사장을 공장 내 사무실에서 만나 직접 이야기를 들어봤다. 그레이터 노이다의 공장은 필자가 예전에 가본 한국 창원의 LG전자 공장과 분위기가 비슷했다.

● 현지화 정책은 어떻게 했나?

믿고 맡기는 게 가장 큰 힘이다. "인도 사람을 어떻게 믿느냐", "정말로 믿느냐"고 다들 묻는다. 내가 믿는 만큼 직원들이 충성한다. 대부분의 사람들이, 자신은 상대방을 다섯만큼밖에 안 믿으면서 상대방은 열을 믿어주길 기대한다. 99%의 사람이 그렇다. 그래서는 안 된다. 권한위임이 사람을 변화시킨다. 사람을 안 믿고 그 사람으로 하여금 조직에 충성하라고 요구해서는 안 된다. 나중에 나쁜 결과가 나올망정 일단 믿고 시작해야 한다.

● 실제로 어떻게 했나?

오늘 밤 9시에 공장을 돌아보면 안다. 인도인이 곳곳에 앉아 일한다. 하지만 한국 직원은 한 명도 없다. 현지 직원들이 알아서 하니 있을 필요가 없다. 반면에 중국 천진 LG전자 공장에는 저녁에 한국 직원만 북적인다. 중국 직원들의 일을 감독하기 위해서다. 그래서는 안 된다. 직원들이 내 회사라는 생각을 가질 수 없다. 한국 기업이란 생각만 심어줄 뿐이다. 속으로 반감을 가질 수 있다.

● 권한 위임을 한 사례를 든다면?

2001년 냉장고 라인에서 20만 달러(약 2억 원)짜리 포밍머신 foaming machine을 사온 적이 있다. 이탈리아에서 사왔는데 인도 담당 직원이 결정하고 직접 출장 가서 사왔다. "한국보다 이탈리아에서 사오는 게 낫다"고 의견을 내기에 "그렇게 하라"고 했다. "정말 그렇게 해도 되느냐"고 묻기에 "사오라"고 다시 지시했다. 출장도 한국 직원은 안 가고 인도 직원이 밀라노에 3~4차례 가서 사왔다. 자기가 사온 물건이니 자기 책임 아닌가. 물건이 들어온 뒤에는 밤잠을 안 자고 설치하는 데 매달리더라. 그런 것이다. 한국에서 사오라고 했다면, 기계에 대해서는 한국 직원이 책임져야 한다.

● 믿고 싶어도 그러다가 속을까 봐 신뢰하지 못하는
네?

참고 기다릴 줄 알아야 한다. 무슨 일을 할 때 자
기가 직접 하는 게 쉬운가, 아니면 남을 시키는 게
쉬운가? 자기가 직접 하는 게 쉽다. 남을 움직이
는 것이 훨씬 어렵다. 한국 사람은 남을 움직이는
데 익숙하지 않다.

● 현지화는 어떻게 시작했나?

인도 프로젝트를 시작하면서 바로 시작했다. 제일
먼저 채용한 인도 직원은 인사담당 임원이다. 버
마Verma란 사람으로 1996년 12월쯤이었다. 지금

누구나 들어올 수 있도록 사장실
문을 항상 열어놓는다고 한다.

은 인사담당 이사로 근무하고 있다. 인도 리크루팅 업체를 통해 그를
뽑았고, 그를 통해 인도 직원들을 채용하기 시작했다. 인도는 리크루
팅 업체가 잘 발달해 있다. 사람이 진실하고 일을 잘했다. 개인적으로
는 그게 복이라고 생각한다. 버마는 당시 인도 현지 중소기업에서 인
사담당 간부로 일한 경력을 갖고 있었다.

● 현지화 정책은 인도에서 처음 시도한 것인가?

그렇다. 현지화를 해야 한다고 처음부터 생각했다. 이미 LG전자 인도
법인만의 독특한 문화가 만들어져 있다. 인도 직원들이 그런 얘기를
많이 한다. 일부 한국에서 온 부하 직원들은 나의 '현지화' 정책을 오
해하기도 했다. 인도 근무를 마치고 서울로 돌아가면서 내게 "처음에
는 회사를 인도에 팔아먹는 줄 알았다"고 말하더라.

● 현지인으로부터 속은 적은 없나?

사람보다 조직이 중요하다고 생각한다. 시스템을 믿는다. 버마도 시스
템의 하나다. 조직 원리는 상호 견제다. 조직의 견제와 균형을 믿는다.

한 사람에게 목숨을 걸어서는 조직이 안 된다. 조직을 믿고 조직으로 운영한다. 한 사람이 빠져나가도 치명적인 영향이 없도록 해야 한다. 부부 간에도 상호 견제를 하지 않느냐? 인도인에게 사기를 당해본 적은 없다. 사기성은 누구에게나 다 있다. 교육을 더 받은 사람일수록 '사기' 가능성이 높다. 나는 외상을 주지 않았다. 지론이 '현금 갖고 오면 물건 준다'는 것이다. 그러니 사기를 걱정할 필요가 없다. 외상을 준 뒤 안 갚는다고 왜 그 사람 욕을 하나.

● 한국 직원이 초창기에 인도 현지 직원과 같이 일하는 과정에 마찰은 없었는지?

한국인은 성질이 급해서 인도인을 다그친다. 때릴 수는 없으니 의자도 던지고. 그러면 인도인 인사담당 버마가 내게 와서 고자질을 했다. 그런 행위는 결코 용납하지 않았다. 한 번만 더 그런 행동을 하면 서울에 돌려보내겠다고 경고했다. 인도인에게는 시간을 더 줘야 한다.

직원들에게 동기부여를 하라!

'현지화'는 우리 기업들이 세계로 뻗어나가면서 부르짖었던 구호다. 하지만 말뿐이었을 뿐 제대로 해낸 곳이 없다. 그러나 세계적인 외국 기업들은 해외법인들의 현지화를 일찌감치 시작했다. 예컨대 한국에 나와 있는 IBM, GE 등 세계 유수 기업들의 법인장을 오래전부터 한국인이 맡고 있다. 이들 기업은 현지인을 통해 현지에서 기업을 경영하고 있는 것이다.

LG전자 인도법인의 한국 직원 수는 전부 23명(2006년 여름 기준)이다. 법인의 본사와 공장이 있는 뉴델리 인근 그레이터 노이다 사무실 겸 공장에 17명(김광로 사장 포함), 뭄바이 인근 푸네 공장에 5명이 있다. 인도 직원은 약 3,000명이다. 이 정도의 사업 규모로 볼 때, 한국 사람은 없는 거나 마찬가지이다.

김 사장이 위에서 '버마'라고 언급했던 야쇼 베르마 인사담당 이사는 다음과 같이 말한다.

"중간 관리자부터 회사 임원까지 모두 내가 뽑습니다. 창사 이후 줄곧 근무하면서 120명 이상을 뽑았는데, 김 사장은 이에 전혀 관여하지 않았습니다. 새로 선발한 직원을 사장에게 인사시키기 위해 데리고 가면 김 사장은 '반갑습니다. LG전자에 입사한 걸 환영합니다'라고 말하는 게 전부입니다.

❶ LG전자 공장 건물.
❷ LG전자 사무동 건물.

지금까지 내 선택을 거부한 적이 한 번도 없습니다. LG전자 인도법인에 갓 입사한 사람들은 무슨 일을 결정할 때 상사를 찾아가 '어떻게 할까요'라고 묻는데, 그때마다 '너 자신이 직접 결정하라'는 얘기를 상사로부터 듣습니다. 그런 게 인도 LG전자의 기업 문화입니다."

2005년 미국의 경제잡지 〈포춘〉은 LG전자 인도법인을 취재한 뒤 'LG는 어떻게 인도를 정복했나'라는 제목의 기사를 실었다. 첫 번째 요인으로 직원들에게 동기부여를 하는 데 성공한 걸 지적했다. LG전자 인도법인의 협력업체 나인코Nainko의 배영선 사장은 "LG전자의 인도 직원들이 물불을 가리지 않고 일한다"고 말한다.

다음은 그레이터 노이다 공장장 산자이 아로라의 이야기다.

"1998년 11월에 중간 관리자로 입사했습니다. 3~4개월 일해보고 매우 놀랐습니다. 직원들이 오로지 일과 회사만 생각하더군요. 그렇게 헌신적으로 일하는 모습을 다른 직장에서는 본 적이 없습니다. 전에 다니던 회사가 일본 업체 소니, 파나소닉과 제휴관계가 있어 소니랑 파니소닉에도 가봤지만, 일본 사람들도 그렇게 일하지는 않더군요."

베르마 이사는 "김 사장은 창업 초기에 회사가 아직 제대로 자리 잡기 전부터 급여를 많이 줬다"면서 "직원들 복지에 매우 신경을 쓰고 있다"고 말했다. "7, 8년 전 생산직 직원 보너스를 결정할 때 한국인 임원이 보너스 수준을 300%로 매우 인색하게 건의했습니다. 그래서 내가 보상을 많이 해주자고 말했습니다. 결국 김 사장이 150%를 더 주는 걸로 결정을 내린 적도 있습니다." 일부 직원들은 무려 본봉의 최대 2,040%를 보너스로 받는다고 한다. 4월과 10월에 각각 200%, 240%의 보너스가 일괄 지급되고, 7월과 1월에는 개인의 업무 실적에 따라 0~800%까지 차등 지급된다. 생산직 직원에게는 1,240%의 보너스가 일괄 지급된다.

투명 경영은 김 사장의 또 다른 특징이다. LG전자 인도법인에는 '비밀'이 없다. 비밀, 밀실 결정이 없고 담당자들의 토론과 합의에 의해 결정된다. LG전자 인도법인의 K빌딩 3층 K210호 회의실은 투명 경영의 현장이다. 매월 두 번째 토요일 오전 9시에 매니저 이상 150명의 직원이 참석하는 '기업 회의'가 열린다. 이곳에서 모든 원가와 손익이 공개된다. 구성원이 회사가 돌아가는 '전체 그림'을 이해할 수 있도록 하는 것이다. 대개 인도 기업은 경영 통계를 직원들에게 공개하지 않는다. 한국에서도 거의 없는 일이다. 김 사장은 이를 통해 인도 직원들의 자발적 참여를 이끌어낼 수 있었다고 말했다.

공장도 외부인에게 다 공개한다. 숨길 게 뭐가 있느냐는 얘기다. 미사일을 만드는 회사도 아니고, 가전 기술이라는 건 다 알려져 있는데 숨길 필요가 없다는 게 김 사장의 생각이다. 오히려 남들이 와서 공장을 둘러본 뒤 이런저런 의견을 말하면 '업무 개선'에 도움이 될 수 있다고 한다.

기강을 세워라!

김 사장은 '권한 위임'을 하는 한편, 조직의 기강을 바짝 세웠다. 그는 영어로 'discipline'이라고 표현했다. 인도 현지인이 말하는 김 사장의 성공 요인 중 하나도 기강이다.

산자이 공장장은 "KR Kim이 주재하는 회의가 취소된 걸 본 적이 없다. 회의란 예정되면 반드시 열린다. '지진이 일어나도 소집된 건 한다'는 문화가 회사에 자리 잡고 있다. 그는 몸이 아파도 반드시 회사에 출근한다"라고 말하면서 다음과 같은 일화를 들려주었다.

"2005년 회의를 하기 위해 푸네 공장에 내려갔을 때였습니다. 헌데 이날 새벽 3시 신장결석 때문에 KR Kim이 극심한 통증을 앓았습니다. 병원으로 옮겨 진통주사를 맞는 등 처치를 받았는데, 아침 8시가 되자 회의를 자신이 빠진 가운데 예정대로 진행하라고 전해왔습니다. 그리고 그날 낮 12시 30분에 공장에 나타났습니다. 그게 그의 리더십입니다. 한국인이 솔선수범하고 인도인은 배우고 있습니다. 그는 매일 아침 7시면 회사 문을 들어섭니다. 가장 먼저 출근하는 것이죠. MD_{Managing} Director(사장)란 직원 중 제일 늦게 출근하는 사람이라는 게 인도인의 인식입니다. 한번은 제가 그 이유를 물었습니다. 그에 대해 MD에 대한 아름다운 답을 줬습니다. '이곳은 내 집이고, 내가 주인이다. 주인이 먼저 나와 모두를 환영하고 맞아야 한다'고 말했습니다."

김 사장은 인도에 있는 어떤 한국 회사보다 자사의 기강이 세다면서 한국인이 인도인을 믿고 정말 존중하면 그들을 세게 잡아쥐어도 믿고 따라온다고 말한다. 또한 다른 회사에서 근무하다가 온 많은 인도 직원들도, LG전자에 와서 생각을 바꾸게 된다고 한다.

"우리는 매월 15일에 중간 마감을 한 번 합니다. 한 달에 두 번 하는 셈이죠. LG전자 본사의 CFO(재경담당임원)도 이 말을 이해하지 못할 겁니다. 전 세계에 그렇게 하는 회사는 없을 것입니다. 월말에 밀리는 걸 막기 위해 중간에 한 번 끊고 있습니다. 일례로, 결산일인 4월 15일의 경우 토요일이었는데도 직원들이 실적을 올리려고 밤늦게까지 일했습니다. 15일을 마치 31일 마감하는 것처럼 진지하게 받아들입니다. 이는 조직에 기강이 있다는 증거죠."

LG전자에 근무하는 인도 사람들이 특별한 것도 아닌데 왜 현지화 정책에 따르고 기강이 서느냐는 질문에 김 사장은 "그건 조직 문화다. 믿고 맡기는 경영, 영어로 임파워먼트empowerment라고 한다. 그래야 같은 사람이라도 능력을 훨씬 많이 발휘한다. 3~4배의 생산성이 나오는 게 조직 문화다"라고 말한다.

김 사장은 "내일 살아남고 싶다면, 오늘의 너를 죽여야 한다If you have to live tomorrow, You have to kill yourself today"고 직원들에게 강조한다. 끊임없이 변해야 한다는 주문이다. 이건희 삼성그룹 회장이 "마누라와 자식만 빼고는 모든 걸 바꿔라"고 주문했던 것과 같은 말이다.

김 사장은 새로운 사고, 경영 판매 아이디어 등 남들이 하지 않는 일, 그걸 하기 위해 노력하는 스타일이다. 베르마 이사는 "그는 경영 스타일을 계속 바꿔왔다"고 했고, 산자이 공장장은 "경영인은 뭘 하나 새로

만들고, 시간이 지나면서 성숙기에 접어들어 그것이 더 이상 발전하지 않으면 부숴버린다. '만들고 부수기Making & Breaking' 라고 경영학 책에 나오는 내용을 김 사장은 앞장서 실천해왔다. 제품의 유통 혁신 등 무수한 사례가 있다"라고 말했다.

또한 그는 유연해지기 위해 노력한다. 김 사장이 좋아하는 노장(老莊) 철학은 열린 경영의 철학적 배경이다. 그는 직원들과 돌아가면서 점심을 먹으며 자신의 철학에 대해 열심히 얘기한다. 그에게 자신이 좋아하는 노장 철학의 대목을 물었더니 "유무(有無)가 같다. 선악(善惡)이 같다. 화복(禍福)이 동문(同門)이다"라고 말했다.

"화와 복이 같은 문에서 나온다는 뜻이죠. 장자철학은 무위(無爲)의 철학이라고 하는데 2분법을 부정합니다. 생사(生死)가 같고, 진리=비(非)진리라고 하지요. 기독교에서 악마가 원래는 천사였던 것 아세요? 그렇습니다. 비즈니스에서는 이처럼 '오픈 마인드' 가 매우 중요합니다."

인도를 천당이라 여기다

인도 근무지 상사 직원 중에는 인도 하면 진절머리를 내는 사람이 적지 않다. 4, 5월이 되면 델리의 기온은 섭씨 45도를 넘어선다. 한낮의 공기는 말 그대로 찜질방 같다. 더운 기운이 콧속으로 들어가는 게 느껴질 정도다. 에어컨을 틀지 않고는 도저히 견딜 수가 없다.

이곳에 사는 사람들도 한국인들을 힘들게 한다. 회사에서는 직원들이 일을 잘못해놓고도 '나는 잘못이 없다'는 식으로 나오는 경우가 많다. 집에 오면 운전수와 가정부가 말썽을 부린다. 물론 한국인의 입장에서 봤을 때다. 인도인들은 화를 내며 펄펄 뛰는 한국인들을 잘 이해하지 못한다. 게다가 한국인들이 스트레스를 풀 만한 오락거리도 전혀 없다. 그래서 인도 생활이 오래될수록 인도에 대해 반감을 갖는 경우가 많다.

김 사장은 인도에 올 당시 50세로 '고참 이사'였다. 다시 말해서 상무로 승진해야 했는데, 고참 이사에 머무르고 있었다는 뜻이다. 그런 그가 인도 생활 10년 동안 성공 신화를 차곡차곡 쌓아올렸다. 그는 과연 인도에 대해 어떤 생각을 갖고 있는지 궁금해졌다.

인도에서 성공했는데 인도에 대한 특별한 느낌이 있냐고 물었더니 "인도를 천당이라고 생각한다"는 답이 돌아왔다. 파나마에서 근무할 당시에는 파나마를 천당이라 여겼다며, 자기가 사는 곳이 천당이라 여기고 긍정적으로 생각해야 삶의 보람이 있다고 했다. 그런 생각을 갖고 일하는 사람과 인도를 지긋지긋하다고 생각하는 사람은 그 결과가 크게 다르다며 긍정적 사고, 낙관주의, 오픈 경영이 주요하다고 강조한다.

인도인에 대해서는 다음과 같이 말했다.

"인도의 교육 수준이 만만치 않으며 영어를 쓰기 때문에 세계를 보는 눈이 더 열려 있어 우리보다 정보가 많습니다. 물론 나쁜 사람도 있고, 그런 면도 있죠. 천사가 변해 악마가 되었다는 얘기도 있지 않습니까. 아이들은 애로 취급하면 애가 되고, 어른으로 취급하면 어른처럼 행동합니다. 어른으로서 인격을 존중해주는 게 방법입니다."

그리고 인도에서 LG전자가 매년 25~30% 성장했는데 결코 쉽지 않았다며, 끊임없이 새로운 사고를 하고 새 제품과 새 마케팅 전략을 내놔야 한다고 덧붙였다.

김 사장은 "북쪽 카슈미르의 주도 스리나가르부터, 남쪽 끝 케랄라의 주도 트리반드룸까지" 인도 전역을 안 돌아다닌 곳이 없다고 말한다. 인도 기업 CEO 중 가장 많이 돌아다녔을 뿐만 아니라 심지어 어떤 인도 사람보다도 인도를 많이 돌아다녔다는 평가를 받는다. 김 사장은 자신을 책상물림이 아닌, 현장형이라고 말한다. LG전자 인도법인은 전국 46개 주요 도시에 영업지사가 있고, 기타 70개 지역에 영업소가 있다. 그는 "이 가운데 100개 도시는 가봤을 것"이라고 말했다. LG전자 인도법인의 네트워크는 인도 내 어떤 가전업체보다 강하다.

그는 1997년 인도에 왔을 때 부하 직원들에게 "우리가 성공 못하면 한국에 어떻게 돌아가느냐. 인도양에 가서 빠져 죽어야 한다"고 말했다. 죽을 각오로 뛴 그는 크게 성공했다. 인도양에 빠져 죽는 게 아니라, 인도양을 향해 칼처럼 찌르고 튀어나와 있는 인도 땅을 다 품게 됐다. 인도 내 한국 기업들이 김 사장과 같은 대박을 기록한 기업인을 다시 배출하기는 쉽지 않다. 그가 무역의 날에 정부로부터 받은 훈장은 '석탑'이지만, 그가 10년간 쌓은 성과는 따라 하기 힘든 '금자탑'이기 때문이다(김 사장은 2007년 1월 인도를 떠났다. LG전자 동남아 지역 대표로 옮겨 방콕으로 갔다).

"인도는 단독 투자 방식으로 진출해야"

2005년 하반기 뉴델리의 한국 대사관 강당에서 진행된 국회 통일외교통상위원회의 뉴델리 대사관에 대한 국정감사에서, 최정일 인도 주재 한국대사(현 독일대사)는 "인도 진출은 반드시 단독 투자 방식이어야 한다. 합작 투자 방식은 리스크가 크다"고 말했다.

델리에 있는 기업인들은 이 말에 동의한다. 현대자동차와 LG전자는 단독으로 진출했지만, 삼성전자는 합작투자로 진출했다가 인도 측 파트너와 호흡이 맞지 않아 곤욕을 치렀다. 삼성전자가 지금도 LG전자를 추격하는 입장인 것은 출발점이 잘못된 탓이 크다는 내부 분석이다.

합작 진출 방식은 시장을 모르는 외국 기업으로서는 장점이 있다. 현지 기업의 네트워크 등의 도움을 받을 수 있기 때문이다. 실제로 일본 기업들은 대부분 합작 진출했다. 도요타 자동차, 혼다 자동차 등이 그렇다. 이들 기업도 잘하고 있지만 노사문제에서 어려움을 많이 겪고 있다. 합작이냐, 단독 진출이냐는 정답이 없으나 한국 기업 문화의 특성상 '단독 진출'이 권고된다.

2006년 말까지 인도에 단독으로 진출한 한국의 중소기업은 많지 않다. 대개는 대기업의 협력업체들이다. 많은 이들이 중소기업이 단독 진출하기에는 리스크가 너무 많다고 한다. 하지만 언제까지 11억 시장을 쳐다보고 있을 수만은 없다.

많지는 않지만 인도에서 중소기업을 잘 이끌어 가는 한국인도 있다. 첸나이에서 건물 내외장재인 알루미늄 패널을 생산하는 '대명월'의 신기호 사장도 그중 한 명이다.

신 사장은 "인도에는 중소기업이 할 수 있는 게 널려 있다"고 말한다. 그는 "우리나라 중소기업은 해외에 나가 일하려는 마인드가 약하고 해외 경험도 없어 주저하는 경향이 있다"며 한국보다 인도가 오히려 중소기업이 일하기 좋은 측면도 있다고 말했다. 예컨대 한국에서는 수출입은행 본사를 찾아갔으나 공사 실적이 없다는 이유로 지급보증을 해주지 않았지만, 금융기관이 발달한 인도가 그를 살렸다는 것이다. 인도은행IOB, India Overseas Bank과 접촉해 그는 70%의 신용대출을 받았다.

150명의 직원을 데리고 있는 그는 "처음 3년 동안 고생 무지하게 했다"면서 인도 시장 도전을 권유했다. 신 사장은 현대건설 알루미늄 사업부 출신으로, 1992년 독립해 1998년 첸나이에 현대건설 공사 현장이 있어 나왔다고 눌러앉았다. 꿈꾸면 언젠가 이뤄지는 법이다.

인도 경제의 창
뭄바이 M U M B A I

인도 뭄바이의 중심지인 나리만 포인트Nariman Point 인근에 있는 올드 오베로이 호텔. 호텔 건너편의 긴 해변을 따라 나 있는 '마린 드라이브' 도로 저편으로 아라비아 해가 바라다보인다. 5성급 호텔 안은 번쩍번쩍하다. 세계 최대의 빈민가가 있는 도시의 지저분한 분위기와는 다르다.

이 호텔 로비에서 뭄바이의 다이아몬드 시장을 잘 아는 C모 씨를 저녁 6시에 만나기로 했다. 델리에서 통화했을 때 그는 "인도에는 1990년에 왔다"면서 "인도인 파트너와 함께 일하고 있다"고 말했다. 이리보석공단 입주 업체 '코리아 다이아몬드' 사내 직업훈련원에서 기술을 배웠다는 그는 "한국의 경우 보석 산업이 실패했다"고 말했다.

로비 한쪽에 앉아 뭄바이의 대표적인 일간지 〈뭄바이 미러Mumbai Mirror〉를 몇 장 넘기고 있을 때 그가 나타났다. 그는 조용한 곳에서 얘기하는 게 좋겠다며 필자를 로비 끝에 있는 바 겸 레스토랑으로 데려갔다. 아마도 다이아몬드 시장 이야기를 하다 보면 '블랙마켓(암시장)'을 떼어놓고 얘기할 수 없을 것이라는 생각이 들었다.

인구 1,300만 명의 인도 최대 도시. 주변 지역까지 포함하면 2,500만 명이다. 인도 중앙은행, 증권시장, 인도 대기업 본사들이 자리 잡은 경제 중심 도시다. 인도 영화 산업의 본산이기도 하다. 정치 도시인 델리와는 달리 돈, 여자, 조직폭력배 등 대단히 속세적이다. 뭄바이의 조폭은 무슬림이 장악하고 있다.

빅토리아 터미누스 건물. 영국 식민지 시절에 건축된 매우 아름다운 건물이다. 유네스코 세계 문화유산 중 하나이다.

인도 제2의 수출 산업, 다이아몬드 귀금속

그는 자신을 다이아몬드를 사고파는 '딜러'라고 소개하면서 뭄바이에서 한국인 딜러는 자신이 유일하다고 말했다. 인도인이 운영하는 시탈보석Sheetal Gems 회사에서 프리랜서로 일하는데, 다이아몬드를 팔면 자신이 캐럿당 20달러를 가져간다며 "오늘은 2,000달러를 벌었다"고 말했다. 다시 말해서 100캐럿의 거래를 성사시켰다는 말이다.

"JB브라더스와 같은 큰 다이아몬드 회사는 연 매출액이 3조 원이 넘습니다. 뭄바이에, 큰 회사는 300~500개, 규모가 작은 회사는 1,000여 개가 훨씬 넘습니다. 사장들은 뭄바이 북쪽 구자라트 주 출신들이죠. 이중에서도 파르시들이 상권을 장악하고 있어요. 다이아몬드 시장뿐만 아니라, 뭄바이 상권은 구자라트 출신들이 쥐고 있습니다. 인도 사람들 깔보지 마세요. 결혼 혼수로 1캐럿짜리 다이아몬드 100개가 들어

가는 목걸이를 만드는 사람들입니다. 집에 가보세요, 벤츠 등 외제 차가 즐비합니다. 거리에서 잘 안 보여서 그렇지, 돈 있는 사람들은 엄청납니다. 인도는 거지 동네가 아닙니다. 한국에서 인도를 똑바로 봤으면 좋겠어요.”

뭄바이의 밤거리는 델리와는 달랐다. 길거리 곳곳에 밤늦게까지 영업을 하는 바들이 많았다. 정치 중심인 델리보다 훨씬 개방적인 느낌이었다.

다음날 그와 만나기로 한 ‘오페라 하우스’ 거리를 찾아갔다. 오페라 하우스는 마린 드라이브 북쪽 끝 초우파티 해변 인근에 있다. 영국 식민지 시절 인도에서 유일하게 오페라를 상연한 오페라 하우스가 있다고 해서 붙은 이름이다.

오페라 하우스 거리는 연교역 규모 750억 루피(16억 6,000만 달러)인 인도 다이아몬드 산업의 중심지로, 뭄바이의 대규모 보석 업체들이 몰려 있고, 다이아몬드 거래소도 있다. 거래소가 있는 25층짜리 판차라트나(다섯 개의 보석이라는 뜻) 빌딩과 그 옆의 16층짜리 프라사드 체임버스 빌딩, 그리고 스와스틱 시네마 빌딩이 오페라 하우스 거리의 중심 건물이다.

그와 만나기로 한 프라사드 체임버스 빌딩 7층으로 올라가면서 놀라지 않을 수 없었다. 트윈클 다이아몬드, JB다이아몬드, 요기 다이아몬드, 바후라트 보석, RT다이아몬드 등 온통 다이아몬드 판매상이다. 매 층마다 20여 개 업체가 있어 전체 건물 내 입주 업체는 1,000개가 넘는 듯했다. 폭이 2미터도 안 되는 좁은 복도 양쪽에 업체 사무실들이 늘어서 있었는데, 철제 출입문 앞에는 총을 든 무장 경비원들이 지키고 서 있다. 미리 연락을 하지 않으면 출입조차 할 수 없다.

초인종을 누르자 조그만 문틈으로 방문객의 신원을 확인한 후 출입문을 열어주었다. 706호의 '안킷 젬스Ankit Gems'. 뭄바이를 여러 번 다녀갔지만 이런 별세계가 있는지 전혀 몰랐다. 10평 남짓의 비좁은 공간 내 한쪽 방에 C씨와 인도인 한 명, 그리고 40대 후반으로 보이는 한 한국인이 있었다. 그 한국인은 앞에 놓인 다이아몬드들을 확대경으로 일일이 들여다보고 있었다. 필자는 신분을 굳이 밝히지 않고 그의 옆에 앉아 거래 과정을 지켜보았다.

잠자코 앉아 있는 필자에게 C씨가 "10캐럿짜린데 한번 보세요"라며 다이아몬드 한 개를 건네줬다. "10캐럿?" 평소 다이아몬드에 별 관심이 없었지만 10캐럿이라니 눈이 갔다. 정말 컸다. 1캐럿만 해도 매우 값이 나가는 걸로 알고 있었는데, 10캐럿이라니? 얼마냐고 물었더니 6,464달러(우리 돈으로 약 600만 원)이란다. "그것밖에 안 하느냐?"고 물었더니 "질이 좀 떨어지는 것이어서 값이 싸다"고 했다. 자세히 들여다보니 결정체 안에 불순물이 있어 깨끗하지 않았다. 하지만 국제 도매시장 가격이니 서울에 가면 가격이 확 올라간단다.

"다이아몬드는 4C에 의해 값이 달라집니다. Carat(중량), Color(색상), Clarity(투명도 혹은 내포물의 존재 여부), Cutting(깎기)에 따라 천차만별이지요. 흰색이고, 내부 결정이 완벽한IF, Internally Flawless 경우 1캐럿에 1만 8,000달러까지도 나가고, 같은 캐럿이라도 900달러짜리도 있습니다."

C씨에 따르면 뭄바이에서 큰 캐럿을 사서 서울로 가져가 작은 캐럿으로 깎은 뒤 가공을 해서 부가가치를 높인다고 한다. 따라서 다이아몬드 감정사는 큰 캐럿짜리 다이아몬드를 보면서 이를 다시 커팅할 경우 물건이 잘 나올 것인지 알아보는 안목이 있어야 한다. 물건을 잘 잡으면 개당 1억 원 정도의 수입은 올릴 수 있다고 한다. C씨는, 그런 점 때문에 다이아몬드는 '마약' 같다는 말을 덧붙였다.

안킷 젬스 사무실은 허름했지만 비즈니스는 국제적이다. 세계 최대의 다이아몬드 시장이 있는 벨기에 앤트워프에 사무실을 갖고 다이아몬드를 사들인다. 인도 구자라트 주의 항구 도시 수라트에 가공 공장을 갖고 커팅을 하고 있으며, 뭄바이의 프라사드 체임버스 빌딩 내에 두 곳의 마케팅 사무실을 갖고 있다.

한국인 감정사는 한참을 들여다보더니 그냥 일어섰다. 자신이 찾는 물건이 없었던 모양이다. C씨와 한국인 감정사를 따라 안킷 젬스에서 나가, 빌딩 내 다른 다이아몬드 업체를 찾아갔다.

그곳 역시 철문이 굳게 닫혀 있었다. 안면이 있는 C씨의 얼굴을 보고서야 문을 열어줬다. 안에 들어서니 몇 개의 작은 방들이 보였고, 우리는 책상 한 개가 있는 비좁은 방으로 안내되었다. 인도 판매상은 잠시 기다리라고 하더니, 방 밖으로 나가 다이아몬드가 든 검은색 상자를 갖고 들어왔다. 얼핏 보아도 몇 캐럿은 될 듯한 크기의 다이아몬드가 수십 개나 되었다. 다른 물건을 더 보여줄 수 있냐고 물었더니, 또 들고 나왔다. 작고 빈약해 보이는 업소인데, 이렇게 많은 양의 다이아몬드를 갖고 있다니 놀라울 따름이었다. 한 업소가 이렇다면, 오페라 하우스 지역에 있는 다이아몬드의 총량은 얼마나 될까? 상상도 하기 힘들다. 건물은 지저분하고 낡았지만 인도가 지닌 부의 규모가 대단해 보였다.

2006년 7월 14일, 오페라 하우스 거리의 중심 건물인 판차라트나 빌딩은 한 시간 동안 일을 멈췄다. 약 2,000명의 다이아몬드 브로커들이 1층 다이아몬드 홀에 모여, 동료 15명의 추도식을 가졌다. 15명은 3일 전 뭄바이 열차 연쇄 테러 당시 퇴근을 위해 열차에 타고 있다가 희생 당했다. 이들은 대부분 판차라트나 빌딩에 사무실을 갖고 있는, 입회비 2만 5,000루피를 내야 하는 1만 2,000명의 뭄바이 다이아몬드상인협회 MDMA 소속 회원은 아니었다. 인근 노상에서 값싸고 소량의 물건을 사고파는 브로커들이었다. 회원이었다면 판차라트나 빌딩 내 세 개의 홀에서 오전 10시 30분부터 시작되는 다이아몬드 거래에 참여했을 것이고, 뭄바이의 부촌인 말라바르 힐Malabar Hill에 살았어야 했다. 하지만 이들은 뭄바이 북서부 고레가온이나 위성도시인 비라르에 살고 있다.

바랏 N. 라디아 MDMA 사무국장은 "그 사람들은 월 8,000루피(약 20만 원)~1만 2,000루피(약 30만 원)를 벌었다"며 "기차를 타고 출퇴근할 때도 흰색 종이에 싼 다이아몬드를 지갑 안에 갖고 있었을 것"이라고 말했다. 오페라 하우스 거리에는 이 같은 사람들이 적어도 2만 5,000명 이상 되는 걸로 예상된다. 사람이 많은 인도여서 어디를 가나 북적이지만 오페라 하우스 거리는

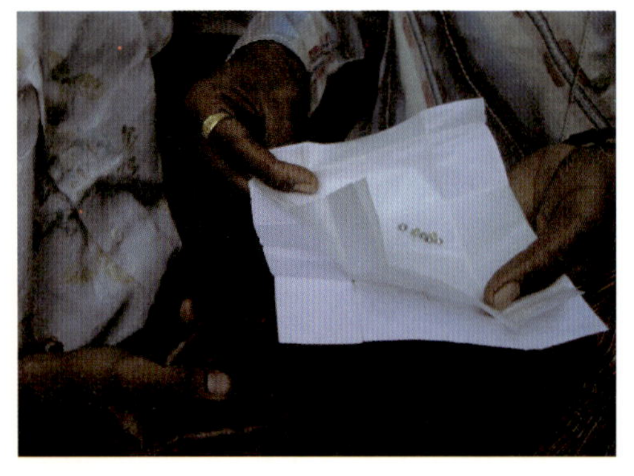

오페라 하우스 거리의 다이아몬드 노상 브로커. 작은 크기의 다이아몬드를 싼 흰색 종이를 잔뜩 가지고 다닌다.

이런 사람들로 더욱 붐볐다.

세계 다이아몬드 시장을 주도하는 인도인

뭄바이의 다이아몬드 시장은 급성장 중이다. 세계의 다이아몬드 시장에서 인도의 비중이 급속도로 커가고 있기 때문이다. 2004년 남아프리카공화국의 세계적인 다이아몬드 채굴업체 드비어스DTC, Diamond Trading Company가 발표한 원석매입업자sightholder 명단은 이러한 사실을 잘 상징해준다. 전체 125명 중 유대인 원석매입업자 35명의 이름이 잘려나가고, 인도인 10명의 이름이 새로 추가됐다. 탈락한 유대인들은 소송을 하는 등 반발했으나 드비어스 측은 "변화하는 세계 다이아몬드 시장의 흐름을 반영한 것"이라며 반발을 무시했다.

원석매입업자는 미국 뉴욕, 벨기에 앤트워프, 이스라엘 텔아비브에 사는 다이아몬드 상인들로, 세계 시장을 쥐고 있는 큰손들이다. 드비어스는 1년에 10차례 영국 런던, 스위스 루체른, 남아프리카공화국 요하네스버그에서 다이아몬드 원석 판매 '시장sights'을 열고, 자신들이 지정한 원석매입업자에게만 판매한다. 이 회사는 연 135억 달러(약 13조 원)로 추정되는 다이아몬드 원석 시장의 절반을 장악하고 있어 시장에서의 지위는 압도적이다(나머지 시장 중 50%는 영국계 회사 리오 틴토가 장악하고 있다). 우리나라 업체 중 사이트 홀더는 한 곳도 없다.

인도는 원래 다이아몬드로 유명한 나라다. 적어도 3,000년 전부터 다이아몬드가 발견되었으며, 수세기 동안 인도는 세계 유일의 다이아몬드 원산지였고, 브라질에서 다이아몬드가 발견된 18세기 전까지는 세계 주요 생산국이었다. 포르투갈인들이 뭄바이 아래쪽 해안 지역 고

다이아몬드 커팅 과정.

아를 식민지로 삼았을 때 그들은 자국 수도 리스본을 통해 벨기에 안트베르펜(앤트워프)으로 인도산 다이아몬드를 수출했다. 하지만 이후 다이아몬드 생산은 거의 바닥을 드러냈다.

다이아몬드 산업이 다시 태동하기 시작한 건 1960, 1970년대부터다. 구자라트 주의 팔랑푸르Palanpur 주민들이 뭄바이로 나와 다이아몬드 가공 산업을 시작했다. 이들은 주로 작은 크기의 원석을 호주나 남아프리카공화국, 미국에서 수입해다가 가내수공업 형태로 가공했는데, 주로 산업용 다이아몬드를 커팅했다. 서방에서 커팅 비용이 캐럿당 40~50달러 할 때, 인도는 불과 10달러였다. 이는 인도 다이아몬드 산업의 경쟁력이 됐다.

인도 다이아몬드 상인들은 국제 다이아몬드 시장에 발판을 마련하자, 자녀들을 벨기에 앤트워프나 뉴욕으로 보냈다. 선진 기술을 배워 현지의 유대인 상인이나 가공 기술자와 경쟁하도록 했다. 이는 인도 다이아몬드 산업의 질적인 성장을 가져왔다. 로지 블루, 유로 스타, 리오 삭테르 같은 인도 업체는 이미 세계적인 업체다. 특히 로지 블루와 유로 스타는 세계 최대의 다이아몬드 거래 시장인 앤트워프에서 별 중의 별이다. 앤트워프에서 이 시장을 수백 년 동안 쥐어온 유대인을 밀어내고 시장의 60~70%를 장악하고 있다.

인도 팔랑푸르 출신 다이아몬드 상인들은 모두 자이나교 신자다. 자이나교도들은 엄격한 채식주의자다. 이들이 인도 다이아몬드 상인의 90% 이상을 차지한다. 인도귀금속수출진흥협회GJPEC의 산자이 코타리 회장과 메타 부회장도 팔랑푸르 출신이다. 오페라 하우스 거리의 다이아몬드 상가는 시내 북쪽 공항이 보이는 반드라 쿠를라 콤플렉스 지역으로 2008년까지 이주를 마칠 예정이다. 2007년 현재 건물이 다 완성됐으며, 내부 인테리어 작업을 남겨두고 있다. 10억 달러가 들어갔으며, 인도귀금속수출진흥협회를 중심으로 상인들이 자체적으로 재원을 조달했다. 바랏 다이아몬드 거래소Bharat Diamond Bourse

바랏 다이아몬드 거래소의 새 사옥.

는 8개 빌딩으로 이루어졌는데, 다이아몬드 거래소로는 세계 최대 규모다. 코타리 회장의 말에 따르면 뉴욕의 록펠러 센터보다 규모가 크다고 한다.

인도의 숨은 저력을 느껴야!

한국인은 뭄바이 다이아몬드 시장의 단골 고객이다. '안킷 젬스'의 아바이는 "미국, 일본 등이 큰 고객이며, 한국은 10위권 안팎으로 큰손은 아니다"라고 말했다. 다이아몬드 시장은 워낙 어두운 구석이 많아서 정확한 시장 규모가 잘 파악되지 않는다. 2005년 인도에서 한국이 정식 수입한 물량은 2,670만 달러(약 280억 원)다. 하지만 이는 일부 유명 업체 등 노출된 업체들이 수입한 극히 상징적인 수준의 물량이라는 게 업계 관계자들 이야기다. 한 해 수입하는 다이아몬드 전체량의 최고 80%를 뭄바이에서 가져갈 것이라는 주장도 있다. 특히 개당 200만 원이 넘는 캐럿 단위 제품은 통관 세금이 높은 만큼 대부분 밀수일 가능성이 높다.

필자가 안킷 젬스 사무실에서 보았던 40대 후반의 한국인 감정사도 다이아몬드를 서울로 밀반입하는 이였다. 이들은 보통 수십 캐럿씩 몇 만 달러어치를 구입한다. 뭄바이에서 구입한 다이아몬드는 주로 홍콩의 '배달책'을 중간에 내세워 그가 물건을 사는 것처럼 위장하고, 자신은 서울에서 다이아몬드를 전달받는다.

뭄바이에는 다이아몬드를 구입해서 한국으로 보내는 한국인 '오너'가 30~40명 정도 된다고 한다. 단일 업종으로는 뭄바이 상주 한국인 중 최대 규모다. 이들 중 일부는 신원 노출을 꺼려해 뭄바이의 다른 한국인과의 접촉을 피한다. 이들 뒤에는 돈을 대는 '전주錢主'가 있는데, 전주는 대개 서울에서 보석상을 크게 하는 사람들로, 서울의 사장이 누군지, 홍콩의 딜러가 누군지 서로 묻지 않는 게 이곳의 불문율이라고 한다.

이들은 커팅과 감정을 한 뒤 한국에 있는 전주에게 물건을 넘기고 수수료를 챙긴다. 중간에 배달을 책임지는 제3국인(주로 홍콩)은 물품 가격의 3.5~4%의 수수료를 받는 것으로 알려져 있다. 질이 낮은 다이아몬드는 주로 뭄바이에서 구입하고, 개당 10억 원 이상 하는 물건은 텔아비브나 앤트워프 쪽에서 구입한다. 억대의 다이아몬드는 뇌물용 혹은 이민을 떠나는 사람들이 부피가 작고 현금화하기 쉬워 많이 찾는다고 한다.

이와 관련하여 한국다이아몬드협회의 정원선 회장은 "일본의 경우 다이아몬드 수입에 세금이 없다시피 해 밀수가 거의 없다"면서 "우리도 다이아몬드를 사치품으로만 보지 말고 산업 육성 차원에서 업계의 경쟁력을 키우려면 턱없이 높은 현행 세율을 낮춰야 한다"고 말한다. 잘못된 제도가 업계 발전을 짓누르고 상인들을 밀수꾼으로 만들고 있다는 주장이다. 실제로 인도귀금속수출진흥협회의 메타 부회장은 필자의 취재가 끝나자 "나도 좀 물어보자"고 하더니 "한국의 다이아몬드

나리만 포인트에 있는 '게이트 오브 인디아'.

세금이 어떻게 되느냐"고 물었다. 필자가 "여전히 높다"고 하자, 1990 년대 한국에 갔을 때 세금을 낮춰야 업계 경쟁력이 강화된다고 했는 데……" 하며 안타까워했다.

인도의 경제 중심은 뭄바이이고, 뭄바이 하면 맨 먼저 떠오르는 건 뭄바이 증권시장이다. 뭄바이 증권시장은 아시아에서 가장 오래됐으며, 뉴욕 증권시장보다 상장 업체 수가 훨씬 많다. 또한 증권시장이 잘 발달되어 있다는 점에서 높이 평가받는다. 인도 뭄바이 증권시장의 센섹스SENSEX지수는 인도 경제의 건강도를 측정하는 대표 지표다.

인도에는 잘 보이지 않는 부문이 많다. 그걸 모르면 인도를 제대로 안다고 할 수 없다. 뭄바이의 다이아몬드 산업이 대표적인 사례다. 뭄바이에 갔을 때 해안가의 '게이트 오브 인디아'나 '타지 마할 호텔'만 보고 올 게 아니라, 오페라 하우스 거리에 가서 인도의 숨은 저력을 느껴야 한다.

인도 호텔 요금, 아 놀라워라!

인도의 물가는 싸지만 호텔 요금은 살인적이다. 객실 난 때문이다.

〈타임스 오브 인디아〉 2006년 4월 6일자를 참고하면, IT도시 방갈로르의 호텔 객실료는 1박에 299 달러로, 300달러에 육박한다. 미국 국무부가 조사한 자료에 따르면 하이데라바드는 268달러이고, 뭄바이도 200달러가 넘는 214달러다. 인도의 다른 주요 도시인 델리(195달러), 콜카타(193달러), 첸나이(189달러)도 200달러 선이다.

이는 외국의 주요 도시와 비교해도 놀라운 수준이다. 방값 비싸기로 악명 높은 파리, 런던(261달러)보다, 방갈로르와 하이데라바드가 한참 높다. 도쿄는 189달러다.

장사가 이렇게 잘되다 보니 호텔들이 배짱이다. 포스코 인도법인 조성식 사장의 말에 따르면 오리사 주 부바네스와르의 호텔들이 장기 투숙 중인 포스코 인도 직원들에게 그만 나가줬으면 하고 눈치를 준다고 한다. 오리사 주는 오지 중의 오지인데, 그곳에도 찾는 사람들이 늘어나 방이 부족하다고 한다. 그러니 할인된 가격에 장기 투숙하는 사람들에게 나가달라는 것이다.

사정이 이러니 한국인이 운영하는 게스트하우스도 성업 중이다. 한국에서 델리로 출장 온 이들이 주로 찾는데, 이곳들 역시 덩달아 숙박료를 올려받아 원성을 사고 있다. 델리의 게스트하우스 1일 숙박료가 70, 80달러 하던 게 얼마 전엔 더 올랐

뭄바이 나리만 포인트에 있는 타지 호텔.

다고 한다. 호텔 객실료가 비싼 뭄바이나 방갈로르에 있는 게스트하우스의 1일 숙박료는 100달러가 넘는다. 수요와 공급이란 시장 논리에 따라 결정된 가격이지만 '너무 한다'는 비판의 목소리가 한국인들 사이에 적지 않다.

하지만 호텔 숙박료를 뺀 다른 비용은 외국에 비해 낮은 편이다. 방갈로르의 경우 음식과 기타 비용으로 하루 92달러, 하이데라바드는 81달러가 필요한데, 이는 로마의 168달러, 파리의 142달러에 비해 한참 낮은 가격이다.

2장

SASARAM
BHOPAL
BHUBANESHWAR

코끼리 경제?
NO! 거북이 경제

인도의 스피드는 시속 40킬로미터이다. 이는 인도의 열악한 도로 사정을 잘 설명하는 말인 동시에, 인도 경제 사회의 늦은 변화 속도를 잘 표현하고 있다. 한국 언론은 물론 서방 언론이 인도 특집을 끝없이 쏟아내며 인도를 분홍빛으로만 그리고 있다. 이로 인해 인도의 경제 성장이 '빛의 속도'로 진행 중이라고 잘못 생각할 수 있다. 물론 인도 경제가 2004년부터 8%대의 성장률을 기록하고 있고, 특정 분기만을 떼어보면 2006년 하반기의 경우 10%에 근접하고 있기도 하다.

하지만 인도가 곧 중국과 같은 속도로 질주할 것이라고 생각하면, 그건 오판이다. 흔히들 인도를 '코끼리'에 비교해서 이야기하지만, 몸집은 모르겠으나 속도로 보면 여전히 '거북이'다. 코끼리처럼 큰 보폭으로 성큼성큼 걷고 있는 게 아니다.

거북이걸음을 걷는 거대한 코끼리

인도 시장이 생각보다 빨리 커 올라오지 않고 있다고 인도에 진출한 많은 한국 기업인들은 말한다. 가전 시장의 경우 이제 흑백텔레비전에서 컬러텔레비전으로 옮겨가고, 배 불뚝한 브라운관 텔레비전에서 평면 텔레비전으로 바뀌고 있다. 크기는 20인치대 미만이다. 냉장고는 문짝이 하나 달린 제품이 많이 팔리고 있다.

삼성전자 인도법인은 인도 시장에서 어떤 제품을 팔아야 하느냐를 놓고 고민을 많이 했다. 글로벌 기업인 삼성전자는 '프리미엄 제품'을 생산하는 기업 이미지를 전 세계적에 내세우고자 한다. 하지만 이 전략이 인도에서는 먹혀들지 않는다. 시장이 다르기 때문이다. 하지만 서울 본사는, 인도에서도 프리미엄 전략을 그대로 밀고 나가라고 주문한다. 윤종용 삼성전자 부회장은 "과거에는 삼성이 프리미엄 제품을 생산하는 일류 기업이라는 이미지를 소비자에게 심기가 몹시 힘들었다"면서 프리미엄 전략 고수를 주문했다. 인도법인 관계자들은 죽을 맛이다. 14인치 텔레비전이 가장 많이 팔려나가는 시장에서 LCD 텔레비전을 팔려면 힘이 부칠 수밖에 없다.

현대자동차 인도법인의 '상트로'는 무려 10년간 현대차를 먹여살렸다. 상트로는 경승용차로 국내에서는 '아토스'란 이름으로 팔렸다. 못생기고 투박해서 국내 시장에서는 주목을 받지 못했다. 하지만 1997년 현대자동차는 인도 첸나이에 진출하면서 아토스를 들고 가 대박을 터트렸다. 10년간 상트로의 앞뒤 모습을 약간씩 바꾸는 '페이스 리프트'나 '마이너 체인지'만 했을 뿐인데도 계속 잘 팔려나갔다. 한국에서는 있을 수 없는 이야기다. 인도 자동차 시장은 소비자가 선호하는 차량 크기가 10년째 정체 상태다.

인프라가 부족하다

인도 경제가 거북이걸음을 하는 데는 여러 가지 이유가 있으나 그중 가장 결정적인 이유는 인프라의 미비 때문이라고 할 수 있다. 물리적인 인프라와 더불어 인적 인프라의 문제가 심각하다. 인도의 관문인 델리의 인디라 간디 국제공항은 '뜨는 나라' 인도의 명성에 어울리지 않는 흉물이다. 공항 터미널은 제3세계 국가의 공항 혹은 소도시 공항같이 초라하다. 국내 노선의 경우 공항 터미널에서 탑승교가 아닌 버스를 타고 이동한 뒤 비행기에 올라야 한다. 버스 또한 엽기적이다. 생산된 지 30~40년은 더 되어 보인다. 악명 높은 델리 공항은 2006년 하반기에 들어서야 대대적인 공항 재건축에 나섰을 정도다.

국가 경제의 혈관인 도로 상태는 지옥에 가깝다. 1947년 독립 이후 인도 역대 정부가 만든 자동차 전용 도로는 뭄바이와 푸네를 연결하는 95킬로미터 구간이 유일하다. 지난 2004년 실각한 아탈 비하리 바지파

이 정부가 시작한 '황금사각형 고속도로GQ, Golden Quadrilateral Highway'
5,846킬로미터가 새로운 시대를 여는 상징으로 기대를 한몸에 받고 있
으나 당초 완공일을 훨씬 넘기고 있다. 황금사각형 고속도로는 1999년
1월 착공돼, 5년 내 완공된다는 계획이었다. 하지만 7년이 지난 2007년
상반기 현재 델리~뭄바이~첸나이~콜카타~델리를 연결하는 황금사
각형 고속도로는 '진행형'이다. 때문에 인도에서는 자동차 여행이라는
개념이 아직 없다. 항만 시설도 마찬가지다. 항만에 대한 투자가 없어
인도의 주요 항구인 뭄바이, 첸나이의 항만 시설은 선진국과 현저한 격
차를 보이고 있다.

　더 큰 문제는 인적 인프라다. 인도의 경제 개발을 주도해야 할 엘리
트인 공무원들이 가장 큰 시스템 장애가 되고 있다. 이들의 부패와 무
능이 심각하다. 인도에서 인프라 공사를 하는 한국의 A기업 관계자는
공사 대금의 일부를 매번 뇌물로 갖다 바쳤다. 공사 진척 상황에 따라
대금을 받는데, 그때마다 '정액의 뇌물'을 준비해간다. 돈을 준비해가
지 않으면 공사 대금을 받지 못할 각오를 해야 한다. 인도 델리 공항 세
관의 50대 직원은, 귀국하면서 한국에 짐을 붙이는 필자에게서 200루
피(약 5,000원)의 뇌물을 챙겼다. 고압적인 태도에 아연실색할 수밖에 없
었다. 일부 지역의 경우 인도 정부가 빈민 구제를 위해 지출하는 예산
의 80%가 공무원들 호주머니로 들어간다는 주장도 있다. 관료 사회가
개혁되지 않고, 관료들이 국가 개혁의 전위대로 나서지 않는 한 인도의
국가 개조는 쉽지 않다.

외국 기업에 대한 반대 정서

인도 기업들을 옥죄어왔던 정부의 규제와 간섭은 외국 기업이라고 예
외는 아니다. 여기에 반외국 기업 정서가 가세하면 일은 더욱 어려워진

다. 개방 전인 1970년대에는 미국의 코카콜라, IBM이 인도의 민족주의 정시에 밀려 고전하거나 철수했다. 코카콜라의 제조법은 세계적인 비밀인데, 인도 정부는 소비자 보호를 내세우며 코카콜라 측에 성분을 공개하라고 끈질기게 요구하며 괴롭혔다.

'반외국 기업 신화'는 옛날이야기가 아니다. 2006년 말 델리의 한 민간단체가 발표한 잔류 농산물 조사는 미국 펩시콜라의 일부 주 판매 금지란 상식 밖의 결과를 낳았다. 남부의 카르나타카 주와 케랄라 주가 펩시콜라 판매와 생산을 한때 중지시켰다. 공신력이 떨어지는 민간단체의 '무책임한' 조사 결과를 근거로 곧바로 외국 기업에 대한 제재에 들어가는 게 인도의 현실이다. 공산당이 아직도 큰 영향력을 갖고 있는 인도인 만큼 '서방 기업에 대한 반대 정서'는 상당 기간 계속될 것으로 보인다.

때문에 인도 시장에 진출하려면 장애물을 피해갈 수 있는 철저한 시장 조사와 믿을 수 있는 비즈니스 파트너가 무엇보다 중요하다. 중국 시장 진출에서 경험한 '친구 따라 강남 가기' 식 투자는 피해야 한다. 인도인을 상대한 한국 기업 관계자들은 악덕 인도 비즈니스맨에 대한 경험이 많다. 물론 신뢰할 수 있는 기업인이 없는 것은 아니다. 문제는 얼굴을 보고 그걸 쉽게 판별할 수 없는 데 있다. 그렇기에 적지 않은 사람들이 '수업료'를 지불하고 있다. 인도 진출 선배들은 인도에는 '천천히 조금씩 투자하라'고 이구동성으로 권하고 있다. 하지만 늦으면 기회가 없어 마음이 급한 게 또 다른 현실이기도 하다.

조직폭력배로 인한 행정 마비

S A S A R A M
사사람

못사는 비하르 주에서도 가장 낙후된 지역 중 하나이다. 인구 13만 명. 셰르 샤 수르 왕이 이 지역 출신 인물로 가장 유명하다. 무슬림들이 많이 산다. 황금사각형 고속도로가 건설되면서 수천 년의 잠을 깨우는 속도의 변화가 시작되고 있다.

인도의 마지막 왕조인 무굴 제국이 영국에 의해 1857년 무너졌지만, 건국 초기에도 잠시 간판을 내린 때가 있었다. 무굴제국의 2대 황제 후마윤은 셰르 샤 수르Shër Shāh Sūr(1486~1545년)에 의해 힌두스탄 평원에서 쫓겨나 페르시아(오늘날 이란)까지 도망가야 했다. 후마윤은 페르시아에서 15년간 망명 생활을 했고, 셰르 샤 수르가 죽은 뒤에야 델리의 왕좌를 되찾을 수 있었다.

하지만 셰르 샤 수르는 무굴을 쫓아냈던 강력한 왕이라기보다는 '위대한 도로 건설자'로 인도 역사에 남아 있다. 그는 북인도를 동서로 잇는 2,500킬로미터가 넘는 '그랜드 트렁크 로드(Grand Trunk Road, 일명 GT로드)'를 건설했다. 이 도로의 서쪽 끝은 카이버 고개Kyber Pass로, 파키스탄과 아프가니스탄 국경 인근의 페샤와르다. GT로드는 그곳에서 동쪽으로 가면서 파키스탄의 라호르, 파키스탄과 인도의 국경인 와가 국경 검문소를 거쳐 인도의 암릿사르, 델리, 칸푸르, 알라하바드, 바라나시, 사사람, 콜카타를 지난다. 그리고 방글라데시의 소나르가온Sonargaon에서 끝난다.

셰르 샤 수르는 고대부터 있었던 이 도로를
재확장했다. 16세기에 그가 확포장한 구간은
당시 제국의 수도였던 아그라Agra에서 자신의
고향인 사사람Sasaram까지였다. 도로는 광대한
영토를 연결해 물류 이동을 원활하게 하고, 군
사적인 용도로 사용됐다. 당시 이 도로는 '사
닥-이-아잠(위대한 도로)'이라 불렸다. 무굴의
황제들은 그의 프로젝트를 이어받아 계속 도로를 닦았고, 영국 식민주
의자들도 개·보수를 했다. GT로드라고 개명한 건 영국인들이다.

❶ 셰르 샤 수르 왕 영묘.
❷ 초록색 천이 덮여 있는 무덤
이 셰르 샤 수르 왕 무덤이
다. 초록색은 이슬람에서 신
성시 여기는 색이다.

셰르 샤 수르 왕은 사사람에 묻혀 있다. 사사람은 인구 13만 명(2001
년 인구조사)의 도시로, 북인도의 비하르 주 서쪽 끝에 있다. 비하르 주는

인도에서 가장 못살고, 문맹률이 높고, 법질서가 무너진 주다. 영국 식민지 시대에는 가장 부유한 주 가운데 하나였으나, 인도 독립 후 인도의 우민 민주주의에 철저히 희생됐다.

사사람 시내 한복판에 자리 잡은 그의 영묘靈廟는 이 도시에서 가장 볼 만한 유적이다. 가로 세로 수백 미터 크기인 커다란 인공 연못 가운데 들어서 있다. 인도고고학회가 세워놓은 입구의 안내판에는 "무덤은 전형적인 파탄Pathan 건축 양식으로, 돔은 8변형이며, 높이는 30미터가 넘는다. 수수한 스타일로 유명하며, 왕이 자신의 재임 중에 짓기 시작해 아들인 술탄 살림 때 완공됐다"고 적혀 있다.

건축물을 보는 눈은 없지만 필자가 보기에도 건물의 좌우 대칭이 맞지 않아 예술적인 가치가 떨어져 보였다. 게다가 무덤을 둘러싸고 있는 연못은 물밑이 보이지 않을 정도로 심하게 썩어 악취를 풍기고 있었다. 후손을 잘못 만난 탓에 죽어서 악취에 시달리는 옛 권력자의 신세가 참으로 딱했다.

GS건설 황금사각형 고속도로 건설 현장

그가 죽은 지 450여 년. 인도의 아탈 비하리 바지파이 전 총리(현재는 제1야당인 BJP 소속)는 GT로드를 다시 한번 업그레이드하는 작업을 시작했다. GT로드는 황금사각형 고속도로GQ의 일부분이다. 바지파이의 황금사각형 고속도로 프로젝트는 북인도뿐만 아니라, 남인도와 북인도를 잇는 인도 역사상 최대 규모의 도로 인프라 공사다. 바지파이는 이를 위해 1998년 '인도전국고속도로청법'을 통과시켜 관할 관청을 만들고, 다음해인 1999년 착공에 들어갔다. 황금사각형 고속도로 공사는 2004

년 정권이 국민회의당 주도의 연립정권으로 넘어간 뒤에도 계속되고 있다.

콜카타에서 델리를 잇는 1,453킬로미터 길이의 GT로드는 2번 국도다. 4차선 고속도로로 확·포장되고 있고, 2007년 1월 말 현재 공정 89.5%를 기록하고 있다. 1,301킬로미터가 공사를 끝냈다. 하지만 사사람 등 비하르 내 일부 구간은 지지부진하다. 비하르의 조직폭력배와 공산 반군의 준동 때문이다. 이들이 도로 건설을 방해하고 있다. 다른 구간은 이미 차량이 쌩쌩 달리고 있으나, 정작 사사람 등 일부 구간은 셰르 샤 수르 왕이 닦아놓은 중세의 도로 그대로 남아 있으니 아이러니가 아닐 수 없다.

GS건설의 공사 현장사무소는 사사람과 바라나시Varanasi 사이에 있었다. 바라나시는 오래된 힌두 성지로 사사람의 서쪽에 있다. GS건설은 인도 건설 시장에 진출, 쌍용건설과 함께 GQ공사에 참여했다. GS건설의 현장은 바라나시에서는 95킬로미터 떨어져 있고, 사사람 쪽에 훨씬 가깝다. 행정구역 상으로는 로타스 행정지역district 내 쿠드라다. GS건설은 2번 고속도로 '4-B' 구간 45킬로미터를 공사 중이었다. 2001년 3월에 시작한 공사는 5년이 지나 막바지에 이르러 있었다. 2006년 3월을 완공 목표로 한다고 했다. 공사 현장사무소 정문에는 인도 경찰이 지키고 있었다. 정문을 지나 사무소 가건물 1층에 들어가니 조한경 소장과 김영규 부장, 신석호 차장 등이 일하고 있었다. 육지 속의 외딴 섬과 같은 곳이었다.

마피아와 공산 반군 협박으로 지연되는 도로 공사

GS건설이 가장 애를 먹은 건 공산 반군과 마피아의 협박이었다. 이 지역에 준동하는 '모택동주의자 공산당 센터MCC, Maoist Communist Centre'와 '인민의 전쟁 그룹PWG, People's War Group'이 돈을 요구하고, 이에 응하지 않으면 테러를 일삼았다.

MCC와 PWG는 인도의 양대 무장 공산반군 단체로, 2004년 9월 통합했다. 새로운 단체 이름은 인도 모택동주의자공산당CPI-M이다. 이 단체는 인도의 다른 공산당들과는 달리 인도 정부에 대해 무장투쟁을 계속하고 있다. 인도 내 공산 반군들은 흔히 '낙살주의자Naxalites'라고 불린다. 카스트 철폐와 토지 분배가 요구 사항이다. 이들은 비하르 일부 지역과 비하르 남쪽으로 접한 자르칸드Jharkhand, 인도 중부의 안드라 프라데시Andra Pradesh 등 내륙 깊숙한 지역에서 투쟁을 벌이고 있다. CPI-M은 비하르와 자르칸드에서, '안드라 혁명공산당'이라는 별도의 조직은 안드라 프라데시를 활동 무대로 하고 있다. 낙살이란 이름은 1967년 토지 문제로 당국에 맞서 봉기한 서벵골 주 낙살바리Naxalbari의 지역명에서 땄다.

다음은 GS건설 조한경 소장의 얘기다.

"2001년 3월에 공사를 시작, 9월에 현장 사무소를 지었지요. 이로부터 3개월이 지난 12월, 빨강색 펜으로 쓴 편지 한 통이 날아왔습니다. MCC가 보낸 것이었습니다. '만나서 얘기하자, 기부금 내라'는 내용이었습니다. 인근에 산악 지대가 있는데, 그곳의 힌두 사원에서 만나자고 하더군요. 여자 직원을 쓰지 말라는 내용도 있었습니다. 상대하지 않았습니다. 경찰에 신고도 하지 않았어요."

1차 위협은 별일 없이 그냥 지나갔다. 하지만 2002년 1월, 곧 새로운 위협이 찾아왔다. 마피아 두목이 장총으로 무장한 부하 25명과 들이닥쳤다. 역시 돈을 요구했다. "그때는 현장사무소를 닫을까 하고 심각하게 고민했습니다." 직원들이 동요했고, 조 소장은 할 수 없이 마피아와 타협했다. 그는 타협 내용을 외부에 그 동안 한 번도 밝힌 적이 없다고 했다. 그는 마피아들로부터 약간 비싼 값에 골재를 사 쓰고 있었다.

이때를 전후해 GS건설의 인도 하도급 업체 '펀지 로이드Punj Lloyd'에게 마피아가 협박을 해왔다. 사사람의 감옥에 수감되어 있는 한 마피아 두목이 직접 찾아왔다. 펀지 로이드 현장 사무소는 GS건설의 현장 사무소 단지 안에 같이 있었다.

"많은 돈을 요구했습니다. 인도인 현장 소장은 겁이 나서 사표를 냈습니다. 새로 온 소장은 인근 바라나시 출신인데, 감옥으로 찾아가 마피아 두목을 만나 돈을 주고 문제를 해결했습니다." 감옥에 있어야 할 마피아 두목이 협박을 하기 위해 경찰의 호위를 받으며 펀지 로이드 현장 사무소로 찾아오다니, 정말 요지경 속이다.

사사람 마피아를 무마하자 이번에는 인근 케무르 지역의 마피아가 찾아와 "우리는 왜 안 주느냐"고 윽박질렀다. 돈을 못 주겠다고 하자 이들은 사제폭탄을 터뜨렸다. 비하르 주 경찰총장이 사건 직후 현장을 방문하기도 했다. 새로 온 소장은 결국 사태를 원만히 해결하지 못했다는 이유로 회사에서 잘렸다.

GS건설에도 또 다른 협박이 가해졌다. 1년이 지났을 무렵 공산 반군인 PWG가 협박 전화를 걸어오기 시작했다. "2003년 4, 5월경이었는데, 하루에 5번 이상 전화가 걸려왔습니다. '소장 바꿔라', '돈 안 주면 다 죽여버리겠다'고 했습니다. 공사 금액의 6%를 요구하더군요. 1억 5,000루피(약 375억 원)이었습니다. 그걸 주고 나면 우리는 뭐가 남겠습니까. 터무니없는 요구였습니다. 당시 PWG는 공사 현장으로부터 20킬로미터 떨어진 산악 지대에 은거하고 있었습니다."

조 소장은 이에 응하지 않았다. 하지만 직원들에게 어떤 위해가 가해질지 알 수 없었다. 현장사무소 내 현지 직원 30여 명을 한꺼번에 한 달간 장기 휴가를 보냈다. 비타협적으로 나갔더니, 어느 날 현장사무소 인근 골재 분쇄 현장의 인도 인부 세 명이 밤에 PWG에 끌려가 맞고 돌아오는 일이 벌어졌다. 조 소장은 비하르 주 경찰 당국에 보호를 요청했다. 기동타격대 46명이 즉각 파견돼 두 달간 특별 경계를 섰고, 긴장 수위가 낮아지자 일반 경찰로 병력이 교체됐다. 경찰 40명은 이후 현장사무소에 계속 상주하고 있다.

반군과 마피아의 협박으로 현장 책임자가 몇 차례나 바뀌고 직원들을 단체 휴가 보내는 실정이니 공사가 지연될 수밖에 없다. 그래도 GS건설의 경우 난관을 뚫고 공사를 마무리짓는 단계지만, 인도 업체가 맡고 있는 인근 구간은 공사가 지지부진하다. GS건설이 맡고 있는 4-B구간에서 사사람 쪽으로 접해 있는 4-C구간은 포장은커녕 불도저로 땅을 밀고 있는 상태였다. 김영규 부장은 "마피아의 위협 때문에 공사에 난관을 겪고 있다고 들었다"고 말했다.

GS건설 현장에서는 다행히 인명 피해가 발생하지는 않았다. 공사도 2006년 7월 완료됐다. 하지만 마피아는 사람을 죽이는 짓도 마다하지 않았다. 2003년 11월 27일 비하르 주의 가야Gaya에서 NHIA(인도전국고속도로청) 소속의 GQ 프로젝트 디렉터 한 사람이 총에 맞아 숨진 채 발견됐다. 사트옌드라 쿠마르 두베이Satyendra Kumar Dubey는 인도 명문 인도공과대학 칸푸르 캠퍼스를 졸업한 30세의 젊은이였다. 그는 3개월 전인 8월 바지파이 총리에게 비밀 편지를 보내, NHIA가 맡고 있는 공사의 비리와 마피아 관련 내용을 고발했다. 특히 GQ 공사를 수주한 업체들이 기술력이 없는 업체에 은밀히 재하청을 주고 있으며, 재하청 업체들은 마피아 수중에 있다고 직소했다.

두베이가 사망한 뒤 용의자들이 검거되었고, 조사를 받았다. 하지만 상식적으로 이해하기 힘든 일들이 계속 일어났다. 두베이를 가야 기차역에서 태우고 갔던 오토릭샤(3륜 자동차) 운전사는 연방수사국CBI의 심문을 받은 뒤 풀려났으나 이후 소재 파악이 되지 않고 있다. 다른 두 명의 용의자도 CBI의 조사를 받고 풀려났으나 25시간 뒤 독살되었다. 총을 쏜 범인으로 검거된 만투 쿠마르는 2005년 9월 법정에서 재판을 받던 중 탈출했다. 이 같은 일련의 사건은 마피아와 경찰이 유착되어 있지 않다면 불가능한 일이다. 이로 인해 두베이의 죽음 뒤에는 살인을 지시한 마피아가 있다는 사실이 오히려 간접적으로 확인된 셈이다.

이 지역의 인도 업체들의 경우 정해진 공사 기한을 반드시 지켜야한다는 의식도 희박하다는 평가를 받고 있다. 조한경 소장은 다음과 같이 말한다. "공기를 지키는 경우가 거의 없습니다. 우리는 공기를 맞추기 위해 애를 쓰는데, 인도인은 되면 되고 안 되면 할 수 없다는 식입니다. 상도의가 없습니다. 계약을 하면 지켜야 하는데 그렇지 못해요. 반면 계약서에 조금이라도 애매한 부분이 있으면 그걸 물고 늘어져 최대한 자신들에게 유리하게 이용하려 합니다." 신석호 차장은 인도 인부에 대해 "거짓말 잘하고, 자신의 잘못이 드러나도 인정하지 않고 온갖 이유를 댄다"고 혹평했다. "회사 일에는 소극적입니다. 하지만 자기 이해가 걸린 일에는 머리를 비상하게 돌립니다. 그 외에는 일을 안 하죠. 자기 일 외에는 안 하려고 합니다. 제일 중요한 건 신의가 없다는 점입니다."

인도에 공산당이 살아 있는 이유

인도에서 낙살주의자와 같은 공산 반군의 준동을 끝내려면 농촌 지역의 절대 빈곤을 추방해야 한다. 공산당은 빈곤을 먹고 살기 때문이다. 인도 정부는 수십 년 동안 빈곤 추방을 부르짖었지만 아무런 진전을 이루지 못하고 있다. 인도 정부 발표에 따르면 국민의 30%인 3억 명이 하루 10루피(약 200원) 수입을 밑도는 절대 빈곤 속에 살고 있다. 공산주의자가 세계 곳곳에서 실패하고 화석이 되었지만, 인도에 공산당이 살아 있는 이유는 바로 이 때문이다.

인도 공산당은 심지어 현 집권당인 국민회의당이 주도하는 UPA 연립정부의 한 축을 이루고 있다. 공산당이 지지를 철회하면 소냐 간디의 정권은 무너지고 만다. 빈곤 추방을 위해서는 정부 주도의 노력이 필수적이다. 하지만 공무원 사회가 썩어 있어 이는 쉽지 않다. 인도의 최우선 과제 중 하나는 '정부 개혁'이다. 하지만 만모한 싱 정부는 손도 못 대고 있다. 인도가 장밋빛 미래를 기대할 수만은 없는 이유가 여기에 또 하나 있다.

20년째 참사 현장 방치하는 늑장 행정의 표본

B H O P A L

보팔

보팔Bhopal은 아름다운 호반 도시다. 매우 큰 '위 호수'와 조금 작은 '아래 호수' 변에 146만 명이 산다. 인도 중부 마디아 프라데시Madya Pradesh의 주도이고, 뉴델리부터는 741킬로미터, 비행기를 타고 남쪽으로 1시간 남짓 거리다.

1984년 12월 2일 밤 12시를 막 넘긴 시각, 그러니까 12월 3일 아주 이른 시각에 인류 사상 최대의 산업 재앙이 이곳에서 발생했다. 미국 농약 업체 유니언 카바이드 공장에서 엄청난 양의 독가스가 흘러나왔고, 도시 전체는 순식간에 '독가스실'로 변했다. 주민들은 곤히 잠이 들어 있었고, 색도 냄새도 없는 독가스는 도시 북쪽 지역을 순식간에 집어삼켰다.

3,800여 명이 그날 밤 혹은 그로부터 며칠 사이에 숨졌고, 지금도 12만~15만 명이 후유증에 시달리고 있다. 참사는 세계에 엄청난 충격을 안겼다. 보팔은 순식간에 무명의 도시에서 재앙의 도시로 전 세계인에게 각인됐다.

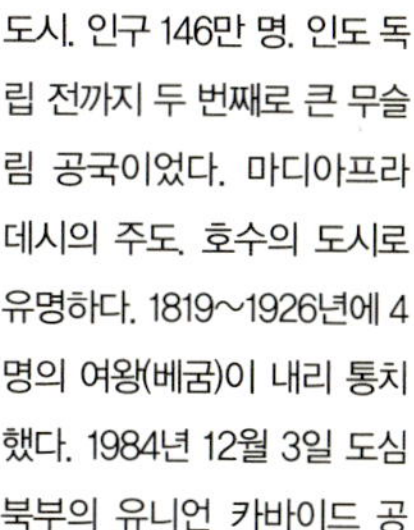

무슬림이 다수인 중인도의 도시. 인구 146만 명. 인도 독립 전까지 두 번째로 큰 무슬림 공국이었다. 마디아프라데시의 주도. 호수의 도시로 유명하다. 1819~1926년에 4명의 여왕(베굼)이 내리 통치했다. 1984년 12월 3일 도심 북부의 유니언 카바이드 공장에서 독가스가 유출되면서 세계 최대의 산업 재해를 겪은 도시가 됐다.

보팔 참사는 현재진행형

사고 20여 년이 지난 보팔은 외관상 평화로웠다. 도시 한복판에 있는
호수를 보니, 도시는 호수 때문에 들어섰음이 분명했다. 시내로 들어가
니 첨탑이 아름다운 이슬람 모스크가 보인다. 인도에서 가장 큰 규모
중 하나라는 '타지울 마사지드' Taj-ul-Masaajid였다. 19세기 이 지역의 여
성 통치자였던 샤제한 베굼 Shahjehan Begum(1868~1901년)이 짓기 시작했다.
도시는 전체적으로 비교적 깨끗했으나, 낡고 쇠락한 모습을 감출 수 없
었다.

유니언 카바이드 공장은 도시 북쪽 JP나가르 지역에 있었다. 도시 지
도를 보니, 도심에서 그리 멀지 않다. 시장통처럼 붐비는 지역을 통과
해 공장 인근 사거리에 이르렀을 때 필자를 안내해준 보팔 현지인이 말
했다.

"그날 어둠 속에서 수많은 사람들이 여기에 죽어 넘어져 있었습니
다. 시신들이 널브러져 있는데, 살려고 발버둥치는 사람들이 차를 몰고

도시 한복판에 호수가 자리잡
고 있다.

그 위를 마구 지나가기도 했습니다. 참혹했습니다.”

공장 정문은 굳게 닫혀 있었다. 안쪽에 경비원이 한 명 보였고, 뒤편으로는 풀이 무성하고 그 저편에는 낡은 공장 건물이 방치된 채 서 있었다. 시선을 오른쪽으로 돌리니, 2차선 도로를 따라 수백 미터는 됨직한 공장 담벼락이 서 있었다. 가이드는 “작년에 태국 기자가 다녀갔는데, 경비원에게 용돈을 쥐어주고 들어간 적이 있다”고 말했다. 일단 경비원이 있는 정문을 통해 공장 안에 들어가보는 건 유보하고 주변을 돌아보기로 했다.

노란색 담벼락에는 각종 그림과 구호투성이다. 정문 기둥에는 해골이 그려져 있다. 담벼락에는 흰색 독가스가 허공에 둥둥 떠 있고, 그 밑에 쓰러진 사람들이 그려져 있었다. 크고 기다란 뱀의 입에서 떨어지는 독물을 함석 양동이로 받고 있는 여인의 모습도 묘사돼 있었다. 인체에 해로운 지하수를 주민들이 식수로 먹고 있는 현실을 풍자한 그림이었다. ‘참사 21년을 맞은 우리의 요구’ 라는 글도 보인다. 요구사항으로는 ‘범죄자 처벌’, ‘무료 의료 진료’, ‘독성 물질 청소’, ‘일자리와 사회적 지원’, ‘다우 케미컬의 보상’ 등이 적혀 있다.

❶ 해골이 그려진 공장 정문 기둥.
❷ 각종 구호와 그림이 가득한 담벼락.

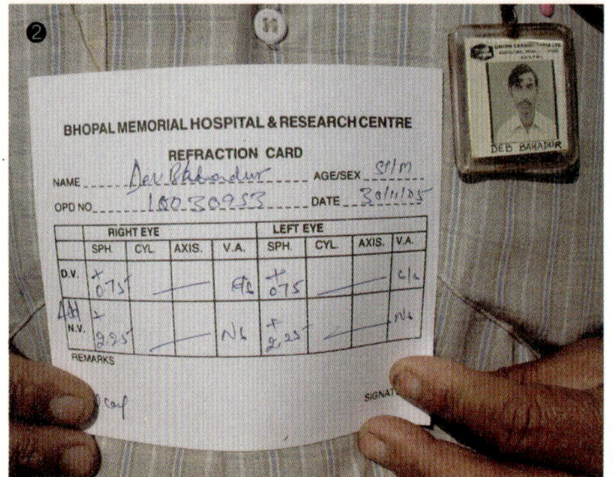

❶ 참사 희생자를 상징하는 모
자상.
❷ 낡은 유니언 카바이드 신분
증.

공장 정문 앞쪽 공터에는 참사 희생자를 상징하는 모자母子상이 서 있었다. 그 옆으로는 '보팔 생존자들의 정의와 존엄을 위한 투쟁 만세', '우리는 보팔의 여성들이다. 우리는 불꽃들이었으며 꽃이 아니다' 라는 구호가 영어와 힌디어로 쓰여 있었다.

사건이 발생한 지 수십 년이 지났으나 주변 상황으로 볼 때 사태는 '현재진행형' 임을 강하게 느끼게 한다. 모자상 인근에서 주민들과 이야기를 나누던 중, 자신을 유니언 카바이드 전 직원이라고 말하는 50대 남자를 만났다. 네팔 출신인 뎁 바하도르는 호주머니에서 낡은 유니언 카바이드 직원 신분증을 꺼냈다(인도 정부는 네팔인에 대해 자국 내 취업과 거주, 여행을 전면 허용한다. 이 때문에 인도 내에 네팔인이 많이 살고 있다. 인접 소국인 네팔에 대한 인도의 특수한 외교 정책이다). 젊었을 때 찍은 흑백 사진이 붙어 있었다. 그는 "직장을 구하고 있다. 일자리를 찾는 데 도움이 될까 해서 신분증을 갖고 다닌다"고 했다. 바하도르는 "사고 당시 22일간이나 눈에서 눈물이 나오고 앞이 보이지 않았다"면서 "지금도 눈과 배가 아파서 병원에 다녀오는 길"이라고 했다. 그는 5년 전에 피해 보상금으로 2만 5,000루피(약 52만 원)를 받았다고 했다. 사건이 발생한 지 17년이 지난 시점이었다. 사건 직후 해고될 때 퇴직금으로 1만 2,000루피를 받았다.

공장 담벼락을 따라 걷다가 담벼락이 무너진 곳을 발견했다. 공장 안을 들여다보니 어린이 10여 명이 크리켓을 하며 공터에서 놀고 있다. 그 뒤쪽으로는 멀리 수풀 사이로 녹슨 공장이 보인다. 유니언 카바이드 공장을 직접 볼 수 있게 된 것이다. 하지만 가이드는 들어가길 주저한다. 혼자 들어갔다 오라며 자신은 공장 밖에서 기다리겠노라고 했다. "뭐 때문에 그러느냐"고 재촉하자 마지못해 따라온다.

아이들 쪽으로 조심스럽게 한 발 한 발 옮겼다. 다행히 경비원은 나타나지 않았다. 카메라로 현장을 찍으니 아이들 몇 명이 크리켓을 하다 말고, 이방인에 다가왔다. 디지털카메라가 흔치 않은 시골인지라 필자의 카메라에 관심을 보였다. 공터를 가로질러 공장 건물 쪽으로 접근했다.

시뻘겋게 녹슨 화학 공장의 모습이 나타났다. 약품 처리를 위한 높은 탑과 저장 탱크, 대형 철제 운송 파이프 등이 그대로 방치되어 있었다. 화학 약품이 흘러내렸을 철제 처리 시설에는 인체에 해로운 석면도 그대로 있었다. 어린이들이 언제 무너져내릴지 모르는 공장 설비 밑을 그냥 돌아다녔다.

수많은 사람의 목숨을 앗아간 메틸이소시안 40톤이 흘러나온 현장이었다. 당시 메틸이소시안 43톤이 들어 있던 저장 탱크에 물이 들어가 이로 인해 화학반응이 일어나면서 탱크 내 온도가 섭씨 200도 이상으로 급상승했다. 이후 메틸 이소시안은 엄청난 양의 독가스를 품

❶ 공터에서 노는 아이들.
❷ 녹슨 채 방치된 공장 시설.

수많은 사람들의 목숨을 앗아 간 사고 탱크.

어냈다.

사진을 찍고 현장을 확인한 뒤 조심스럽게 공장에서 빠져나왔다. 이토록 위험한 현장을 폐쇄하지 않고 방치한 채, 현장 정리를 하지 않은 인도 당국과 유니언 카바이드 측의 직무 유기는 기가 찰 노릇이었다.

하지만 사전에 자료로 보았던 유해물질을 현장에서 확인할 수는 없었다. 이를 위해서는 정식으로 당국의 허가를 받고 안에 접근해야 했다. 인도의 대표적인 국영 방송 두르다르샨Doordarshan의 보팔 지국 소속 디샤 기자가 현지 취재에 큰 도움을 줬다. 디샤 기자는 공장 현장을 돌아보려면 보팔 지역 행정 책임자인 '컬렉터collector' 의 허가를 받아야 한다고 했다. 그를 따라 관청을 찾아갔다. 그가 전화로 사전에 협조를 구해놓은 덕분에 일은 일사천리로 진행됐다. 인도 관리들은 콧대가 높고 일 처리가 매우 늦다. 그런데 영향력 있는 방송기자의 부탁인지라 일을 빨리 처리해주었다.

A4용지 한 장에 유니언 카바이드 공장 터 방문 목적과 방문 예정 일시를 명시한 방문허가요청서를 작성해 제출했다. 방문허가서를 손에 쥐는 데는 30분도 채 걸리지 않았다. 방문 시간은 다음날로 했다. 인도는 이처럼 '편지' 로 공식적으로 요청하는 방식을 취한다. 한국에서는 말이나 전화로 될 일도 모두 기록으로 남긴다. 영국 식민 통치의 유산이다.

방문허가서를 손에 쥔 뒤 그의 안내를 받아 보팔 참사 피해자 전문

치료 병원 한 곳을 찾았다. '삼바브나 트러스
트 클리닉'. 2005년 4월 한 외국인이 큰돈을
기부해 새로 오픈한 2층 목조 건물이었다. 동
네 한복판의 1,000평 이상 되는 공간에 널직하
게 자리 잡고 있었다. 보팔 가스 참사 이후 인
도 당국은 환자 치료를 위해 8개의 병원을 세
웠다.

삼바브나 트러스트 클리닉 1층 진료 기록실
에서 만난 의사 음리툰자이 말리는 "하루
200~300명의 가스 유출 피해자들이 병원에
찾아온다. 등록 환자는 1만 5,000명쯤 된다.
특히 등록 환자의 경우 증상이 심하다"라고 말
했다. 등록 번호 483번인 라지야 알리라는 이

삼바브나 트러스트 클리닉.

름의 여성 진료 카드를 꺼내보았다. 1967년생이다. 이 병원에 2001년
1월 18일 처음 찾아와 2005년 11월 24일까지 모두 67번 찾았다. 한 달
에 한 번 꼴로 찾아온 셈이다. 그녀의 증상은 두통, 어지럼증, 고혈압,
불면증이다. 말리는 "가스 노출 환자에게 가장 흔한 열 가지 증상이 있
다. 천식이나 폐 관련 질환, 고혈압, 피부질환, 월경 문제, 신체 통증, 정
신질환, 복통, 변비, 신경장애, 결핵과 암 특히 자궁암"이라고 말했다.

이 병원의 사티나트 사란지 원장은 "사고가 발행한 지 20여 년이 지
난 지금 '2차 재양'이 일어나고 있다"면서 "사고 이후에 태어난 아이들
은 선천성 장애가 많다"고 했다. 그는 공장 인근 지역을 대상으로 조사
한 결과, 100명 정도가 장애를 갖고 있다고 말했다. 그가 보여주는 컴
퓨터 속의 어린이들은 얼굴이 뒤틀리고, 팔다리가 제대로 발육되지 못
하고, 일부는 정신장애도 있는 모습이었다. 13세인 아미르는 정신지체

와 두통으로 혼자서 옷을 입지 못하고, 8세인 레하나는 다리가 약해 3세가 되도록 걷지 못했다. 7세인 루페시는 독가스에 노출된 부모에게 태어나 중증 지체장애를 갖고 있다. 아탈, 아윱, 나가르 등 한결같이 유니언 카바이드 공장 인근 부락에 사는 주민의 자녀들이다.

사란지 원장은 2차 재앙의 책임은 지하수 오염 때문이라고 주장했다. 공장 내부에 방치된 독성 물질이 토양과 지하수로 스며들었고, 이 물을 마신 여성들이 출산하면서 문제가 일어나고 있다고 진단했다. 그는 "공장 인근 3킬로미터 내 지하수가 오염되어 있다"면서 "인근에 사는 여성을 대상으로 한 모유 성분 검사에서 농약 성분인 클로르벤젠과 수은, 납이 검출된 적도 있다(2002년 2월의 한 보고서)"고 말했다. 환경운동단체인 그린피스의 1999년 12월 보고서에 따르면 공장 내부와 주변의 토양과 물이 중속금과 유기염소제organochlorines에 오염되어 있었다.

사란지 원장의 말에 따르면 유니언 카바이드는 공장을 지을 당시 99년간 마디아 프라데시 주정부로부터 부지를 임대했고, 기간이 끝나면 원 상태로 복구하겠다고 계약했다. 사란지 원장은 "하지만 공장 내 창고 안에는 아직도 독성 물질이 처리되지 않고 일부 방치되어 있다. 이게 토양으로 흘러들어 가고 있는데 유니언 카바이드 측은 오염물질 처리와 환경 정화 작업을 하지 않고 있다"고 말했다. 유니언 카바이드는 지난 1999년 다우 케미컬에 합병됐으나, 다우 케미컬은 인수 직후 보팔 참사에 자신들은 책임이 없다고 선언했다.

사건 발생 20년간 방치된 재앙의 현장

유니언 카바이드 공장 바로 뒤 철길 건너편에 자리 잡은 마을 '블루문 콜로니’. ‘푸른색 달동네’란 뜻이다. 가난한 주민들 500명이 산다. 차를 타고 이 부락에 들어가니 여성들이 자녀들을 데리고 와 앞다퉈 2차 재앙을 증언했다. 생후 7개월 된 아이는 울기만 하고, 8년째 성장이 멈춰 있는 10대 소녀 사이바르는 필자를 보고 말없이 큰 눈망울만 반짝인다.

“생후 7개월 됐는데 오른쪽 갈비뼈가 일부 없는 것 같아요.”

“열두 살 여자입니다. 그런데 키가 더 이상 크지 않습니다. 네 살 때 키 그대로예요.”

주민 샤하자디 비(1958년생, 여)는 “아이들은 가스 노출 사건과는 직접적인 상관이 없다. 사건 발생 십수 년이 지나서 태어났으니까. 그런데도 동네 어린이 300명 중 100명 정도가 구토, 두통, 복통 등 각종 질환은 물론 선천성 장애를 갖고 있다”라고 말했다. 자신은 22세 때 사고를 겪었고, 남편은 독가스에 노출된 뒤 폐기능이 떨어져 결핵을 앓았고 시력도 약해지다가 2003년부터는 완전히 시력을 잃었다고 한다. 그는 “남편은 조금만 움직여도 숨이 차는 호흡기 질환을 앓고 있다”고 했다.

‘제2차 보팔 참사’는 오랫동안 방치됐던 수은, 납, 벤젠 등 공장 내 독성 물질에서 비롯되고 있다. 사고 이후 공장 가동은 멈췄으나 유니언 카바이드 측이 현장의 독성 물질 청소를 거부해 20년 이상 방치됐다. 최근에야 인도 정부에 의해 늑장 현장 정리가 이뤄지고 있다. 공장 인근 지역 주민들은 사고 직후 즉각 소개되고 그 일대는 봉쇄되었어야 했으나 그런 조치는 없었다. 공장 인근 반경 2, 3킬로미터 지역에 주민들이 계속 거주했고, 현재 2만 명이 훨씬 넘는 이들은 또 다른 재앙에 정면으로 노출되어 있다.

‘블루문 콜로니’의 문제가 지하수 오염 때문이라는 진단을 내리고 당국은 물차를 동원해 지역 주민들에게 물을 공급하고 있다. 동네에 상수도가 없기 때문이다. 동네의 여러 곳에 커다란 검은색 플라스틱 물탱크가 보였다. 2004년에 5개의 물탱크를 설치했다고 했다. 하지만 물 공급이 충분하지 않은 게 문제다. 이로 인해 주민들은 우물에서 지하수를 떠서 식수나 생활용수로 사용하고 있다. 블루문 콜로니만 문제가 되는 것은 아니다. 인근에는 모두 14개 부락이 있는데, 다들 같은 문제를 안고 살아가고 있다. 그나마 물차가 오는 동네는 14개 중 6개뿐이다. 물은 필요한 공급량의 12%에 그치고 있다.

이 지역의 지하수 오염 문제가 특히 심한 건, 바로 옆에 유니언 카바이드 측이 공장 폐수를 유출시킨 웅덩이가 있기 때문이다. 블루문 콜로니에서 아이들에게 물어보니, 바로 웅덩이 위치를 가리켜주었다. 당초 웅덩이는 오염된 폐수를 증류하기 위해 만들어졌으나, 지하로 일부 새어 들어가 지하수를 오염시켰다고 주민들은 말한다. 시민단체 '보팔 가스 관련 정보와 행동 그룹'의 코디네이터 라크나 디나라는 "워낙 가난해 다른 곳으로 이사갈 수도 없는 사람들"이라며 정부의 무대책에 분노를 터트렸다.

가스 사고 피해자를 대변하는 보팔의 대표적인 시민단체 BGPMUS의 압둘 자바르 대표는 "미국은 9·11사건이 발생한 뒤 1년 내에 세계무역센터에 대한 현장 정리를 마쳤는데, 보팔은 22년이 지나도록 끝나지 않고 있다"고 비판했다. 그의 사무실 벽에는 1984년 보팔 참사와 2002년 미국의 9·11테러 이후의 조치를 비교하는 그래픽 자료가 붙어 있다. 세계무역센터는 1년 내 보상이 끝났고, 주모자에 대한 조치로 첫째로는 아프가니스탄, 둘째로는 이라크를 침공했고, 현장 정리도 1년 내에 끝나 그라운드 제로Ground Zero가 만들어졌다고 되어 있다. 반면 보팔은 20년이 지나도록 보상이 없으며, 살인자들은 아직도 법망을 피하고 있으며, 공장 내의 독극물은 제거되지 않고 있다고 설명되어 있다.

다음날 보팔 관청으로부터 발급받은 유
니언 카바이드 공장 방문허가서를 들고
정문을 통해 공장으로 들어갔다. 노란 제
복을 입은 경찰이 근무 중이었다. 몇 개월
마다 순환 근무를 하고 있다고 했다. 공장
부지는 1만 평이 훨씬 넘는 대단한 규모였
다. 내부에서 자동차를 타고 이동해야 할
정도다. 경찰은 안이 텅 비어 있는 공장 건
물들을 보여줬다. "독극물이 보관되어 있
는 창고를 보여달라"고 하자, 폐쇄되어 들
어갈 수 없다고 했다. 그러면서 몇 백 평
규모는 되어 보이는 한 창고로 데려갔다.
건물로 들어가는 대부분의 문은 벽돌을
쌓아올려 막혀 있었고, 한 곳만이 출입구
로 남아 있었다. 하지만 새로 만들어 놓은
듯 붉은색 철제 셔터가 굳게 닫혀 있었다.
인부 3명이 사다리를 놓고 건물의 창문을
벽돌로 밀봉하고 있었다. 이제야 공장 창
고를 폐쇄하는 늑장 조치를 취하고 있는
중이었다.

　시민단체 사무실에서 보았던 현장 내의
방치된 독성 물질이 건물 안에 들어 있는
게 분명했다. "볼 수 있느냐"고 묻자 "연방
수사국이 직접 관할하고 있어 허락 없이는 불가능하다"는 답이 돌아왔
다. 방문 전 미리 본 사진에 따르면 이 창고 내부에 보관돼 있는 일부 화

❶ 공장 창고 창문을 밀봉하는
　인부들.
❷ 문제의 창고.

학물질이 용기 밖으로 흘러나와 있었다. 사건 발생 20여 년이 지났는데, 이제야 독극물이 정리되고 있다니, 믿을 수 없는 일이었다. 그나마 현장에서 완전히 제거되지도 않고, 건물 안에 독성 물질을 한데 모아놓고 있는 수준이다.

보팔 사건은 20여 년이 지났지만, 현장의 독성 물질 청소조차 하지 않는 미국 기업의 오만함, 주민 보호에 앞장섰어야 할 인도 당국의 무능이 만든 합작품이었다. 방치된 주민들만 피눈물을 흘릴 뿐이었다.

유니언 카바이드 공장 공터에서 크리켓을 하는 한 아이에게 "앤더슨이 누군지 아느냐고?" 물어봤다. 워런 앤더슨은 사고 당시 유니언 카바이드 미국 본사 회장이다. 사건에 대해 책임을 져야 하는 인사다. 그는 인도 법정의 소환 요구에 응하지 않았다. 인도 정부도 미국과 범인인도 협정이 체결되어 있었지만 그의 인도를 적극적으로 요구하지 않았다. 그에 대한 사법 처벌이 외국 기업의 인도 투자에 찬물을 끼얹지 않을까 우려했기 때문이다.

아이는 필자의 질문에 대해 "허수아비effigy의 이름"이라고 했다. 그는 앤더슨이 누군지는 모르나, 시민단체들이 유니언 카바이드 측의 적절한 조치를 요구하며, 거의 매년 앤더슨의 허수아비를 만들어 시위 때마다 규탄하던 그 모습을 기억하고 있었다.

인도항공은 도무지 예측 불가

1박 2일의 보팔 여행은 다음날 밤 7시 30분 델리행 '인도항공' 비행기를 타면서 끝났다. 보팔에 갈 때도 인도의 국내선 국영 항공인 인도항공을 탔다. 델리를 떠나는 인도항공은 무려 두 시간 가까이 연발했다.

국영 항공에서 흔한 일이었다. 이 때문에 돌아오는 비행기도 좀 연발하겠지라고 생각했다. 두르다르샨 방송의 디샤 기지와 그의 남편을 만나 인도식 차 짜이를 느긋하게 마시며 얘기를 나눈 뒤, 시간을 빠듯하게 남겨놓고 비행장으로 출발했다.

헌데 이게 웬일인가? 비행기가 정시에 출발한다는 것이었다. 체크인 창구가 마감되기 직전이었다. 서두르고 또 서둘러 간신히 수속을 마쳤다. 비행기에 헐레벌떡 올라탄 뒤, 옆자리의 인도인에게 "인도항공이 연발하고 연착하는 데 익숙해져 공항에 늦게 나왔다가 애를 먹었다"고 말했더니 그는 "인도항공은 도무지 예측 불가"라며 고개를 좌우로 흔들었다. 그래서 그와 함께 웃었다.

보팔 참사의 현장을 오늘까지도 진행형으로 방치하는 인도 당국이나 그 정부가 운영하는 국영 항공사가 똑같이 한심스러웠다.

통제 불능의 집단행동
부바네스와르

고대 칼링가 왕국의 수도였고 힌두 사원의 도시로 유명하다. 1948년 오리사의 주도가 되었다. 고대 마우리아 왕조의 3대 왕인 아소카 왕이 '제국' 건설의 마지막 단계에 치른 칼링가 전투로 유명하다. 아소카 왕은 칼링가 고대 왕국을 제압하고 제국을 완성했다. 기원전 265년 혹은 264년 때의 일로 판단된다.

"평소에는 철광석을 실은 트럭들이 도로에 가득합니다. 이 지역 북쪽의 다이타리에 철광산이 있거든요. 트럭들은 그걸 실어 파라딥Paradip 항구까지 갑니다. 그런데 지금은 한 대도 보이질 않네요."

인도 동부 오리사Orissa의 주도 부바네스와르에서 북쪽으로 100킬로미터 떨어진 칼링가 나가르 공업단지로 가는 길이다. 부바네스와르의 트라이덴트 호텔에서 소개받은 50대의 오리사어 통역 프레마 샤인이 길 앞을 바라보며 말한다. 들고 간 지도에 따르면 우리는 지금 'NH200', 즉 '200번 국도'를 달리고 있다. 이 도로의 반대쪽 방향 끝에는, 포스코가 120억 달러를 들여 연 1,200만 톤 규모의 일관제철소를 짓고 있는 파라딥 항구가 있다.

부바네스와르를 떠나 차로 달린 지 40여 분이 지났다. 콜카타(옛 캘커타)로 가는 5번 국도(황금사각형 고속도로의 일부)를 타고 북동쪽으로 가다가, 소도시인 바르하차나에서 빠져나와 2차선 포장도로를 타고 북쪽으로 달리고 있다.

집단행동 앞에 무기력한 정부

20일 전 칼링가 나가르 공업단지에서 유혈 사태가 벌어졌다. 공단 내 부지에 제철소를 짓기 위해 타타 스틸이 공사에 나섰다가 이주를 거부하는 지역 주민과 충돌한 것이다. 현장에 있던 경찰이 발포, 주민 12명이 사망했다. 경찰관도 1명 죽었다.

200번 국도 곳곳에 경찰 검문소가 보인다. 경찰은 필자가 탄 차량을 특별히 제지하지는 않았지만 분위기는 긴장되어 보였다. 트럭들이 한 대도 보이지 않는 이유는 금세 밝혀졌다. 키가 수십 미터나 되는 도로변 가로수들이 도로 쪽으로 누워 도로를 막고 있었다. 누군가 도끼로 찍어 가로수의 큰 가지를 도로 쪽으로 눕혀놓은 것이다. 조금 더 가니 도로 위에 어른 머리보다 훨씬 큰 돌들이 가로로 길게 쌓여 있었다. 이런 장애물이 몇 백 미터마다 나타났고, 장애물 틈새로 요리조리 빠져나가던 필자가 탄 차량은 마침내 더 이상 나아갈 수 없게 되었다.

❶ 철광석을 실은, 끝이 없는 트럭 행렬.
❷ 파라딥 어촌 풍경.
❸ 어시장 건물 위의 장식.

도로를 차단한 건 지역 주민들이 경찰의 접근을 막기 위한 조치였다. 주요 간선도로를 시위대가 차단하고 차량 왕래를 막는 상황은 한국에서의 경험으로 보면 '소요'에 해당하는 중대 사태다. 국도 봉쇄와 같은 행동은 법질서 유지를 책임진 정부 당국으로서는 용납할 수 없다. 그런데 소요 사태에 대처하기 위해 출동한 경찰은 보이지 않는다. 주민의 도로 봉쇄로 철광석 운반 트럭 1만 5,000대가 발이 묶여 있다. 인근 지역에서 만난 트럭 운전사 비제이 나야크는 "400~500대만이 우회 도로를 돌고 돌아 파라딥까지 간신히 운행하고 있다"고 말했다.

부바네스와르에서 빌려 타고 간 승용차를 세워놓고 걸어가기로 했다. 몇 백 미터 앞으로 가니 생각보다 빨리 마을이 나왔다. 각종 구호를 써붙인 대형 천막들이 길옆에 보였다. 주민으로 보이는 사람들과 외부에서 농성 지지를 위해 온 사람들 100여 명이 천막 속에 눕거나 앉아 있었다. 농성장이었다. 대형 현수막에는 '이주에 반대한다', '경찰은 주민에 대한 공격을 중단하라'고 쓰여 있다. 천막 옆 넓은 공터에는 무언가를 불태운 흔적이 있다. 물어보니, 사고 현장에서 숨진 주민들을 화장한 곳이라고 했다. 힌두들은 매장을 하지 않고 모두 화장한다(무슬

각종 구호를 써붙인 대형 농성 천막.

림은 매장한다. 인도에서 무덤을 보면 대개 무슬림의 것이라고 생각하면 된다).

"우리 이 땅을 떠나지 않을 것입니다. 앞서 시행된, 다른 업체들이 들어선 지역에 살았던 주민 이주 정책이 만족스럽지 않았습니다. 진달스틸Jindal Steel & Power 때도 그랬습니다. 우리가 이곳을 떠나면 정부는 보상을 제대로 하지 않고, 일자리 제공 등의 약속도 지키지 않을 게 분명합니다." 암부가리아 마을의 지도자 차크라다라 하이브로는 타타 스틸이 300만 톤 규모의 제철소를 짓는 데 자신의 땅 22에이커(2만 7,000평)를 부당하게 수용했다면서 정부 비판에 열을 올렸다. 타타 스틸 공장이 들어설 24만 5,000평의 부지에는 12개 부락 주민 1만여 명이 살고 있다.

토지대장이 정리되어 있지 않은 나라

보상만 잘해주면 되는 것 아니냐고 생각할 수 있다. 하지만 인도 특유의 변수들이 있다. 우선 보상을 해주려고 해도 누구에게 보상해야 하는지 불분명한 경우가 많다. 주민들에 따르면 칼링가 나가르 지역의 경우, 지난 1928년 이후부터 토지대장이 정비되지 않았다. 소유주는 계속 바뀌었지만 법적으로 등기가 되어 있지 않으니 누가 소유주인지 알지 못한다. 이로 인해 실제 소유주를 찾아 보상하는 작업이 쉽지 않다. 1928년이면 영국 식민지 시절이고, 인도는 그로부터 17년 후에 독립했다. 그리고 60년도 훨씬 더 지났다. 21세기에 토지대장이 정리되어 있지 않은 나라가 있다니 기가 막힌 일이다.

게다가 일부 주민의 무지는 안타까울 정도다. 찬디아 마을에 사는 40대 여성 소비타 자무타는 "30에이커(약 3만 6,000평)의 땅을 갖고 있다. 타타 스틸에 아직 소유권이 넘어가지 않았다"고 말했다. 오리사 주정부의 산업개발공사IDCO는 지난 1992년 칼링가 나가르 공업단지를 조성하고, 주민들에게 보상을 한 뒤 토지 수용 절차를 마쳤다. 주정부는 이후 철강 경기가 주춤하자 입주 업체를 찾지 못하다가, 2년 전에야 타타 스틸에 1,600만 달러(약 160억 원)를 받고 공장 부지를 팔았다. 소유권이 바뀐 지 10여 년이 지났으나, 주민들은 자신들이 살던 곳에 계속 거주해온 탓인지 자신들의 논밭이 넘어간 줄도 모르고 있었다.

보상금이 나온다 해도 주민들에게 전액 전달되기란 상상하기 힘들다. 인도 공무원들의 부패는 악명 높다. 1,000만 원의 보상금이 나왔다면, 이중 50% 가까이가 중간 과정에서 새어나간다. 최종적으로 주민들의 손에 들어가는 돈은 훨씬 적다. 인도 정부가 빈민 구제를 위해 독립 이후 수많은 프로그램을 시행했지만, 매번 공무원들의 배만 불렸을 뿐이다. 한 주민은 "암부가리아 마을 주민의 90%가 보상금을 받지 못했다"고 말했다.

강제 이주에 목숨 걸고 저항하는 주민들

칼링가 나가르 사태는 외부 세력이 개입하면서 확대됐다. 농성 현장에는 이들의 투쟁을 지원하기 위해 인근 지역에서 온 사람들이 적지 않다. 카나라 나에크(28)는 칼링가 나가르에서 남쪽으로 450킬로미터 떨어진 라야가다Rayagada 행정구역 내 쿠체이 파다르 지역에서 동조 농성을 위해 왔다고 했다. 그는 "주민들의 경제적 수입은 숲에서 나온다. 그런데 숲을 주민들로부터 가져가면 어떻게 사나? 그래서 연대 투쟁하러 왔다"라고 말했다. 지난 2000년 12월 경찰의 발포로 주민 3명이 숨진 인도 내 보크사이트 매장량의 70%가 있는 인근 카시푸르 지역에서도 200명이 동조 농성을 하러 왔다고 했다. 필자가 도착하기 3일 전에는 주정부가 있는 부바네스와르에서 4,000여 명이 모여 강제 이주 반대 시위를 벌였고, 10여 일 후 있을 주의회 회기 시작일에 맞춰 대규모 시위를 준비하고 있었다.

칼링가 나가르 마을 주민은 인도 사회 내 최약자 중 하나인 '법정부락민STs, Scheduled Tribes'이다. 법정부락민은 밀림 등 외딴 지역에 사는 원주민을 일컫는데, 인도 전체 인구의 8.3%인 8,400만 명(2001년 인구조사)을 차지한다. 헌법에 인도 전역의 '법정부락민'들이 구체적으로 명시돼 있으며, 오리사 주에는 63개 법정부락민이 있다. 칼링가 나가르 지역 주민은 법정부락민 중 '문다munda' 커뮤니티에 속한다. 법정부락민은 '아디바시Adivasi'라고도 불리며, 불가촉천민인 '법정 카스트SCs, Scheduled Castes'와 함께 인도 사회의 양대 최하층 계급을 구성한다. 계급인 카스트에는 속하지 않으나 사회적 약자로 보호받고 있다.

주민들과 경찰이 충돌했던 칼링가 나가르 내 찬파코일라 마을 앞 논. 20대 파푸 지무다는 필자에게 당시 현장 목격담을 전했다. 추수가 끝난 넓은 논에 불도저를 앞세우고 타타 스틸 측이 부지 공사에 나섰다. 타타 스틸은 인근에 철조망을 세우고, 담도 쌓는 등 조금씩 작업을 해오고 있었다. 하지만 주민 반발로 인해 별 진전이 없었다. 이날 타타 스틸 측은 주민들이 방해에 나설 것을 예상하여 경찰에 지원을 요청했고 200명의 무장 병력이 배치됐다.

주민들도 400명가량 몰려 나왔다. 일부 부락민들은 집에 있던 활과 화살을 들고 나왔다. 활은 부락민들이 전통적으로 집에 갖고 있는데, 부락민 자존심의 상징이기도 하다. 주민들은 넓은 논의 한쪽에 자리 잡은 찬파코일라 마을 쪽에서 구호를 외치고 있었다. 경찰은 NINL(닐라찰 이스팟 니감) 등 철강 업체들이 보이는 공단 내 아스팔트 도로를 배경으로 서 있었다. 양측의 대치가 계속되다가 결국, 오전 11시 15분 총소리가 나고 말았다.

지무다는 논두렁으로 필자를 데리고 가 사건 이후 20일이 지났는데도 선명하게 남아 있는 핏자국을 보여준다. 핏자국은 지름이 30센티미터가 넘었다. "40대 여자가 경찰한테 맞아 머리에 피를 흘리고 여기서 죽었습니다."

포스코의 고민

칼링가 나가르를 눈여겨보아야 하는 이유는 인도에서 대규모 투자가 얼마나 힘든지를 보여주는 현장이기 때문이다. 이해 조정이 쉽지 않고, 물리적인 유혈 충돌로 사태가 비화되는 일이 너무 흔하다.

포스코의 오리사 제철소 건설 프로젝트는 인도 역사상 최대 규모의 외국인 직접투자FDI다. 투자 규모는 120억 달러(약 12조 원). 포스코도 당초 부지 중 한 곳으로 칼링가 나가르를 주정부로부터 제의받았다. 포스코는 이곳이 내륙이라 물류비용이 많이 든다고 판단하여 이곳에서 150킬로미터 떨어진 항구 도시 파라딥 인근을 부지로 선택했다.

포스코 부바 사무실.

포스코도 칼링가 나가르 사태를 예의주시했다. 자신들의 프로젝트가 영향을 받지 않을까 매우 조심스러워했다. 포스코는 2010년까지 전체 1,200만 톤 생산 규모 중 1단계 공정을 완공한다는 목표를 갖고 있다. 공장 부지를 매입하고, 그곳에 살고 있는 주민 1,000여 명을 이주 시키는 게 프로젝트 초기 단계의 가장 큰 일이다. 당초 2006년 말까지 토지 매입과 주민 이주를 완료한 뒤 담을 칠 계획이었다. 하지만 2007년 10월까지로 토지 매입 시한을 늦췄다. 광권 확보도 지연되고 있다. 오리사 주정부는 당초 시원시원하게 도와줄 듯이 말은 했으나, 실제로는 관련 승인 서류를 연방정부로 빨리 보내지 않는 등 다른 태도를 보이고 있다. 그러니 포스코 인도법인 조성식 사장이 속을 끓일 수밖에. 이구택 포스코 회장도 이로 인해 "인도 프로젝트를 생각하면 밤에 잠이 잘 안 온다"고 필자에게 털어놓기도 했다.

포스코 제철소가 들어설 지역은 파라딥 항구 인근 자갓싱푸르Jagatsingpur 지역에 있다. 2005년 10월 필자가 공장 예정지를 찾았을 때 포스코 관계자들은 자신들이 공장을 지을 땅에 발을 들이지 못하고 있었다. 토지 조사를 하던 중, 주민들의 반발에 부딪혀 작업이 중단된 상태였다. 필자와 동행했던 포스코 인도법인의 김성권 차장은 포스코 직원이라는 사실을 숨기고 들어갔다. 주민들은 필자가 기자인 점을 감안

❶ 해안가에 자리 잡은 포스코 공장 부지.
❷ 포스코 공장 부지 거주 주민들.

하여 부락에 들어오도록 허용했다. 포스코가 공장을 지을 땅은 대부분 해안가에 자리 잡은 논이었다. 그리고 주민들은 인도 사람들이 즐겨 씹는 '구장(인도 사람들이 '베텔betel'이라고 부르는 나무로, 인도 남자들은 베텔 잎을 씹는 걸 좋아한다. 붉은색의 침을 뱉는 사람을 인도 거리에서 흔히 볼 수 있는데, 베텔을 씹은 것이다)'을 특용작물로 키우고 있었다.

주민들의 이야기는 한결같았다. 포스코 제철소가 들어서는 데 앞장서 반대하는 주민 타밀 프라단(30대)은 "많은 공장이 인근 지역에 들어섰으나, 강제 이주당한 주민들이 덕 본 건 없다"고 말했다. 그는 "땅을 잃고 말 뿐, 그보다는 지금처럼 구장을 재배해 수익을 올리는 게 훨씬 낫다"고 말했다.

이 지역의 마을 대표회의인 판차야트 사무실에서 만난 전직 교장 수레시 찬드라 모하다트라는 차분했지만 단호했다. 그는 "포스코 공장이 들어서면 오리사 주 전체적으로는 도움이 될지 모르지만 우리는 손해"라고 말했다. 그는 인도석유공사IOCI가 인근 지역에 지난 2000년 공장을 지었고, 주민들을 이주시켰지만 당초 그들에게 약속한 보상금 지급과 취업 약속은 지켜지지 않았다고 했다.

공장 예정지 해변가 동네인 놀리아사히는 매우 아름다웠다. 앞바다에서는 새우가 많이 잡힌다고 한다. 해변가 바로 앞바다에는 대형 사주沙洲가 있었고, 그곳에는 울창한 숲이 형성되어 있었다. 언젠가 사이클론이 이 지역을 덮쳤을 때 그 숲 덕분에 마을은 최악의 바람 피해를 피

156

할 수 있었다고 주민들은 말했다.

포스코의 김 차장은 이곳이 향후 제철소의 항만이 될 장소라고 말했다. 그 뒤 육지 쪽으로 펼쳐진 논 사이에 자리 잡은 마을들은 키 큰 야자수에 폭 파묻혀 있어 한 폭의 그림 같았다. 하지만 이곳에서 또다시 칼링가 나가르와 같은 일이 벌어지지 않으리라 장담할 수는 없다. 부패한 공무원, 제대로 된 주민 이주 계획을 세워서 집행하지 못하는 당국, 그들에게 희생당하지 않기 위해서 목숨을 걸고 저항하는 주민들……. 이 때문에 인도에서는 무슨 일을 벌이기가 쉽지 않다.

칼링가 나가르 사건 발생 1년 뒤인 2007년 1월 2일, 국제사면위원회 Amnesty International는 성명을 내놓았다. 국제사면위원회는 오리사 주정부를 비판했다. "경찰 발포로 주민 12명이 사망한 지 1년이 지났으나, 주당국은 발포와 관련된 경찰을 한 사람도 처벌하지 않고 있다. 신속한 정의 구현을 요구한다." 인도 정부는 늘 이런 식이다. 포스코가 골머리를 앓는 것도 이 때문이다. 그렇다고 포기할 수도 없는 기회의 땅이기에 더욱 어렵다.

❶ 링가라즈 사원. 50여 개의 탑에 싸여 있는 성스러운 곳으로 중앙의 탑 높이가 40미터가 넘는다. 코끼리를 밟고 있는 사자상이 유명한데 힌두교가 불교를 눌렀는 것을 상징한다.

❷ 묵테스와르 사원. 오리사 주 건축물 중에서 가장 아름다운 곳으로 손꼽는다. 사진 맨 앞의 아치형 토라는 한 개의 돌로 만들어졌다.

❸ 우다야기리에는 35개의 석굴 사원이 있는데 그중 제1굴이 가장 유명하다. 가장 오래되었으며 규모가 클 뿐만 아니라 보존 상태도 양호하다. 2층 석굴의 세 벽에는 고대 설화를 주제로 한 부조가 새겨져 있다.

❹ 고대 인도 최대의 전투라 불리는 칼링가(지금의 오리사 주) 전투를 통해 전쟁의 참상을 깨달은 아소카 왕은 이후 불교에 귀의, 불교의 가르침을 전파하기 위해 기둥이나 바위에 칙령을 새겼다.

갈 길 먼 인도, 비즈니스 하기 어려운 나라

인도는 브릭스BRICs 5개 나라 중 하나로 장래가 주목받고 있지만 현실은 까마득하다.

세계은행 산하기구인 국제금융공사IFC, International Finance Corporation가 2006년 9월 6일 내놓은 〈2007년 비즈니스 하기 Doing business 2007〉 보고서를 보면 인도는 전체 175개국 중 134위다(한국은 23위). 그나마 2005년보다 4계단 순위가 올라간 게 위안이라면 위안이겠다.

인도 인근 지역 국가들의 순위 역시 모두 지지부진하다. 전반적으로 이 지역이 아직 활력을 찾지 못하고 있다. 그중 파키스탄이 제일 좋아 74위(전년도 66위)이고, 방글라데시 88위(전년도 81위), 스리랑카 89위(전년도 89위), 부탄 138위(전년도 143위), 아프가니스탄 162위(전년도 159위)다.

〈타임스 오브 인디아〉에 나온 국가 순위를 보니 자신들보다 나은 파키스탄, 방글라데시, 스리랑카 얘기는 기사 중에 언급하지 않고, 표에만 나와 있다. 인도가 파키스탄보다 훨씬 못하다는 건 자존심이 좀 구겨지기 때문인가.

조사 항목은 '창업하기', '면허 받아내기', '직원 고용', '자산 등록', '은행 대출', '투자자 보호',

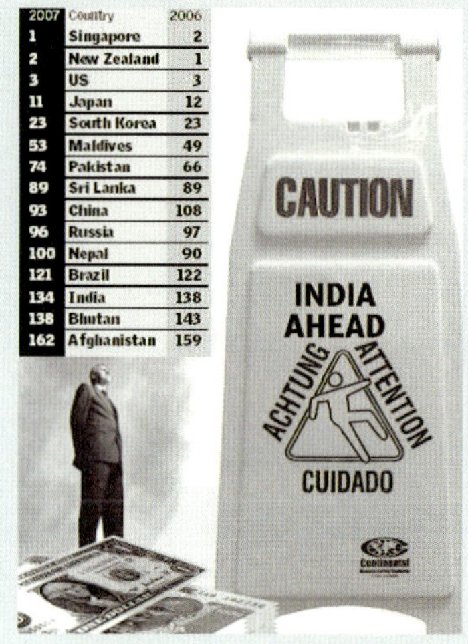

2007	Country	2006
1	Singapore	2
2	New Zealand	1
3	US	3
11	Japan	12
23	South Korea	23
53	Maldives	49
74	Pakistan	66
89	Sri Lanka	89
93	China	108
96	Russia	97
100	Nepal	90
121	Brazil	122
134	India	138
138	Bhutan	143
162	Afghanistan	159

〈타임스 오브 인디아〉에 나온 그래픽 자료.

'세금 납부', '외국과의 거래', '계약 이행', '폐업'이다. 구체적으로 들여다보면 '창업'의 경우 2005년 102위에서 2006년 88위로 많이 올라섰는데, 11단계를 거쳐야 하고 모두 35일이 소요되는 것으로 조사됐다. 1위인 호주는 단 이틀 걸린다. 이 부분은 지구촌 전체적으로 두드러지게 개선된 분야이기도 한데, 각국이 창업을 쉽게 하기 위해 몸부림을 친다는 얘기가 되겠다.

'면허 받아내기'는 155위, '직원 고용'은 112위, '자산 등록'은 110위, '은행 대출'은 65위, '투자자 보호'는 33위, '세금 납부'는 158위, '외국과의 거래'는 139위, '계약 이행'은 173위, '폐업'은 133위로 조사됐다. 이중 전년도에 비해 순위가 떨어진 항목은 '폐업'과 '자산 등록'이고, 크게 개선된 분야는 '은행 대출'이다.

인도는 금융업이 발달되어 있는데, 이런 현실을 반영하는 듯하다. LG전자 인도법인도 10년 전 창업 당시 자금의 상당액을 인도은행에서 조달한 바 있다. 당시 외환위기를 맞아 국내 상황이 안 좋아 LG전자는 서울에서 충분히 자금 지원을 받지 못했다.

2부

우리가 모르는 인도

1장

GANGOTRI

AHMEDABAD

AMRITSAR

KOCHIN

DHARAMSALA

영적인 나라 인도는 없다

인도에 살다 보면 '세속주의Secularism' 라는 말을 많이 듣는다. 우리가 흔히 사용하는 세속주의와는 의미가 다르다. 모든 종교를 차별하지 않고 똑같이 존중한다는 개념이다. '세속주의' 란 제정 분리다. 국가와 종교가 분리된다는 뜻이다. 인도를 대표하는 정당인 국민회의당이 내세우는 기치가 세속주의이다. 자와할랄 네루 초대 총리 이후 만신창이가 된 국민회의당이 오늘날까지 유지하고 있는 유일한 가치이기도 하다.

반면 국민회의당의 최대 경쟁자인 인도인민당BJP은 힌두교도들을 위한 국가를 만드는 걸 목표로 한다. 힌두란 특정 종교와 문화를 계승하고 보존하려는 정강을 갖고 있으므로 BJP는 힌두 국가주의자 혹은 힌두 민족주의자 정당이라 불린다. 인도 사회 내 이런 흐름을 힌두트바hindutva 운동이라고 한다. BJP 입장에서 보면 힌두 국가를 만드는 데 있어 최대 장애물은 자국 내 무슬림들이다. 인도 인구의 약 10%인 무슬림들은 이들이 보기엔 '악의 축' 이나 다름없다.

세속주의와 힌두 국가주의의 충돌

인도 현대사는 '세속주의' 를 내세우는 국민회의당과, '힌두 민족주의' 를 내세우는 BJP 간의 충돌로 점철되어 있다. 국민회의당 지도자였던 마하트마 간디를 암살한 건 힌두 민족주의자인 나투람 고드세Nathuram Godse였다. 힌두 우파 이념은 20세기 초반 인도 사회에서 떠올랐고, RSSRashtriya Swayamsevak Sangh를 중심으로 사회 저변으로 확산되다가, 1980년대 인도 정치의 한 축을 형성하는 강력한 정치 집단 BJP로 정치권에 크게 자리 잡았다. BJP는 국민회의당이 내세우는 '세속주의' 를 '의사擬似 세속주의' 라고 비판한다. 힌두와 무슬림 등 모든 유권자의 표를 얻으려는 선거 전략일 뿐이라고 그들은 주장한다.

양대 종교 간 갈등은 이슬람이 12세기 인도 아대륙에 들어오면서 시작되었다. 아프가니스탄 고원 지대에서 힌두스탄 평원으로 내려와 13세기에 '델리 술탄 시대'를 연 침략자의 종교가 이슬람이었다. 이후 무굴제국을 거쳐 이슬람은 인도 땅에서 지배자의 종교였다. 반면 힌두교는 지난 800년에 가까운 기간 동안 피지배자의 종교였다. 1857년 '세포이의 난' 직후 무굴제국이 무너지고 영국의 식민 통치가 진행되면서 '무슬림' 대 '힌두'의 오랜 역학 구도에는 변화가 예고되었다.

무슬림의 고통

영국의 식민 통치가 끝나고 인도가 독립할 경우 예상되는 종교적 갈등은 소수인 무슬림 입장에서는 공포가 아닐 수 없었다. 선거 민주주의가 도입되면, 인구의 다수를 차지하는 힌두가 승리할 것이 분명했다. 이슬람 신자들을 대표하는 무하마드 알리 진나Muhammad Ali Jinnah(1876~1948년)의 '무슬림 연맹'은 결국 무슬림을 위한 별도의 국가를 꿈꿨다. 영국 식민 통치자들에게 접근하여 인도의 2차 세계대전 참전을 지지하는 대가로 파키스탄을 얻어냈다. 1948년 식민 통치에서 벗어난 인도에서 파키스탄이 떨어져 나가면서, 현재의 인도 땅에 사는 많은 무슬림들이 파키스탄으로 넘어갔다. 하지만 파키스탄으로 넘어간 무슬림들이 그곳에서 환영받은 것은 아니었다. 그들은 '이민자Mohajir'라는 말을 들으며 차별 대우를 받았다. 인도 출신자들은 군부와 정부 기관 요직에 진출하는 데 어려움을 겪었다.

그리고 인도 땅에 남은 무슬림들은 인도에 대한 애국심을 끊임없이 의심받고 있다. 힌두 우파들은 인도 내 무슬림들을 '파키스탄의 첩자' 쯤으로 여긴다. 파키스탄 방송인 P-TV를 보고, 그들의 음악을 듣고, 파키스탄의 정보기관인 ISIInternal-Service Intelligence에 협력한다고 본다. 국경선 어느 쪽에 있거나 인도 출신 무슬림들은 고통을 겪고 있다.

　　인도 무슬림은 힌두에 비해 교육 수준과 생활 수준이 낮다. 이 같은 문제가 2006년 인도 의회에서 제기되기도 했다. 이와 관련 무슬림들을 위한 공공 분야 내 일자리와 학교 입학 정원 쿼터 할당이 논의되고 있다. 소수자 보호를 위해 필요하다는 일부의 주장 때문이다. 인도 내 무슬림의 가난은 여러 가지 이유에 기인하지만, 그중 가장 큰 이유는 1948년 분단 직전, 무슬림 엘리트들이 새로운 기회를 찾아 파키스탄으로 대거 이주한 데 있다.

　　인도에서 전개되는 종교 집단 간 갈등을 보면, 우리가 그 동안 믿어 왔던 ‘영적인 나라’ 라는 인도의 이미지는 온데간데없다. 이 때문에 소설가 류시화가 말한 현자賢者의 나라 인도는 인도에 없다.

힌두 신들이 사는 신화의 땅
강고트리 GANGOTRI

'가르왈Garhwal 히말라야'. 인도에 1년 가까이 살면서도 델리 북쪽 히말라야 산중에 힌두교의 성지가 있는 줄 몰랐다. 히말라야는 힌두 신들이 사는 신화의 지역이다(그리스 신화의 주인공들이 올림포스 산에 사는 것과 비슷하다). 뉴델리에서 동북쪽으로 300~400킬로미터 정도 떨어진 곳이다. 행정구역으로는 우타라칸드(옛 우타란찰)Uttranchal. 동쪽으로 네팔과 접하고, 북쪽으로는 티베트에 닿아 있다.

가르왈 히말라야의 힌두교 4대 순례지 중 한 곳인 강고트리Gangotri는 갠지스 강이 시작되는 지점으로 성지다. 힌디어로 강고트리의 '강고'는 '강가Ganga(갠지스)'를, '트리'는 '떨어진다'는 뜻이다. 강가가 하늘에서 떨어지니 강의 시원지일 수밖에 없다. 강고트리 이외에, 파괴의 신인 '시바Shiva의 집'이라 불리는 케다르나트Kedarnath, 유지의 신인 '비슈누'Vishnu가 산다는 바드리나트Badrinath, 델리 옆을 흐르는 야무나 강의 출발점인 야무노트리Yamunotri가 4대 순례지인 '차르담 야트라Chardham Yatra'에 속한다. 시바와 비슈누는 창조의 신 브라흐마Brahma와 함께 힌두 신화의 걸출한 3대 주인공이다.

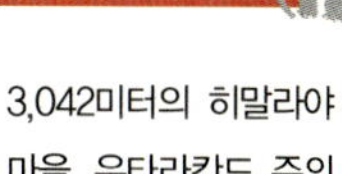

해발 3,042미터의 히말라야 산중 마을. 우타라칸드 주의 웃타라카시 행정구역에 있다. 강가(갠지스)의 근원이자, 힌두 신화 속 강가 여신이 있는 땅이라고 일컬어진다. 힌두들의 차르담 야트라(4대 순례지) 중 한 곳이다. 리시케시나 하리드와르에서 차량으로 하루 거리. 인구는 606명(2001년 인구 조사).

강가의 출발점을 보기 위해서는 비교적 큰 배낭을 꾸려야 했다. 히말라야 산중에 깔끔한 호텔이 있을 것 같지 않았고, 강고트리에서 강가의 실질적인 시작점인 강고트리 빙하가 있는 '고묵Gaumukh'까지 트레킹을 해야 했기 때문이다.

델리에서 기차를 타고 출발, 히말라야로 들어가는 관문인 하리드와르Haridwar에 간 다음, 그곳에서 시외버스를 타고 리시케시Rishkeshi를 거쳐 강고트리로 가는 일정 자체가 순례였다. 특히 하리드와르에서 강고트리까지 낡고 비좁은 시외버스에 몸을 싣고 13시간 30분간 히말라야 산중을 올라가는 일은 상당한 인내심을 요했다.

대관령 같은 굽이굽이 고개를 한두 개도 아니고 수십 개를 넘어야 했다. 7월부터 우기에 접어든 탓에 산사태가 난 지역이 많았다. 낙석들이 도로 위에 뒹굴고 있었고, 아스팔트 도로 한쪽은 수백 미터 아래 계곡으로 떨어져나가 있었다. 운행 시간이 길어지면서 필자가 앉은 좌석 바로 옆에서 핸들을 잡고 있는 30대 운전수에게 자꾸 시선이 갔다. 5시

❶ 순례 가는 사람들. 마치 천국을 향하는 사람들 같다.
❷ 고개 넘어 또 고개. 강고트리 가는 길은 참 멀었다.

간 이상 지나자 더욱 불안해져 그의 눈꺼풀
이 무거워지는지 더 자주 쳐다봤다. 처음에
는 중간에 운전수가 바뀌나 하는 생각도 들
었다. 하지만 그는 끝까지 갔다. 역시 인도
였다. 산길에 접어들자 처음에는 계곡 아래
를 쳐다보고 조바심을 냈으나, 시간이 지나
면서 점차 무덤덤해졌다. 별일 없겠지 하는
생각이 들었고, 필자도 졸기 시작했다.

아트라 차량. 트럭 위 장식이
요란하다. 이 차는 비교적 덜
치장한 편이다.

　힌두 순례자들에게는 강고트리에 가는 게 큰 축제였다. 버스가 강고
트리를 향해 다가갈수록 이상한 차림의 사람들이 나타났다. 주황색 티
셔츠와 주황색 바지, 주황색의 두건을 두른 사람들이 필자가 가는 방향
과는 반대쪽인 리시케시와 하리드와르를 향해 걷고 있었다. 그들은 순
례자들이었다. 고묵에서 성수聖水를 떠서 고향으로 가고 있었다. 물을
플라스틱 병에 담아 붉은색 천으로 포장해 지게 양편에 달아 어깨에 메
고 가고 있었다.

　필자처럼 뒤늦게 강고트리를 향해 순례를 가는 사람들도 많았다. 아
는 사람끼리 세를 낸 듯 트럭에 십여 명씩 타고 있었다. 트럭 앞뒤에는
시바 신의 대형 그림 패널을 내걸어놓고 그 위에 꽃술을 달아 장식했
다. 그리고는 대형 스피커로 요란한 음악을 울리며 강고트리를 향해 히
말라야를 계속 올라가고 있었다.

　아침 7시에 하리드와르를 출발한 버스가 강고트리에 도착한 건 어둠
이 산을 덮은 밤 8시 30분. 도로의 끝이 바로 버스 주차장이었다. 차에
서 내려 배낭을 찾으러 갔더니, 버스 뒤 트렁크에 들어 있던 배낭은 어
찌된 일인지 물에 푹 젖어 있었고 온통 흙투성이였다. 어처구니가 없
다. 다만 이런 경우에 대비해, 배낭 안의 물건들을 비닐봉지에 몇 개로

나눠 담은 데 위안을 할 뿐이다.

밤인데도 강고트리 중심가는 순례자들로 북적인다. 여관을 찾았으나 성수기라 방이 없다. 거리에서 만난 30대 초반의 남자를 따라가 하루 몸을 누일 곳을 찾았다. 나무로 만든 허름한 방갈로였다. 전깃불도 들어오지 않아 50대 주인장이 양초 두 개를 갖다 준다. 침구는 지저분하기 짝이 없다. 이럴 때를 대비해 챙겨온 군용 침낭을 꺼내 깐 뒤, 비스킷 몇 조각을 꺼내 입에 물고 하루 종일 제대로 먹지 못해 허기진 배를 달랬다.

몸은 지쳤으나, 힌두교의 만신전萬神殿에 들어와 있다는 생각에 가슴이 설렌다. 더구나 방갈로 바로 옆에서 들려오는 엄청난 물소리는 마치 천둥 벼락 같다. 지진이 난 듯 방갈로가 계속 미세하게 흔들리고 있다. 강가가 시작된다는 지점에서 들려오는 소리다. 숙소를 안내해준 30대 초반의 남자는 자신을 관광 가이드라고 했다. 이름은 뎁 바르모르. 인상이 좋아 다음날부터 안내를 받기로 했다. 하리드와르를 출발해올 때 한치 앞을 볼 수 없을 정도로 많은 비가 쏟아졌기에, 다음날 하늘이 맑게 개기를 빌며 잠을 청했다.

강고트리를 지나는 강의 이름은 정확히 말하면 '바기라티'다. 강고트리는 강가의 시원始源이나, 갠지스 강이 공식적으로 '강가'란 이름으로 불리기 시작하는 지점은 강이 히말라야 산중을 달려내려가 힌두스탄 평원으로 내달으면서부터다. 힌두스탄 평원으로 나가는 관문이 바로 하리드와르다. 때문에 하리드와르는 힌두교의 성지다.

성수를 지고 고행의 귀향길을 걷는 사람들

다음날, 방갈로의 나무 벽 틈새로 날이 밝았음을 느끼고 창문을 여니 이미 날이 환하다. 주변을 뒤흔드는 요란한 물소리를 찾아가 보니, 강고트리를 관통하는 바기라티가 보였다. 그야말로 대단한 격류다. 급한 경사를 따라 흘러내려가면서 물이 바위에 부딪히며 솟구쳐오른다. 폭은 10여 미터 안팎인데 수량이 엄청나다. 히말라야의 빙하가 녹은 물이다. 조금 아래에는 수십 미터 높이의 폭포도 있다. 수량이 많고 낙차가 크다 보니 그토록 큰 소리를 만들어낸다. 조금 위쪽 바기라티 주변에는 힌두 사원이 서 있고, 그 옆에는 이른 아침인데도 물을 떠 몸에 끼얹는 사람들로 북적거린다. 그 뒤로는 가르왈 히말라야의 속살인 계곡들이 길게 펼쳐져 있다. 계곡을 만드는 산꼭대기는 얼마나 높은지 보이지도 않는다.

강고트리 시내는 관광지다. 순례자들을 위한 티셔츠, 강가 물을 담아갈 수 있는 플라스틱 용기 등을 한데 모아놓은 '야트라(순례)용 세트'가 가게마다 수북이 쌓여 있다. 색상은 주황색이다. '샤프론'이라 불리는 주황색은 불을 의미하며, 번뇌와 욕망, 업을 태워버린다고 한다. 때문에 순례자들은 대부분 주황색 샤프론 옷을 입고 있다.

강고트리에서 고묵을 향해 발걸음을 옮기기 시작했다. 고묵은 '소의 입'이라는 뜻이다. 강고트리 빙하의 산 아래쪽 끝자락에 있다. 빙하

❶ 힌두 사원 옆을 흐르는 바기라티.
❷ 힌두교 수행자들 혹은 단순 동냥꾼들.

물이 녹아서 강가를 만들어내고 있다.

"옴 나모 시바여, 옴 나모 시바여!"

산을 향해 걸음을 떼면서 가이드인 뎁을 따라 시바 신에게 인사를 했다. '옴 나모 시바'는 시바 신에게 산에 왔음을 알리는 경배의 주문이다. 힌두교를 믿지 않지만 주문을 외니 마음이 경건해진다. 강고트리 국립공원 매표소가 나왔다. 뎁은 카메라를 휴대하고 있다고 하면 입장료를 10루피(약 220원) 더 내야 한다며 배낭 속에 집어넣으란다(비디오카메라를 갖고 있으면 그보다 더 내야 한다).

매표소를 지나니 본격적인 산행길이다. 완만한 경사의 길을 따라 걸음을 떼기 시작했다. 고묵까지는 18킬로미터. 이날 산행은 14킬로미터 떨어진 보즈바사Bhojbasa까지다. 고묵은 하룻길에 가기에는 멀었다. 계곡에 난 길은 산책길같이 완만하나, 고도가 있는 탓인지 숨이 이내 가빠졌다. 강고트리는 해발 3,042미터, 보즈바사는 3,792미터이니 약 750미터를 하루에 올라가야 한다.

위쪽에서 내려오는 힌두 순례자들이 "제이 볼리 키"라며 말을 던진다. 뎁이 '시바 신에 승리를'이라는 뜻이라고 귀띔을 해줬다. 필자도 "제이 볼리 키"라고 맞장구를 쳐줬다. 강가 여신이 있는 땅이라고 하지만 사람들의 관심은 시바 신에 있다. 시바 신은 파괴의 신인데, 여러 신들 가운데 가장 강력하다. 강하기 때문에 제일 인기가 있다. 순례자들의 목적은 고묵에서 강가 물을 떠서 시바 신 축제의 날인 '시바 라트리(2006년의 경우 7월 23일)'에 맞춰 자신의 고향으로 돌아가는 데 있다. 집 근처의 사원에 가서 시바 링감(시바의 성기 모양의 성물聖物)에 강가에서 떠온 물을 부으며 소원 성취를 기원한다.

강고트리 빙하를 찾아 올라가는 계곡 양편에는 힌두 신들의 흔적이 많다. 강고트리에서 보즈바사 지역을 향해 올라가는 길 왼편 산은 '수

다르샨Sudarshan'(6,712미터), 고묵을 지나 '타포반' 옆에는 '시블링Shivling'(6,540미터)이 있다. 이 지역에서 제일 높은 봉우리는 '바기라티 파르밧 제1봉Bhagirathi Parbat'(6,860미터)이다. 수다르샨은 우주 지킴이 비슈누가 들고 있는 원반 모양의 무기 이름이고, 시블링은 시바 신의 성기다. 바기라티는 강가 여신의 또 다른 이름이다.

순례자들은 '카놔리야Kanwariya' 라고 하는데, 대부분 남자다. 여자는 한두 명 보일까 할 정도다. 고묵을 향해 가는 순례길 곳곳에 식당 겸 휴게소가 있다. 카놔리야들은 강가 성수를 담은 플라스틱 통을 넣은 사프론 띠를 벗어, 휴게소 밖에 있는 나무받침대에 걸어놓았다. 성수 통을 넣어둔 샤프론 띠 수십 개가 나란히 걸려 있는 것도 순례철만의 진풍경이다. 성수 통을 땅에 내려놓으면 안 된다고 한다.

치르바사의 길거리 식당에서 점심을 먹고 앉아 있는데, 순례자 몇몇이 필자에게 관심을 보여왔다. 그들은 우타르프라데시UP 주 샤자한푸르에서 왔다고 했다. 우타르프라데시 주는 인도에서 가장 인구가 많고, 1947년 독립 후 가장 많은 총리를 배출한 지역이다. 델리 바로 오른쪽에 접해 있다. 순박한 농부들이었다. 6년째 매년 오고 있는데, 수백 킬로미터나 되는 거리를 걸어서 집으로 돌아갈 거란다. "왜 시바 신을 숭배하냐"는 질문에 "시바 신이 강하기 때문이다"라는 대답이 돌아왔다. 필자와의 대화가 끝나자 뭐라고 알 수 없는 구호를 외치고 그들은 다시 발길을 재촉했다.

가는 나무 기둥을 세우고 지붕에 천을 덮어놓은 간이 휴게소 안에는 수십 명의 순례자들이 끼니를 해결한 뒤 쉬고 있었다. 순례자들은 대부분 농부들로 보였다. 일부는 작은 북과 악기를 연주하며 노래하고 흥을 돋우고 있었다. 순례는 이들에게는 축제였다. 치르바사는 '나무가 있는 곳'이란 뜻이다. 간이 휴게소의 주인 D. S. 판와르는 "하루에 400~500명의 손님이 들른다"고 말했다. 7월 중순의 얘기다.

휴게소에서 1시간 30분간 쉰 뒤 보즈바사를 향해 걸음을 다시 옮겼다. 가끔 당나귀를 타고 가는 사람도 보인다. 강고트리에서 고묵까지 돈을 주고 이용하는 것이다. 2시간여를 걸어 오후 5시쯤 보즈바사에 도착했다. 보즈바사는 '천국'이라는 뜻이다. 강고트리를 출발할 때 보았던 울창한 숲은 사라지고, 이제 관목 지대로 변해 있다. 그만큼 고지대로 올라온 것이다. 보즈바사는 계곡 사이의 비교적 넓은 평지에 자리잡고 있다. 한쪽으로는 고묵에서 강고트리로 내려가는 물이 흐르고 있다. 아침 10시에 출발했으니 중간에 휴식 시간을 포함해서 7시간이 걸린 셈이다.

숙소는 우타르칸드 주정부가 운영하는 게스트하우스. 보즈바사에서 제일 큰 건물이라는데, 다 쓰러져가는 듯하다. 건물에 들어가는 대신 게스트하우스 마당에 쳐놓은 대형 천막을 택했다. 천막 안에는 8개의 침상이 놓여 있다. 하룻밤 투숙료는 240루피(약 6,000원). 시설은 엉망이나 50대로 보이는 매니저가 매우 싹싹했다. 저녁이 되니 히말라야의 산안개가 게스트하우스 코밑까지 내려왔다. 보슬비도 내린다. 내일 날

씨가 좋아야 할 텐데……. 바로 앞에는 바기라티 산과 시블링 산이 있다. 하지만 구름에 가려 봉우리들이 얼굴을 내보이지 않는다.

다음날 아침 일찍 발걸음을 시작했다. 고묵까지는 4킬로미터인데 평탄하다. 얼마 지나지 않아 멀리 푸른빛의 물체가 보였다. 거대한 빙하의 노출 부위였다. 아름다운 에머럴드 빛이다. 다가가 보니 빙하의 높이는 100미터가 훨씬 더 되어 보인다. 그 뒤로는 빙하가 산 위쪽으로 길게 형성되어 있는데, 10킬로미터가 넘는다고 한다. 빙하 위쪽은 흙과 돌로 덮여 있어 얼핏 거대한 얼음덩어리라는 사실을 모를 수 있다. 빙하의 끝, 그 아래쪽에서 빙하가 녹은 물이 흘러나온다. 폭이 족히 100미터는 되어 보였다.

물을 떠담는 사람, 물에 몸을 적시는 사람, 떠놓은 물 앞에서 경건히 기도하는 수많은 사람들로 북적인다. 빙하 물은 진흙을 머금은 듯 뿌옇다. 다른 한쪽에서는 종교 비즈니스가 한창이다. 강고트리 빙하에서 떨어져 나온 얼음덩이를 앞에 모셔놓고, 얼음 겉면에 돈을 붙이는 시주를

돌담을 쌓은 허름한 노상 사원
에서 시주하는 사람들.

권하는 힌두 사제도 보인다. 돌담을 쌓고 그 안에 시바 그림을 모셔놓
은 노상 사원도 있다. 사람들이 그 안에서 머리를 조아리며 계속 뭔가
를 빈다.

당초 '사원' 옆에 있었을 법한 빙하는 1킬로미터 가까이 산 위쪽으
로 후퇴해 있다. 지구 온난화 현상 때문에 빙하가 녹고 있기 때문이다.
1991년에는 여기가 고묵이었다고 쓰인 곳도 있다. 강고트리에서 우연
히 만난 델리 소재 자와할랄 네루 대학JNU의 밀랍 샤무르 교수(지리학)는
"1만 7,000년 전 당시에는 강고트리에 빙하가 있었다"고 말했다. 그는
"일정 시점부터 1년에 17~25미터씩 산 쪽으로 빙하가 후퇴해 현재는
강고트리에서 18킬로미터나 뒤로 올라가 있다"고 했다. 빙하가 후퇴하면
서 순례자들이 걸어야 하는 거리도 계속 늘어나는 셈이다. 그는 강고트리
의 강가 변에서 빙하의 흔적을 찾고 있었다. 빙하가 침식되면서 바위 표
면에 칼로 그은 듯한 상처를 남기는데, 이를 '채터 마크chatter mark' 라고 한
다. 실제로 바위에는 20~30센티미터 길이의 길게 패인 자국이 있었다.

고묵에서 강가의 성수를 뜬 순례자들은 이제 긴 여정을 시작해야 한다. 자신의 집까지 수백 킬로미터를 걸어간다. 순례자들은 우타라칸드 주 인근인 우타르프라데시, 하리아나Haryana, 델리 등 3개 주에서 온 이들이었다. 북인도의 힌두들이 사는 소위 '힌두 벨트' 주민들이다. 간혹 남인도에서 온 사람도 있었다. 순례자들은 가르왈 히말라야를 걸어 내려가 산이 끝나고 힌두스탄 평원이 시작되는 리시케시와 하리드와르를 거쳐 집으로 돌아간다.

하지만 필자는 강고트리로 돌아가는 대신, 고묵에서 산으로 더 들어갔다. 타포반이 목표지였다. 타포반은 힌두교 요기(남자 수행자)와 요기니(여자 수행자)가 있다는 고산의 평원 지대다. 시바의 성기라는 시블링 산 바로 아래에 있다. 거리는 얼마 되지 않으나 고묵보다 해발고도가 468미터 더 높고, 가는 길도 험하다.

오전 11시 45분 고묵을 출발해 왼쪽 길로 해서 강고트리 빙하에 올라탔다. 그리고 폭이 1킬로미터는 족히 넘는 빙하 지대를 가로질러 갔다. 빙하 지대의 겉면은 바위투성이여서 걷기가 몹시 불편했다. 빙하 지대 사이에는 곳곳에 갈라진 틈이 있는데, 이곳에 빠질 경우 돌이킬 수 없는 위험에 처할 수 있다. 해발고도가 높아질수록 걷기가 더욱 힘들어졌다. 앞서 가던 뎁이 필자의 속도에 맞춰 계속 속도를 줄이는데도 따라가기가 힘들다. 힘들게 빙하 지대를 건너자 이제는 '깔딱 고개'가 기다리고 있다. 경사가 60도는 넘어 보인다. 서울에서 산에 다니던 감으로는 그리 힘든 건 아닌데, 역시 고산 지대여서 산소가 희박한 탓인 듯했다. 게다가 빙하 지대에는 초목이 없어 같은 높이의 지대와 비교해도 산소가 더 희박하다.

얼마나 숨을 헐떡였을까. 한국에서는 깔딱 고개 올라가며 숨을 몰아쉬는 걸 즐기기도 했는데, 히말라야에서는 딴판이다. 경사길 바로 왼편

❶ 큰 바위 밑 공간을 이용해 만든 돌 움막집.
❷ 마타지 할머니가 차려준 맛있는 점심.

은 아예 낭떠러지다. 빙하가 내려가며 땅을 칼로 베어낸 듯 산의 옆구리를 떼어갔다. 정신도 아득한데 낭떠러지를 보니 더욱 현기증이 인다. 쉬고, 쉬고, 또 쉬고……. 그러면서 한 걸음씩 계속해서 올라갔다. 그러던 끝에 갑자기 푸른 풀이 보였다. 타포반이었다.

마치 환상을 보는 듯했다. 고산지대에 펼쳐진 초원은 아무도 보이지 않는 텅 빈 공간이다. 여기저기 돌 움막집이 보인다. 한참 걸어가니 초원 한가운데 있는 한 돌 움막집 앞에 인도인 순례자 몇 명이 앉아 있고, 안쪽에서 50~60대인 듯한 한 여인의 쩌렁쩌렁한 목소리가 들린다. 큰 바위 밑 공간을 이용해 만든 집이었다. 등산화 끈을 풀고 안으로 들어가보니 3, 4명은 누울 수 있는 규모였다.

고산증 증세가 심해졌다. 온몸에 기운이 없고 머리가 띵했다. 정신을 놓지 않고 누워 있는데, 압력솥이 밥 다 됐다며 김을 뿜어낸다. 히말라야 깊은 산중의 압력솥이라니. 순간 서울에서 아내 미형이 해주던 밥 냄새가 떠오르며 군침이 돌았다. 잠시 뒤 '마타지'라 불리는 할머니가 점심을 차려줬다. 안남미로 만든 밥이어서 당초 기대했던 맛과는 거리가 멀었지만 그렇게 맛있을 수가 없었다. 몸이 너무 힘들었던 탓인지, 밥상이 아니라 마타지에게 '보시'를 받은 듯했다. 밥을 먹으니 오후 2시 30분쯤 되었다. 침낭을 펴자마자 잠에 떨어져 다음날 아침까지 잤다. 그렇게 오래 자 보기는 난생 처음이었다.

마타지는 타포반에서 가장 존경받는 수행자다. 젊어서는 나체 수행으로 유명했다. 타포반에 온 지는 16년째, 남편은 몇 년 전에 세상을 떴다. 그는 여름철에만 타포반에 머물며 순례자들에게 침식을 제공한다. 돌 움막집 입구에 펼쳐놓은 푸른색의 작은 태양열 전지판을 통해 얻은 전기로 어둠을 밝히고 있었다. 마타지란 이름 중 '지'는 힌디어로 '님'에 해당하는 존경어다. 마하트마 간디와 같은 인물이 '간디지'라고 불린다.

타포반은 아름다웠다. 하지만 시블링은 다음날 아침에도 끝내 모습을 드러내지 않았다. 타포반 왼쪽으로 보이는 바기라티 봉우리들은 가끔씩 모습을 보였다. 시블링 정상을 보기 위해 마냥 기다릴 수는 없었기에 아쉽지만 내려가기로 했다. 시바의 성기가 어떻게 생겼는지, 왜 그런 이름이 붙었는지 보고 싶었으나 어쩔 수 없었다.

내려가는 길은 쉬웠다. 모든 세상 일이 이렇게 내리막길 같으면 좋겠다는 생각도 들었다. 타포반을 출발해 고묵에 도착한 건 1시간 20분이 지난 오전 11시 20분. 고묵에서 강고트리까지는 18킬로미터다. 순례자들과 앞서거니 뒤서거니 하면서 걸음을 재촉했다. 늦은 오후인 5시 40분, 강고트리 국립공원 입구를 빠져나왔다.

마하바라타를 모르고 인도를 얘기할 수 없다

강고트리에서의 마지막 날, 강가 여신을 모신 강가 변의 강고트리 사원을 찾아갔다. 힌두교를 믿는 네팔의 구르카족 장군이 18세기 이 지역을 점령한 뒤 사원을 세웠다고 한다. 지금은 인도 땅이지만 한때는 네팔 영토였다는 말이 된다.

❶ 푸자 드리는 사람들.
❷ 평화를 기원하며.

강고트리 사원은 강가 여신을 하늘에서 지상에 내려오도록 한 바기라타Bhagiratha가 명상한 자리라고 전해지는데, 《마하바라타Mahabharata》의 이야기를 만나는 곳이기도 하다. 《마하바라타》를 모르고는 인도를 얘기할 수 없다. 《마하바라타》는 또 다른 서사시 《라마야나Rāmāyana》와 함께 인도가 자랑하는 양대 서사시다.

《마하바라타》는 바라타족의 전쟁 이야기로, 사촌형제들인 코라바와 판다바 가문의 왕권을 둘러싼 싸움을 다루고 있다. 《마하바라타》는 그리스의 서사시 일리아드나 오디세이보다 10배나 길다. 특히 이 가운데 활을 잘 쏘는 판다바의 아르주나Arjuna와 그의 마차를 모는 크리슈나Krishna 사이의 대화는 '바가바드기타Bhagavadgītā'라는 이름으로 발췌돼 인도인의 사랑을 받고 있다. 인류 지혜의 정수 중 하나라는 평가를 받는다. 강고트리는 판다바 5형제가 전쟁을 승리로 끝낸 뒤 참회하기 위해 고행을 한 곳 중 하나로 알려져 있다.

강고트리의 힌두 사원 옆 강가 변에 앉아 있으니 노란 치마를 입은 한 힌두 사제가 다가왔다. 27세로 이름은 수르야 프라카시 셈왈. 셈왈 가문은 이곳에서 순례자들을 대상으로 푸자pooja(간단한 제사 의식)를 드려준다. 셈왈 가문은 지난 수백 년 동안 이 일을 독점해왔으며, 강고트리에만 250명이 있다고 했다. 사람들에게 무엇을 기원해주느냐고 그에게 물었다. 돈, 건강, 대학 입학 등의 말이 나올 걸로 예상했는데 '평화'라는 답이 돌아왔다. '평화'란 말을 듣는 순간 느낌이 참 좋았다. 결국 마음의 평화를 얻기 위해 우리가 그렇게 발버둥치는 게 아닌가 싶었다. 그에게 푸자를 드려달라고 요청했다. 필자도 두 손을 모으고 그의 이끌림에 따라 기도하며 '평화'를 빌었다. 나와 인연을 맺은 사람들과 한국의 '평화'를 위해……

다음날 새벽부터 반환점을 돌아가기 시작했다. 강고트리에서 새벽 5시 시외버스를 타고 하리드와르를 향해 출발했다. 왔던 길인데도 어찌나 지루한지. 역시 14시간 이상 걸렸다. 돌아가는 길은, 고묵에서 뜬 물을 정성스레 안고 가거나 지게에 지고 가는 순례자들로 가득했다. 필자도 강가 물을 담은 용기를 배낭에 지고 왔다. 강고트리에서 거리가 멀어질수록 다리가 불편한 듯 절뚝거리는 순례자들이 많이 보였다. 걷지 않고 트럭을 타고 돌아가는 이들도 있었다.

평야를 본 건 13시간이 지나서였다. 리시케시였다. 산길을 벗어나는 게 어찌나 반가웠던지. 영국의 록밴드 비틀즈가 1968년 요가와 명성을 위해 3개월간 머물렀던 곳이다. 땅거미가 진 리시케시를 뒤로 하고 하리드와르로 가는 길은 순례자들로 대혼란이었다. 시바 신의 상을 크게 만들어 리어카에 끌고 가는 순례자들, 온갖 장식을 화려하게 한 물 지게를 지고 걷는 순례자들로 도로는 온통 만원이었다. 하리드와르로 갈수록 사람들은 더욱 늘어났고, 하리드와르에 도착하니 경찰이 아예 시내 교통을 통제하고 있었다.

힌두교에 대한 깊은 이해를 갖게 된 여행은 아니었다. 하지만 힌두 신들의 고향을 방문하기 위해 《마하바라타》를 읽고, 힌두 신화를 접했다. 이 과정에서 인도인의 80% 이상을 구성하는 힌두들을 더 잘 이해할 수 있게 되었다. 힌두 신과 신들의 이야기는 인도인의 생활 속에 녹아 있다. 이를 모르고서는 인도 사람들을 이해하기 힘들다. 몸은 몹시 힘들었지만 힌두교 공부에 입문한 여행이었다.

참고로, 필자를 가르왈 히말라야로 이끈 건 임현담의 책 《가르왈 히말라야》다. 서울에서 우연히 그 책을 접한 뒤 뉴델리까지 들고 갔고, 상당 시간 팽개쳐두고 있다가 우연히 펼쳐들었다. 그리고는 이야기 속에 빠져들었다. 임현담은 진단방사선과 개원의다. 그는 지난 시간 오랫동안 매년 히말라야를 찾고 있으며, 힌두교 관련 서적을 읽고 히말라야와 힌두교에 매료됐다고 한다. 필자가 강고트리와 고묵, 타포반에 갔을 때 유일하게 들고 간 책이 《가르왈 히말라야》였다. 힌두교에 대해 공부를 깊숙이 한 한국인이 있다는 것에 놀랐고, 그의 인생 공부를 한동안 따라가는 식이 됐다. 서울에 돌아온 뒤 한 번 만났는데 그는 펀잡 히말라야 여행을 준비하고 있다고 했다.

강가 신화

힌두교 고대 문학인 《스리마드 바가바탐Srimad Bhagavatam》에 따르면 '사가라'라는 왕이 있었다. 사가라는 말을 제물로 삼아 신에 제사 지내는 '아시바메다' 의식을 지내려고 했다. 그런데 사가라의 힘이 과도하게 커지는 걸 우려한 천둥과 비, 전쟁의 신인 인디라가 말을 훔쳤다. 왕은 6만 명의 아들들을 보내 말을 찾도록 했다.

왕자들은 세상을 다 뒤졌으나 찾지 못하자 지하세계로 내려갔다. 그리고는 한 동굴에서 명상하고 있는 수행자와 그 옆에서 평화롭게 풀을 뜯고 있는 말을 발견했다. 이들은 "이런 도둑놈을 봤나. 말을 훔치고도 모른 체하고 눈을 감고 있지 않나. 죽여버리자"라고 말했다. 이에 수행자 카필라는 노기를 띤 눈빛으로 왕자들을 바라봤고 순간 그들은 재로 변해버렸다.

사가라는 왕자들이 돌아오지 않자 이번에는 손자 암슈만을 보냈다. 암슈만 역시 지하세계에서 카필라를 발견했고, 그 옆에 쌓인 엄청난 잿더미를 보았다. 그는 카필라에게 공손하게 인사한 뒤, 카필라는 세상의 '원인과 결과'를 넘어섰으며, 진리를 가르치기 위해 세상에 왔다는 등 온갖 찬미를 아끼지 않았다. 이에 기뻐한 카필라는 말을 돌려주며, 왕자들의 영혼을 정화할 수 있는 유일한 방법은 하늘에 있는 '강가'라고 알려줬다.

암슈만은 강가 여신을 위해 타포스(고행)를 시작했지만 목표를 달성할 수 없었다. 그의 아들 딜리파 역시 실패하였다. 하지만 딜리파의 아들인 바기라타가 몇 년간 엄청난 고통을 참아내며 타포스를 계속하자, 이에 흡족한 강가 여신이 나타났다. 바기라타는 여신에게 지상에 내려와 죽은 왕자들의 영혼을 정화해달라고 간청했다. 강가 여신은 자신이 지상에 내려오면 그 속도와 힘으로 인해 마을을 덮쳐버린다고 경고했다. 바기라타는 강가 여신이 시바의 머리칼을 거쳐 내려오면 힘이 약화돼 문제가 해결될 수 있을 것이라며, 시바에게 허락을 받아오겠다고 했다. 바기라타는 시바의 허락을 받아내기 위해 타포스를 다시 시작했고 시바는 그의 소원을 받아들였다. 하지만 강가 여신은 시바의 머리칼 속에 갇혀 옴짝달싹할 수 없었다. 시바의 공력이 워낙 강한 탓이었다.

바기라타는 다시 시바를 설득하기 위해 200년 동안 사막의 뜨거운 땅에서 작은 손가락 하나로 물구나무를 섰다. 이에 시바는 자신의 머리칼 속에서 강가 여신이 빠져 나오도록 허용했다. 마침내 땅으로 내려온 강가 여신을 바기라타는 카필라의 동굴로 인도했고, 죽은 왕자들의 영혼은 모두 정화됐다. 강가 여신은 이때 마치 아버지를 따르는 딸처럼 바기라타를 따라갔고, 이로 인해 그에게는 '바기라티'라는 새로운 이름이 붙었다. 바기라티는 바기라타의 여성 이름이다. 또한 강고트리를 지나는 '강가'의 이름이기도 하다.

무슬림 학살의 땅

AHMEDABAD

아메다바드

구자라트 주 최대 도시. 인구 516만 명으로 인도 제7대 도시. 섬유 산업으로 명성이 높다. 한때 '동방의 맨체스터'라 불렸다. 인도 독립운동의 중요한 장소로, 마하트마 간디의 비폭력 운동 등 영국을 상대로 한 투쟁이 벌어진 곳이다. 간디가 영국 식민 당국의 소금세 신설에 항의해 벌인, 유명한 '소금 행진'을 시작한 곳이기도 하다.

"파출소 한번 들어가 볼까요?"

"싫어요. 그들이 내 다리를 부러뜨릴 겁니다."

"왜요?"

"무서운 사람들입니다. 우리가 타고 다니는 차번호를 조회해서 어디를 들쑤시고 다니는지 알아볼 것입니다. 나를 찾아낼지도 몰라요. 외국 기자를 도와주었다가 무슨 보복을 당할지 모릅니다."

구자라트어 통역인 샘은 파출소를 취재하자는 말에 벌벌 떤다. 얼굴을 들여다보니, 진짜 무서워하고 있다. 샘은 "하여간 기자들은 용감하다. 파출소 가보자는 건 기자들밖에 없다"며 전에 외국 기자들이 이 도시에 왔을 때 가이드를 해준 적이 있다고 말했다.

구자라트 주의 대도시 아메다바드Ahmedabad 시내 북동부의 나로다 파티야 지역은 지난 2002년 2월 28일 84명의 무슬림 주민이 힌두 폭도 1만 5,000여 명의 공격을 받고, 산 채로 불에 타 죽은 참극의 현장이다. 당시 아메다바드를 포함, 구자라트 전역에서 힌두의 무슬림을 향한 학살이 일어나 3개월간 지속됐고 2,000여 명의 무슬림이 죽었다. 죽은 사람이 이 정도니 다친 사람과 재산 피해는 말할 수가 없다. 흔히 '구자라트 폭동'이라고 부르는 사건이다. 힌두 우파인 인도인민당이 집권하고 있는 주정부의 방조 속에 자행됐다. 경찰도 수수방관했다.

학살을 불러온 광기

그로부터 만 4년, 그런데 무슬림도 아니고 힌두인 샘은 그 무언가를 두려워하고 있었다. '학살' 그 자체는 잠잠해졌는지 모르지만, 학살을 불러왔던 그 광기와 공포는 아직까지 주민들을 억누르고 있다.

델리에서, 아메다바드의 현대자동차 딜러 수렌드라 샤루마 사장과 통화했을 때 그가 보인 민감한 반응도 마찬가지였다. "구자라트 폭동 이후 힌두와 무슬림 두 커뮤니티가 어떻게 분열되어 있는지를 보는 게 방문의 목적"이라고 밝히자 그는 깜짝 놀라는 눈치였다. 샤루마 사장은 "매우 민감한 이슈다. 조심스럽게 접근해야 한다"라고 몇 차례나 강조했다. 그는 구자라트어 통역을 구해달라는 요청에 대해서도 결국

❶ 무슬림 84명이 힌두 폭도의 공격으로 죽은 나로다 파티야 지역 내 무슬림 거주지.
❷ 학살 사건 이후 설치된 경찰 대형 천막.

폭동으로 10명이 죽은 집 입구.

"찾지 못했다"며 도와주지 않았다.

나로다 파티야 지역의 큰 길가에는 파출소가 있고, 그 옆에는 경찰 대형 천막 5개가 길을 따라 서 있다. 학살 사건 이후 경찰관들이 무슬림 지역 보호를 위해 배치돼 근무하고 있었다. 보호를 위한 것인지 감시를 위한 것인지 진의는 알 수 없다.

큰 길 안쪽에 있는 무슬림 거주 지역 자와헤르 나가르에 들어갔다. 500여 명의 무슬림이 살고 있다. 나로다 파티야는 힌두가 주민의 다수여서 무슬림은 이 안에 종교의 섬처럼 힌두에 둘러싸여 살고 있다. 4년 전에 힌두들의 손쉬운 타깃이 된 것도 그 때문이었다.

"경찰이 없으면 무서워서 이곳에서 못 삽니다. 그러면 다른 지역에 있는 친척집에 가야 해요." 이 동네에서 20년간 살았다는 여성인 레반비 셰이크는 "어떻게 살아남았느냐"는 질문에 "2002년 당시에는 신이 지혜를 줘서 빨리 도주할 수 있어 살았다"고 대답했다.

바로 옆의 힌두 거주 지역은 집이 깨끗하고 사람들의 행색도 깔끔한데, 무슬림 동네는 슬럼이나 다름없다. 비좁은 골목길, 길거리의 오물, 신발이 없어 맨발로 다니는 지저분하기 이를 데 없는 아이들…….

"이 집에서, 폭도들에 의해 10명이 불에 타 죽었어요. LPG가스통에 불을 붙여 안으로 던져 넣었습니다."

집 안의 좁은 통로를 따라 참사 현장으로 들어갔다. 환한 대낮인데도 2평도 안 되는 작은 방 안은 어두컴컴했다. 입구가 아니면 빠져나갈 데도 없었다. 당시 이 방 안에 있었던 사람들의 일을 생각하니 숨이 막혀왔다.

"마을 뒤 공터로 사람들이 달아났습니다. 그런데 그쪽에도 힌두들이 몰려와 사람들은 더 이상 달아날 수가 없었습니다. 공터에서 그들은 때리고, 칼로 찌르고, 몸을 잘랐습니다. 폭도들은 인근 힌두 주민들이 아니라 낯선 외부 사람들이었습니다."

무슬림 주택 출입문 위에 붙어 있는 무슬림 표시 타일.

사건 후 많은 무슬림들이 동네를 떠나 돌아오지 않았다고 한다. 나로다 파티야 지역의 경찰서 건너편에는 녹색 칠을 한 2층 높이의 허름한 이슬람 사원이 있다. 사원 2층의 지저분한 방에서 잠을 자던 이 사원의 이맘(예배 인도자)인 압둘 살람은 "지금도 작은 불이 화산을 만들 수 있다"고 말했다. 힌두와 무슬람 간에 조그만 갈등이 큰 충돌로 번질 수 있을 정도로 두 종교 집단 간에 긴장이 높다는 뜻이다. 그 사원은 2002년 학살의 발단이 된 곳이다. 폭도들은 큰 길가에 있던 이 사원에 불을 지르고 파괴한 뒤 무슬림 동네로 몰려갔다.

힌두종교단체 세계힌두위원회VHP, Vishwa Hindu Parishad는 힌두 극우단체로, 구자라트 폭동 당시 학살을 주도한 단체로 지목받고 있다. VHP의 지역 책임자인 자이딥 파텔을 소개해준 샤루마 사장은 그를 만나기 직전에 필자에게 "2002년 사건에 개입한 혐의로 재판을 받고 있는 인물"이라며 적절한 수위의 대화를 주문하는 눈치였다.

50대 초반으로 보이는 파텔은 당당한 체구에, 말하는 데

나로다 파티야 인근 지역의 이슬람 사원.

거리낌이 없었다. VHP가 무료로 운영하는 병원 내 사무실에서 그를 만났다. "왜 무슬림과 싸우느냐"고 물었더니 다음과 같이 답했다.

"힌두교의 연례 축제 중에 라트 야트라Rath Yatra라는 거리 행진이 있는데, 무슬림 지역을 통과할 때마다 매년 공격을 받습니다. 무슬림 축제인 타지야Tajiya(이슬람력 1월) 때는 힌두들은 단 한 번도 방해한 적이 없습니다. 구자라트의 힌두들은 무슬림으로 인해 고통받고 있습니다. 파르시, 유대인, 기독교도들과는 아무런 문제도 없습니다. 하지만 무슬림에 대해서는 주민들의 정서가 매우 나쁘죠."

그는 사무실 한쪽에 앉아 있는 여성들을 가리키며 "고드라Godhra 사건으로 남편과 아버지를 잃은 사람들이다. 무슬림에 대한 감정이 어떤지 물어보라"고 한다.

고드라 사건은 2002년 구자라트 폭동의 발화점이 된 사건이다. 2월 27일 아메다바드에서 동쪽으로 100여 킬로미터 떨어진 도시인 고드라 역에 정차해 있던 열차에서 화재가 일어났고, 이로 인해 열차에 타고 있던 VHP 회원 등 59명이 불에 타 숨졌다. 고드라 역은 구자라트에서 우타르프라데시 주로 이어지는 주요 역으로 열차에 탄 사람들은 우타르프라데시 주 아요디아Ayodhya에서 열린 '바브리 마스지드Babri Masjid' 파괴 10주년 행사에 참석하고 돌아오던 길이었다. 바브리 마스지드는 무굴제국의 초대 황제 바부르가 세운 이슬람 사원이다.

힌두 우파들은 무슬림인 바부르가 16세기 힌두교 탄압을 위해 기존의 힌두 사원을 허물고 바브리 마스지드를 세웠다고 주장했다. 이들은 1992년 바브르 마스지드를 인도 내 이슬람의 힌두교 탄압을 상징하는 건물이라며, 이를 파괴해버렸다. 파텔이 속한 VHP와 힌두 우파의 대표적인 청년 조직인 바즈랑 달Bajrang Dal 회원들이 당시 바브리 마스지드 파괴에 앞장섰다.

고드라 역 사고 원인은 지금도 명확게 밝혀지지 않았으나, 당시 힌두 우파들은 무슬림의 치밀한 사전 음모가 있었다고 주장했다. 고드라는 무슬림들이 다수 거주하는 지역으로, 아요디아를 향해 열차를 타고 지나가던 힌두들은 열차가 고드라 역에 정차할 때마다 무슬림을 자극하는 행동을 했다고 전해진다.

VHP는 고드라 역 사건 다음날인 2월 28일 주 전체 지역에서 '반드(총파업)'를 요구했고, 분노한 구자라트의 힌두들은 이날부터 아메다바드 등 구라자트 전역에서 무슬림을 공격하기 시작했다. 28일 아메다바드에서는 나로다 파티야와 굴막 소사이어티 동네에서 대학살이 벌어졌다. 굴막 소사이어티에서는 무슬림인 아산 자프리 전 하원의원 등 43명이 산 채로 불에 타 죽었다. 1만 명이 넘는 폭도들이 몰려오자 자프리 전 의원은 뉴델리의 지인들에게 전화를 걸어 도와달라며 살기 위해 필사적으로 노력했다. 폭도들을 저지하기 위해 그는 총도 쐈으나, 끝내 아무런 도움의 손길을 받지 못하고 죽어갔다. 굴막 소사이어티에는 이제 단 한 사람의 무슬림도 살지 않는다.

힌두들의 난동은 당국의 비호를 받았다. 사건 발생 당시, 주총리인 나렌드라 모디Narendra Modi는 뉴턴의 물리학 법칙을 인용하여 "모든 작용에는 반작용이 있다"고 말해 폭력 사태를 노골적으로 옹호했다. 그는 2007년 현재도 주총리로 재임하고 있다.

파텔과 이야기를 마친 후, VHP 회원이던 아버지가 고드라 역 화재 사건으로 숨진 비야스 부미카(42)와 대화를 나눴다. 그의 얼굴에는 분노의 빛이 역력했다.

● 사고를 당했다니 유감이다.

지금도 매우 슬프다. 아버지는 힌두 성지에 순례를 하고 돌아오던 길이었다. 아버지에게 무슨 잘못이 있나.

● 4년이 지났는데 무슬림에 대한 감정이 어떤가?

용서 못한다.

● 왜?

적이기 때문이다. 아버지뿐만 아니고, 힌두 전체의 적이다.

● 무슬림 친구는 없나?

없다. 내가 어떻게 그들을 신뢰하나. 무슬림 동네는 지나가지도 않고, 그들의 가게에서는 물건을 사지도 않는다.

얘기를 나눈 뒤 부미카와 그녀의 가족들과 함께 건물 출구를 향해 같이 걸어가는데 부미카가 복도 벽에 붙어 있는 '람'의 그림을 가리키며, "나의 연인"이라고 말했다. 람은 힌두 우파들이, 바브리 마스지드가 세워지기 이전에 원래 있었다고 주장하는 힌두 사원의 주 신이다. 힌두 서사시인 《라마야나》의 주인공으로, 북인도 아요디아에 그의 왕국이 있었다고 한다. 바브리 마스지드가 있었던 도시의 이름과 람의 왕국이 있었던 지역의 이름이 같다.

힌두 우파가 아닌 '보통 힌두'의 무슬림에 대한 감정의 골도 매우 깊었다. 현대자동차 딜러 업체의 여성 세일즈 책임자에게 "무슬림에 대해 어떻게 생각하느냐"고 물었더니 "무슬림들은 행동거지가 매우 나쁘다. 교육을 제대로 받지 못한 사람들이다. 나는 무슬림 친구가 거의 없다"고 답했다.

2002년에 발생한 폭동 전에도 구자라트는 10여 년 간격으로 힌두의 무슬림에 대한 학살이 벌어진 '폭동'을 경험했다. 1969년 대형 폭동을 기점으로, 1981년과 1992년에도 많은 피를 흘렸다. 일련의 과정에서 많은 무슬림들이 죽었지만, 힌두들도 무슬림의 공격을 받고 희생됐다.

　2만 5,000명의 무슬림이 거주하는 아메다바드 구 시가지의 데리야푸르는 무슬림과 힌두가 비슷한 인구 분포를 갖고 있어, 충돌의 가능성이 상존하는 지역이다. 이곳은 힌두 거주 지역과 무슬림 거주 지역으로 나눠져 있다. 같이 섞여 살지 못하는 이유는 신변이 불안하기 때문이다. 두 지역의 경계가 되는 큰 길가에 파출소가 있고, 25명이나 되는 경찰들이 근무하고 있다.

　무슬림 거주 지역인 답게르와드 거리에서 전통 북 가게를 운영하는 니루밴 답게르와드(56)는 1981년 폭동 때 가족 8명을 무슬림 폭도들에 의해 잃었다. 어머니, 여동생, 조카 등 식구들이 가게 뒤쪽의 살림집에서 불에 타 죽었고, 자신은 외출 중이어서 구사일생으로 목숨을 건졌다고 한다. 그는 당시 무슬림에 의해 인근의 힌두 가게 15개가 불탔다고 말한다.

● 무슬림이 그랬나?

아니면 누구겠는가.

● 범인들은 어떻게 됐나?

거리를 활보하고 있다. 증인이 나서지 않아 사건이 흐지부지됐다. 나 역시 사건에 대해 아무 말도 하지 않았다.

● 보복이 두려웠나?

두렵다. 이웃에 많은 무슬림이 있다. 1965년에 선친이 문을 연 유서 깊은 가게지만 동네를 떠나고 싶다. 200여 명의 힌두가 살았는데, 195명이 떠나고 이제는 5명만 남았다. 가게

힌두도 피해자다. 1985년 폭동 희생 가족 부부.

를 무슬림에게 팔려고 하지만, 그들은 공짜로 달라고 한다. 어처구니
가 없다.

남편의 말을 옆에서 듣고 있는 부인 라말랄(53)은 눈물을 쏟아낸다.
죽은 가족 생각이 나서란다. 20년이 지났는데도 눈물이 마르지 않는다.

아메다바드는 거대한 무슬림 수용소

그러면 왜 유달리 구자라트에서 힌두의 무슬림에 대한 공격이 횡행할
까? 그 이유와 관련, 《흉터가 난 : 구자라트 폭동 실험Scarred : experiments
with violence in Gujarat》이란 책을 쓴 디온느 부샤 기자는 "인도인민당과
VHP가 다른 주보다 훨씬 조직이 잘되어 있고, 지역사회에 침투해 있
는 탓"이라고 진단했다.

양 종교집단 간의 화해와 긴장을 낮추기 위한 노력은 미미하다. 물
론 작은 시도는 있다. 데리야푸르에서 구멍가게를 운영하는 무슬림 세
이크 살림(27)은 "지난 1월 30일에 10명의 힌두 커플과 10명의 무슬림
부부의 합동결혼식이 경찰서 건물에서 있었다"고 했다. 그는 "힌두와
무슬림 사이의 평화를 위해 경찰이 주최한 행사"라고 설명했다.

2002년 폭동 당시 대표적 학살 현장 중 한 곳인 나로다 파티야에는
무슬림과 힌두 주민대표 11명이 참여하는 '샨티Shanti(평화) 위원회'가
있다. 위원장은 무슬림의 나지르 칸 파탄(52). 두 종교 집단 간의 대화
를 위해 만든 조직이다. 파탄 위원장은 "샨티 위원회는 나로다 파티야
말고도 데리야푸르, 사하푸르 등에 구성이 되어 있다"면서 "한 달에
두 번 정도 모여, 장학 사업 등을 벌이고 있다"고 말했다.

하지만 아메다바드의 주요 신문인 〈구자라트 사마찰〉의 데벤다 파텔 편집국장은 "양 집단 간의 상처를 치유하려는 노력은 전혀 없다. 단언한다"며 "매우 슬픈 일"이라고 말했다. 대부분의 주민들은 샨티 위원회의 존재를 모르고 있고, 작동하지 않는다고 했다. 그는 "두 집단 간의 충돌은 종교 분쟁이 아니라, 정치인들이 표를 얻기 위해 정치적인 동기로 이용하고 있는 일"이라며, "35년 전 인디라 간디 전 총리 시절 국민회의당은 소수인 무슬림 표를 얻기 위해 그들의 보호자 역할을 자임했고, 이제 인도인민당은 힌두 표를 얻기 위해 노력하고 있는 것일 뿐"이라고 말한다.

그의 말대로 구자라트 주정부의 모디 총리는 2002년 구자라트 폭동의 최대 수혜자이다. 현재 연방정부의 제1야당이자, 2002년 당시 집권 정당이었던 인도인민당 소속인 모디는 2002년 12월, 폭동의 여진이 가라앉기도 전에 주의회 선거를 실시했다. 조기 선거였다. 그의 기대대로 힌두들은 압도적인 지지를 인도인민당에 보냈고, 3분의 2 이상의 의석을 얻는 대승을 거뒀다. 그것은 더러운 민주주의였다. 모디 주총리는 폭동 당시 법과 질서를 확립해야 할 책임을 지고 있었다. 하지만 그는 고드라 역 화재 사건의 진상이 밝혀지지도 않았는데, 무슬림을 범인으로 지목하는 발언을 함으로써 힌두의 분노에 기름을 부었다. 이로 인해 그는 '도살자'라는 비판을 듣기도 한다. 하지만 그는 지금도 주총리로서 건재하다. 정의는 실현되지 않고 있다. 2차 세계대전 당시 나치가 유대인 수용소를 운영했듯이 아메다바드는 폭동 당시 거대한 '무슬림 수용소'나 다름없었다.

구자라트는 인도 독립의 아버지 마하트마 간디가 태어난 곳이다. 아메다바드의 한복판을 흐르는 사바르마티 강변에 있는 '사바르마티 아슈람'에서 간디는 1930년, 역사적인 '소금 행진'을 시작했다. 영국 정

사바르마티 아슈람. 간디가 소금세 신설에 항의해 행진을 시작한 곳이다.

부의 소금세 신설에 항의해 아메다바드에서 남쪽의 단디 해안까지 24일을 걷는 비폭력 저항운동을 벌였다. 이 행진으로 간디는 '위대한 영혼의 소유자'란 의미의 '마하트마'란 존칭을 얻었다. 사바르마티 아슈람 내 기념관에 붙어 있는 간디의 어록 가운데 "사람은 자신뿐만 아니라, 사회를 치료함으로써 구원받을 수 있다"라는 말이 있다. 하지만 아메다바드 사람들은 깊은 상처를 치료하는 데 전혀 관심을 보이지 않고 있다.

힌두와 무슬림 지역이 나뉘고, 그 사이에는 높은 담장이 올라가고 있다. 두 사회 간의 상호 작용은 급속도로 줄어들고 있다. 그 결과, 전체 인구의 10%를 차지하는 무슬림은 인도 사회에서 갈수록 소외되고 경제적으로 격차가 벌어지고 있다. 무슬림의 절망은 극단적인 행동으로 나타날 수 있다. 중동에서 테러 분자들이 속출하는 것도 그런 배경 때문이다. 아메다바드는 인도의 존립 자체를 위태롭게 할 수도 있는 두 종교 집단 간의 대표적인 갈등의 현장이었다.

인도 내 무슬림 상황 비참하군!

인도 최고의 영화배우 샤룩칸Shah Rukh Khan, 방갈로르의 최고 부자 중 한 명인 IT업체 위프로의 아짐 프렘지Azim Premji 회장 등 성공한 무슬림이 많다. 하지만 성공한 무슬림은 소수인 반면 전체적인 그림은 어둡다는 게 문제다.

인도의 무슬림 소년들. 표정은 밝으나 그들을 둘러싼 사회적 상황은 너무나 음울하다.

2005년 3월 구성된 사차르 위원회가 무슬림 실상을 조사해 2006년 11월 보고서를 만모한 싱 총리에게 제출했는데, 생각했던 것보다 훨씬 무슬림의 현실이 열악했다.

무슬림 중 농촌 거주자의 54.6%, 도시 거주자의 60%가 학교에 가본 적이 없다. 인도 평균은 농촌 40.8%, 도시 19.9%이다. 농촌 지역 학생 중 학교를 졸업하는 비율은 0.8%밖에 안 된다. 도시의 경우 단지 3.1%만이 졸업한다. 인도가 자랑하는 세계적 교육기관인 IIT와 IIM의 재학생 수에서도 무슬림은 극소수이다. IIT는 1.7%, IIM은 1.3%다.

공무원 채용 비율 역시 매우 낮다. 서벵골은 전체 인구 중 25%가 무슬림인데, 주정부의 공무원 비율은 4.2%에 그치고 있다. 동북부의 최대 주인 아삼은 무슬림 인구가 40%인데, 공무원 비율은 11.2%다. 남부 케랄라 주는 20%가 무슬림인데, 공무원 비율은 10.4%다. 카르나타카(무슬림 인구 12.2%, 공무원 비율 8.5%), 구자라트(무슬림 인구 9.1%, 공무원 비율 5.4%), 타밀나두(무슬림 인구 5.6%, 공무원 비율 3.2%)도 마찬가지다. 고위 공무원으로 올라가면 비율은 더욱 떨어진다. 주정부 산하 기업PSUs의 고위직을 보면 서벵골은 0%, 마하라슈트라 주는 1.9%이다.

무슬림이 많은 곳은 딱 한 군데 있다. 바로 교소도다. 마하라슈트라 주는 무슬림 비율이 전체의 10.6%인데, 재소자 중 무슬림 비율은 32.4%다. 뉴델리는 무슬림 비율이 전체의 11.7%인데, 재소자 비율은 27.9%다. 구자라트는 무슬림 비율이 9.1%인데, 재소자 비율은 25.1%다. 특히 1년 미만 수형자 중 무슬림이 많다. 사차르 위원회는 이는 무슬림이 경범죄를 많이 범하거나, 경찰이 무슬림에 대해 편견을 갖고 사법 집행을 하기 때문이라고 분석했다. 마하라슈트라 주는 1년 미만 수형자 중 무슬림이 40.6%였다.

미국의 조지 W. 부시 대통령은 인도에는 어떻게 알 카에다와 연결된 무슬림이 한 명도 없냐고 궁금해하고 감탄했다. 2001년 9·11테러를 겪은 그로서는 그런 감탄사가 나올 만하다. 하지만 무슬림의 비참한 사회적 상황이 개선되지 않으면 얘기는 달라진다. 사회에 절망하면 테러로 표출되는 게 이미 중동의 이슬람 사회가 보여주는 현실이다.

시크교의 본산
AMRITSAR 암릿사르

시크교의 본산인 인도 편잡 주의 대도시. 인구 101만 명(2001년 인구 조사). 황금사원이라 불리는 시크교의 '하리 만디르'를 포함, 시크교 종교 유적이 밀집해 있다. 암릿사르는 '불사(不死)의 음료 연못'이란 뜻이다. 영국에 사는 시크들이 많아 암릿사르에서 영국의 런던과 버밍햄을 바로 연결하는 항공편이 있다.

"네루 가문의 3명을, 암캐bitch와 아이들 둘을 황금사원으로 끌고 올 수 있다면 얼마나 좋겠느냐. 그리고 처단할 수 있다면……. 나는 그 결과에 대한 아무런 두려움도 없다."

인도 동북부 편잡 주의 대도시 암릿사르Amritsar(암리차르란 국내 일각의 표기는 정확치 않다. 영어 표기 'Amritsar'를 잘못 읽은 탓이다)에서 2006년 7월 4일에 만난 한 사업가는 필자에게 "인디라 간디(전 총리)가 시크교의 본산인 황금사원Golden Temple을 군홧발로 짓밟은 걸 결코 용서할 수 없다"고 말했다. "22년이 지났는데도 아직도 원한이 사무치느냐"는 물음에 그는 "결코 잊을 수 없다. 절대 용서 못한다. 그리고 라지브 간디(전 인도총리, 인디라 간디의 아들)가 많은 시크를 죽였다는 것을 반드시 써달라"고 주문했다.

50대 초반인 그는 암릿사르에서 대학을 나와, 은행에 다녔고, 10여 년 전부터 개인 사업을 하는 평범한 시크교도다. 맥주 한 잔에 취한 것 같진 않은데도 '과격' 발언이 쏟아져 나온다. 그가 말한 '네루 가문의 3명'은 소냐 간디 국민회의당 대표, 그의 외아들인 라훌 간디 하원의원

Rahul(1970년생), 딸 프리얀카Priyanka
(1972년생)다. 이들은 1984년 황금사
원에 군 병력을 보내 분리주의 무장
세력을 쓸어낸 인디라 간디의 후손들
이다. 소냐 간디 대표는 큰며느리이
고, 라훌과 프리얀카는 손자들이다.

시크교의 성소, 황금사원

암릿사르는 인도 북부, 파키스탄과의
접경 지대에 자리 잡은 펀잡 주의 인
구 101만 명인 중소도시다. 델리에서
기차를 타고 5시간 20분 거리다. 전
세계 2,300만 명 시크교도의 정신적
중심지이다. 시내 한복판에 시크교도
의 최대 성소인 황금사원이 있다.

❶ 황금사원 내 아칼 탁트.
❷ 황금사원 하리 만디르를 향
해 기도하는 사람들.

　번잡한 시장 거리통을 바퀴가 셋인 오토릭샤에 몸을 싣고 통과하니
그 끝에 흰색의 번쩍거리는 대규모 건물이 불쑥 나타났다. 황금사원이
었다. 밖에서 보면 흰색으로 3, 4층 높이의 건물이 가로로 길게 서 있
었다.

　그런데 가이드가 보이지 않는다. 타지마할 등 인도의 어느 관광지를
찾아가도 흔한 게 가이드인데, 이곳에는 한 명도 없다. 전문가의 도움
을 받지 않으면 아무리 좋은 현장에 가도 맹탕이다. 제대로 된 설명을
들을 수 없기 때문이다. 황금사원 입구에 앉아 짜이를 마시는 할아버지

들에게 물어보니 정문을 바라보고 오른쪽에 있는 안내 센터를 가리켜 준다. 그러면서 "다른 가이드들은 절대 믿지 말라. 안내 센터에 가면 도와줄 것"이라고 했다.

사원 측에서 무료로 관광 안내를 하니, 상업 목적의 관광 가이드는 설 땅이 없는 듯했다. 하지만 안내 센터에 들어가니 센터 책임자인 구르바칸 싱이 1인 관광객에게는 별도의 관광 가이드를 붙여줄 수 없다고 한다. 대신 설명을 해주겠다며 안내 책자를 꺼낸다.

시크교의 교리와 역사에 대해 길게 설명을 할 듯해 말을 자르고 궁금한 걸 물어봤다. "1984년 '푸른 별 작전'의 흔적이 어디에 남아 있느냐"라고 물었더니 대뜸 "기자냐"는 말이 돌아온다. 귀신같이 알아맞힌다는 느낌과 함께, 기자 생활 20년 하면서 말과 행동에서 '기자 티'가 많이 나는 모양이라는 생각이 들었다.

구르바칸 싱은 당시 분리주의 세력이 무장하고 요새화했던 '아칼 탁트Akhal Takht'는 완전히 복구됐다고 했다. 아칼 탁트는 시크교의 최고 의사 결정을 하는 5층 높이 건물로, 당시 진압 작전으로 심하게 파괴됐다. 건물 지붕의 황금을 입힌 돔도 크게 손상됐다. 그는 이어 "당시 전차 5대가 사원 내부로 진입했다. 진입하면서 대리석으로 만든 계단을 파손했다. 총탄 자국과 핏자국이 아직도 곳곳에 남아 있다"고 말했다. "사원 내 보이는 핏자국은 당시 피가 대리석에 스며들어 지금까지 남아 있는 것"이라며, 자신의 아들 아마르 딥 싱(14)에게 '핏자국'을 보여주라고 했다.

사원 출입구 앞에서 신발을 벗어 맡겼다. 사원에는 신발을 신고 들어갈 수 없다. 그리고 입구에 놓인 플라스틱 통 안에 수북한 두건 중 하나를 꺼내 머리에 둘렀다. 시크교는 머리칼을 드러내는 걸 금기한다. 그래서 이들은 머리에 터번을 쓴다. 사원에 들어가려면 폭 1미터 정도의 물이 흐르고 있는 곳을 지나가야 한다. 일종의 정화 의식인 듯하다. 비신자의 출입을 금하는 일부 힌두교 사원과는 달리, 시크교는 개방적이다. 시크교는 힌두교의 카스트도 부정한다. 우상 숭배를 거부하고 유일신을 믿는다.

황금사원 구역은 사각형의 건물이 외곽을 이루고 있고, 그 안에는 가로 세로 200~300미터쯤 돼 보이는 인공호수Amrit Sarova가 있다. 호수의 한복판에는 금 100킬로그램을 뒤집어쓰고 있는 3층 높이의 '하리 만디르(신의 사원이란 뜻)'가 서 있다.

7월 초의 햇볕은 강렬했지만 성지를 찾은 시크교도들로 사원은 북적거렸다. 정문을 들어서 호수 주변의 대리석 바닥으로 내려서는 순간, 아마르 딥이 바닥을 손가락으로 가리킨다. 오렌지색 점들이 보인다. 그리고 그 옆에는 선혈처럼 붉은 반점들도 보인다. 대리석에 스며든 핏자국이었다. 누구의 피가 이토록 20년이 넘도록 지워지지 않고 선명하게 남아 있는지! 가슴이 저려왔다. 사원 측은 특별히 1984년 유혈 작전의 핏자국이라고 표시해두지는 않았다.

호수 주변을 걸어 동쪽 출입구 바깥쪽에 접한 야외 회당을 찾아갔다. 대리석 벽에는 수십 개의 총탄 자국이 보인다. 기둥의 끝이 파손되었고, 깊이 3센티미터는 충분히 될 듯한 총탄 흔적이 뚜렷하다. 그 안에서는 뜨거운 햇볕을 피해 순례 중 잠시 누워 눈을 붙이고 있는 사람들로 가득하다. 자신들이 누워

❶ 대리석에 스며든 핏자국.
❷ 야외 회당 외벽에 선명하게 남은 수십 개의 총탄 자국.

있는 곳에서 총알이 빗발쳤다는 걸 아는지 모르는지…….

북문 바로 한 층 위에 자리 잡은 시크 역사관. 시크교를 연 초대 구루 나낙Guru Nanak부터 현재에 이르기까지 시크교의 역사를 인물화를 통해 설명하고 있다. 끝에서 두 번째 방에는 인디라 간디를 저격한 두 시크 경호원의 초상화도 걸려 있다. 그들은 이곳에서 영웅 대접을 받고 있다. '샤히드 베안트 싱'과 '샤히드 사완트 싱'이다. 두 사람의 초상화 옆에는 군의 진압 작전으로 크게 훼손된 아칼 탁트의 당시 모습이 그려져 있고, 그 아래에 다음 내용의 사진 설명이 있었다.

"수천 명의 시크가 학살됐다. 시크는 힘을 모아 저항하기 위해 일어났다. 시크 군인들은 그들의 병영을 떠났다. 하지만 시크는 머지않아 복수를 했다."

복수를 했다는 말은 인디라 간디 당시 총리를 죽였다는 말이다.

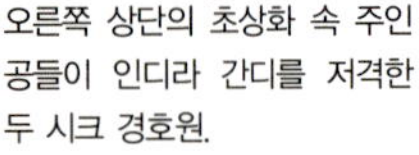

오른쪽 상단의 초상화 속 주인공들이 인디라 간디를 저격한 두 시크 경호원.

피를 부르는 악순환의 시작, 푸른 별 작전

1984년 암릿사르에서는 무슨 일이 있었나? 당시의 주인공은 자르나일 싱Jarnail Singh Bhindranwale(1947년생)이라는 젊은 시크교 성직자다. 30대 중반의 젊고 똑똑한 이 시크교 성직자는 선명성을 내세우며, 시크교도가 다수 거주하는 펀잡 주에서 돌풍을 일으켰다. 그는 곧 펀잡 주에서 시크교도를 위한 별도의 국가인 '칼리스탄Khalistan' 건설을 추진했다. 그는 젊은이들을 선동하여 경찰과 정부 관리 힌두교 신자, 그리고 자신들에 반대하는 시크교도에 대한 백주 테러를 자행했다. 펀잡은 순식간에 걷잡을 수 없는 혼란과 무정부 상태로 변해갔다.

인디라 간디 정부는 자르나일 싱에 대해 압박을 시작했고, 포위가 좁혀지는 걸 느낀 자르나일 싱과 추종자들은 황금사원 안으로 들어갔다. 자르나일 싱과 그를 도운 인도군 예비역 장성 샤벡 싱, 그리고 수백 명의 추종자들은 황금사원 내의 5층 건물 아칼 탁트를 요새화했다. 아칼 탁트는 시크교의 최고위 결정이 내려지는 성스러운 장소이기 때문에 인도군이 무차별 진압에 상당한 부담을 느낄 것이고 판단했던 것이다.

하지만 인디라 간디는 군을 들여보내 무장 소요를 유혈 진압했다. 일명 '푸른 별 작전Operation Blue Star'이었다. 반란 현장 진압을 지휘한 건 시크교도인 쿨딥 싱 브라르 중장이었다. 격렬한 저항으로 인명 피해가 급증하자 브라르 중장은 전차 투입을 결정했고, 전차들은 아칼 탁트를 향해 불을 뿜었다. 4일간의 작전이 끝난 뒤 아칼 탁트는 폐허로 변했다. 자르나일 싱은 교전 중 사망하여 시신으로 발견됐다. 이 사건은 시크교도들에게 참을 수 없는 모욕을 안겼다. 자신들의 최고 성지가 훼손당했다는 반감 때문이었다.

더구나 자르나일 싱은 국민회의당이 정치적인 필요성에 의해 만든 인물이었기에 반 인디라 간디 정서가 강하게 표출됐다. 국민회의당은 당시 펀잡 주에서 야당과 시크 지역 정당인 아칼리 달의 연합세력에 밀려 집권에 실패했다. 이에 국민회의당은 펀잡 주에서 재집권을 모색하던 중 아칼리 달의 내부 분열을 위해 공작을 벌였다. 즉 아칼리 달 내 기존 인물들에 도전할 수 있는 인사로, 젊은 시크교 성직자인 자르나일 싱을 발굴해 정치적으로 후원했다. 정치 공작은 인디라 간디의 둘째 아들이자 후계자였던 산자이 간디가 벌였다. 하지만 자르나일 싱은 인디라 간디의 상상력을 넘어 통제권 밖으로 벗어나 '애물덩이'가 되었다. 호랑이 새끼인 줄 모르고 키웠다가 자칫 물릴 뻔한 경우였다.

'푸른 별 작전'으로부터 다섯 달쯤 지난 10월의 마지막 날 인디라 간디는 뉴델리의 삽다르정 1번지 자택에서 비명횡사한다. 관저 바로 옆에 붙은 총리 집무실로 출근하기 위해 걸어가던 중 시크교도인 경호원 두 명의 저격을 받았다. 큰며느리인 소냐 간디에 의해, 앰배서더 승용차로 황급히 병원으로 옮겨진 그의 몸에서는 무려 20발이 넘는 탄알이 나왔다.

피는 피를 부르고, 또 다른 피를 부르는 악순환이 계속되는 법이다. 힌두교도 총리가 시크교도의 총탄에 쓰러졌다는 소식이 이날 오후 알려진 뒤 델리에서는 폭동이 일어났다. 시크교도에 대한 보복이 시작됐다. 델리는 펀잡에 이어 두 번째로 시크교도가 많이 살고 있는 지역이다. 1947년 당시 인도와 파키스탄으로 인도 아대륙이 쪼개지면서 파키스탄 쪽 펀잡에 살던 시크교도들의 상당수가 델리로 이주했다.

힌두교도들은 폭도로 변해, 터번을 쓰고 수염을 기른 시크교도의 집을 약탈하고 살해했다. 딸들은 아버지가 보는 앞에서 강간당했다. 시크교도는 살아남기 위해 터번을 벗어던지고, 머리를 짧게 깎아야 했다. 국민회의당 일부 지도자들이 앞장서 폭도들을 선동했고, 경찰 당국도

사실상 방조했다. 광풍이 지난 뒤 북인도에서 최대 4,000명의 시크교
도가 숨졌다는 주장이 있다.

인디라 간디 총리의 큰아들인 라지브 간디가 총리직에 오른 직후에
벌어진 일이었다. 앞에서 말한 50대 암릿사르 사업가가 '라지브 간디
의 학살 책임론'을 주장한 건 이 같은 배경에서다. 하지만 삶은 그렇게
흰색과 검은색으로 명료하지도 않고, 여러 차례 얽히고 꼬여 있는 법이
다. 시크교도의 흉탄에 맞아 숨진 어머니의 자리를 계승하기 위해 라지
브 간디는 대통령을 찾아갔다. 그가 총리직 취임 선서를 한 사람은 시
크교도(지아니 자일 싱 대통령)였다.

박해와 침략으로 점철된 시크교의 역사

2006년 7월 초의 황금사원은 평온했다. 순례자들은 나병 환자를 치료
하는 신통력이 있다는 호수 '암릿 사로바'에 들어가 몸을 적셨고, 그
사이로 길이 30센티미터가 넘는 금잉어가 헤엄치고 다녔다. 호수 옆의
성스러운 나무 '둑 반자니 베르'와 순교자들의 사당 앞에서 신도들은
절을 했다. 그리고는 사원의 네 모서리에서 자원봉사자들이 철제 대접
가득히 담아놓은 물을 마시는 정화 의식을 했다. 순례의 핵심은 호수
한가운데 있는 금빛 찬란한 3층 건물 '하리 만디르'에 있는 시크교 성
서 '구루 그란드 사힙Guru Grand Sahib'을 참배하는 것이다.

순례자들의 줄을 따라 하리 만디르에 들어가니 1층에는 3인조 남자
밴드가 앉아 노래를 하고 있다. 50대인 두 사람은 키보드를 치며 역대
구루들의 말씀을 모은 '구르 그란드 사힙'의 구절을 노래하고, 다른 한
사람은 두 개의 작은 드럼을 두드리고 있다. 그들의 노래는 몇 만 평은

호수 한가운데 있는 하리 만디르.

물을 마시는 정화 의식.

되어 보이는 황금사원 곳곳에 스피커를 통해 울려 퍼지고 있었다.

겉으로 보이는 평온이었다. 독립국가를 만들겠다는 시크교도의 의지는 현실의 벽에 부딪혔는지 모른다. 1984년을 고비로 펀잡 내 시크교도의 분리주의 운동은 추진력을 잃었다. 그러나 2007년 2월 치러진 선거에서 지역 정당인 아칼리 달이 집권에 성공했다. 이전까지는 국민회의당이 펀잡 주 의회에서 다수를 구성, 집권할 정도로 ‘시크 독립국’ 이슈는 현실에서 멀어져 있었다. 암릿사르 출신인 만모한 싱 총리(시크교도)가 연방정부의 중심에 자리 잡고 있는 것도 달라진 현실을 반영하고 있다.

시크교도의 정신은 약화되지 않았다. 시크 역사관을 돌아보면서, 이들은 왜 자신들의 역사를 그토록 참혹한 그림으로 그려, 후손들에게 무얼 전달하고 있을까 하는 생각이 자꾸 들었다. 어디서도 그런 참혹한 그림을 본 적이 없었다. 목이 잘리고 교수형을 받는 모습은 아무것도 아니었다. 큰 칼이 정수리에서 아래로 들어가 가슴까지 내려간 뒤 몸이 두 동강 나고 있는 모습, 끓는 가마솥에 들어가 삶겨지는 모습, 칼날이 달린 톱니바퀴에 몸이 들어가기 직전인 모습, 순교자 10명의 끔찍한 최후 모습을 담은 사진 등 잔혹하기 짝이 없는 장면을 그대로 전달하고 있었다.

시크 사회의 500년 역사는 종교 박해와 외부로부터의 침략으로 점철되어 있었다. 고통의 신음소리가 귀에 들리는 듯하다. 무굴제국의 창건과 비슷한 시절 구루 나낙에 의해 1507년에 만들어진 시크교는 이후 1708년까지 10명의 지도자인 ‘구루’를 배출했다. 하지만 이 가운데 4명이 순교할 정도로 밖으로부터의 강한 도전에 부딪혔다. 5대 구루인 아르준 뎁(1563~1606년)은 첫 순교자다. 시크교 성서를 집대성한 인물로, 시크교 세력이 급속도로 확산되는 데 위협을 느낀 무굴 황제 제항기르에 의해 체포되어 혹독한 고문 끝에 숨졌다.

시크교 성직자의 복장.

6대 구루인 하르 고빈드(1595~1644년)는 처음으로 시크교를 지키기 위해 전쟁을 벌인 인물이다. 무굴제국과 모두 4차례 전쟁을 벌였고, 인도 중부 도시 괄리오르 성에 1년간 투옥되기도 했다. 그는 이 과정에서 시크교를 전사 집단화했고, 몸에 두 개의 칼을 항상 차고 다니는 시크교의 전통을 만들었다. 9대 구루 텍 바하두르(1621~1675년)는 무굴의 아우랑젭 황제에 의해 델리에 끌려가 무굴 황성인 랄킬라(레드 포트) 앞 찬드니 촉 거리에서 순교했다.

텍 바하두르가 순교한 건 이슬람으로 개종하는 것을 거부했기 때문이다. 당시 아우랑젭 황제는 카슈미르 지방의 힌두교도에게 개종을 요구했고, 카슈미르의 힌두교도인 판딧Pandit들은 텍 바하두르를 찾아갔다. 텍 바하두르는 그들에게 "나를 개종시킬 수 있으면, 카슈미르의 힌두교도들도 개종할 것이라고 아우랑젭에게 전하라"고 말했다. 그는 이후 델리에 끌려갔고 아우랑젭 앞에서 개종을 거부하여 목이 잘렸다. 마지막이자 10대 구루인 고빈드 싱(1666~1708년)은 아우랑젭과의 전투에서 네 아들을 모두 잃었다. 고빈드 싱은 이제 더 이상 구루가 없을 것이라고 선언, 그 자신이 마지막 구루가 됐다.

이후 편잡의 시크교도들은 서부에서 온 아프가니스탄 왕의 침공을 받아 1761년 황금사원이 대파되는 비극을 겪었다. 시크교 역사의 정점은 1799년 마하라자 란짓 싱Maharaja Ranjit Signh(1780~1839년)이란 불세출의 인물이 등장하여 라호르(오늘날 파키스탄령 편잡 주도)를 중심으로 카슈미르, 현재의 파키스탄 등 북인도를 아우르는 첫 시크 왕국을 세우면서

영국군이 시크들을 학살한 참혹한 장면 상상도.

다. 란짓 싱은 황금 100킬로그램을 희사하여 황금사원을 금으로 장식했다. '황금사원' 이란 속칭이 이때부터 시작된다. 하지만 그의 사망 이후 영국군의 침략을 받아 두 차례의 전쟁이 벌어졌고, 펀잡은 1849년 영국의 수중에 떨어졌다.

이런 역사 속에서 시크교도들은 강한 군대 조직으로 거듭났다. 영국 식민지 시절, 다수가 군문軍門에 들어갔다. 이들은 영국 식민 통치에 맞서 일어났던 '세포이 난' 에 진압군으로 크게 활약한다. 난을 일으킨 영국 식민지 주둔군 내 인도인 병력들은 벵골 지방 출신들이었고, 이들에게 시크교도들이 동정을 보일 이유는 없었다. 반란군은 무굴제국의 마지막 황제 바하두르 샤 자파르 2세Bahadur Shah Zafar II를 지도자로 추대했고, 시크 연대 병력들은 자신들을 박해했던 무굴의 황성 '레드 포트' 를 부수고 들어갔다. 무굴의 황제들이 참배했던 레드 포트 바로 앞의 이슬람 사원 '자마 마스지드' 의 넓은 마당을 주둔지로 삼은 것도 시크 연대였다. 영국군에 입대한 시크교도의 수는 계속 증가했다. 1차 세계대전이 시작된 다음해인 1915년에 3만 5,000명이었고, 1차 세계대전이 끝날 때쯤에는 10만 명을 넘어섰다. 인도의 대표적인 무장 독립 투쟁가인 수바시 찬드라 보스Subhash Chandra Bose(1897~1945년)가 싱가포르에서 일본군의 포로가 된 인도군을 모아 독립군INA, Indian National Army을 조직, 미얀마를 지나 인도를 향해 진격했을 때 병력 2만 명 중 3분의 1이 시크교도였다.

시크교도의 전사적인 전통은 현 인도군에 그대로 반영되어 있다. 공식적인 통계는 없으나, 시크교도 출신이 인도 전 병력의 10%를 차지한다는 게 통설이다. 인도 전체 인구의 2%가 안 되는 시크교도가 군의 10%를 차지한다는 건 엄청난 비중이다. 1947년 인도가 독립한 뒤 군이 정치 전면에 나서는 후진국형 쿠데타를 경험하지 않은 건, 시크교도가 군을 쥐고 있었기 때문이라는 해석도 나온다. 시크교도는 인구의 극소수에 불과해, 탱크를 앞세우고 뉴델리의 권력을 장악해도 국가를 통치하기에는 역부족이라는 것이다. 현재의 육군 참모총장인 J. J. 싱 장군(1945년생)은 시크교도 출신으로는 처음으로 2005년 육군 최고위직에 올랐다.

예비역 육군 중령으로, 시크 왕국을 세운 마하라자 란짓 싱의 후손인 M. S. 사르카리아는 군 입대를 선호하는 시크교도 사회의 분위기와 관련하여 "지금 당장 동네에 나가도 2시간이면 100명의 군 입대 희망자를 모을 수 있다. 그리고 열흘을 주면 1만 명은 쉽게 모을 수 있다"고 말하면서, "농촌의 경우 75% 이상이 아들을 군에 보낸다"면서 "시크교도의 용기를 보일 수 있는 기회이기 때문"이라고 덧붙였다.

하지만 강한 부대로 유명한 시크 연대는 1984년 '푸른 별 작전' 이후 크게 흔들렸다. 황금사원에 군 병력이 진입한 지 이틀 후 파키스탄 접경 강가나가르에 주둔 중이던 시크 연대 9대대 장병 수백 명이 한때 무장 반란을 일으켰다. 그리고 북부 비하르 주둔 시크 연대 소속 병력 1,461명의 병영 이탈은 군부 내 시크교도들의 가장 큰 반발이었다. 이들은 무장한 채 암릿사르를 향해 이동하다가 비하르 주 접경인 도시 바라나시 인근에서 저지당하자 포격전까지 벌이며 전투를 치렀다. 양측에서 35명이 사망했다. 이후 인도 정부는 시크교도의 군 내 비중을 낮추기 위해 기존에는 병력을 선발하지 않던 지역에서도 골고루 모병하기 시작했다.

시크교 사회에 불고 있는 변화의 바람

인도에서 시크교도는 부자의 대명사이다. 인도 내 시크교도의 삶의 공간인 편잡 주는 인도 내에서 가장 소득이 높은 지역이다. 인도 내 밀 생산량의 22%, 쌀 생산량의 10%를 생산하는 곡창 지대이기도 하다. 또한 다수의 시크교도가 이민을 떠나 영국, 미국, 캐나다, 호주 등지에 강력한 커뮤니티를 형성하고 있다. 이들이 송금하는 돈은 편잡 시크교도의 지갑을 두툼하게 만들고 있다.

실제로, 황금사원의 지붕에 금을 입히기 위해 기부를 받고 있는 함 속에는 100루피(약 2,500원)짜리 인도 고액 화폐는 물론 미화 100달러짜리 아메리칸 익스프레스 발행 여행자수표, 금반지, 금팔찌도 수북했다.

분리주의 운동이 급커브를 그리면서, 머리를 기르고 수염을 깎지 않는 시크교의 문화에

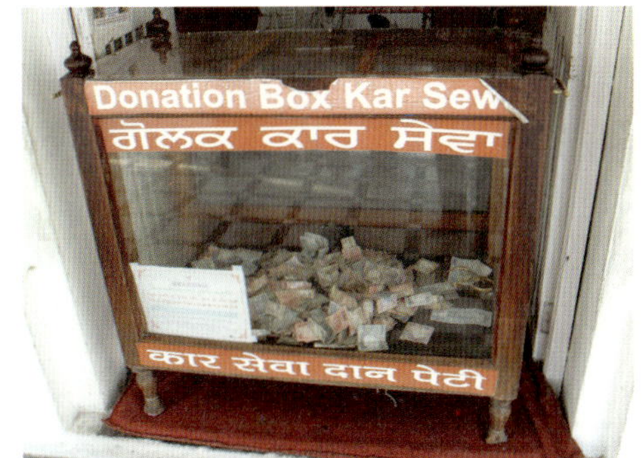

기부함.

도 서서히 변화가 오고 있다. 터번은 시크교도를 알아볼 수 있는 가장 단적인 표식이다. 터번 속에 가려진 머리칼은 원래 자르지 않는 것이나, 암릿사르에서 만난 부동산업자 라진데르 싱(1967년생)은 여섯 살 난 아들의 머리를 짧게 깎아 놓았다. 그는 "아이도 머리 모양을 좋아한다"면서 자신도 터번을 쓰고 있지만 머리칼은 깎았다고 말했다. 많은 사람들이 머리를 깎는다고 했다. 시크교 사회에도 변화의 바람은 불고 있었다.

이런 현상은 2001년 미국에 대한 9·11 테러 때문이라는 게 가장 큰 이유다. 9·11 테러 발생 이후 펀잡 주 농촌의 젊은이들이 서구로 이민 가려고 했을 때 이들은 무슬림으로 오해를 받았다. 이로 인해 '다른 사람처럼 보이려고' 머리를 깍고 터번을 벗고 있다. 출입국장의 이민국 심사대를 통과하기가 쉽다는 것이다. 터번을 쓰지 않는 새로운 유행은 4, 5년 전부터 시작됐다.

이에 대해 몇몇 기관은 전통 회귀 노력을 벌이고 있다. '케시 삼발 프라차르 산스타'는 암릿사르와 잘란다르에서 터번을 쓰는 학교를 운영하고 있다. 이 조직의 총장인 수크뎁 싱 산다왈리아는 "소년들이 머리를 깎는 이유로 가장 많이 내세우는 게 터번을 두르는 방법을 모른다는 것이다"고 말했다. 하지만 효과는 미지수다. 흐르는 물을 언제까지 무한정 막을 수는 없는 법이다.

시리아 정교 · 유대교의 고장
코친 KOCHIN

인도 서해안 남단의 케랄라 주 제2의 도시 코친은 특이했다. 공식 이름은 코치Kochi. 기독교도가 주민 135만 명(2001년 인구 조사)의 다수를 차지하는, 힌두교 나라 속에 자리 잡은 '종교의 섬'이고, '시리아 교회'라는 잘 들어 보지 못한 기독교 종파가 상당한 세력을 형성하고 있었다.

한국인 여성 임정숙(1956년생)과 19년 전 열애 끝에 결혼한 케랄라 최대 호텔 체인 CGH어스 그룹의 이사이자 오너의 아들인 바부 도미니크(1959년생) 이사를 만나 그의 종교를 물으니 "시리아 교회 신자"라고 답한다. 코친에서 오래된 역사적인 장소인 '포트 코친Port Cochin'에 갔을 때 만난 CGH호텔 계열사인 브룬톤 보트야드 호텔의 20대 직원도, 이 지역 최대 신문인 〈말라얄라 마노라마Malayala Manorama〉의 경영주인 필립 매튜도 시리아 교회 신자이다. 또한 신문에 연 1,000만 루피(2억 5,000만 원)의 광고비를 쓰는 지역 최대의 광고주인 LG전자 지역 책임자 마틴 조셉도 마찬가지였다.

〈말라얄라 마노라마〉의 자베드 파르베시 기자는 다음과 같이 말한다.

"기독교도의 정치적인 영향력이 절대적입니다. 코친 시장, 연방의회

14세기부터 향료 무역 센터로 유명한 항구 도시. 인도 서해안 아라비아 해에 접해 있다. 1503년 포르투갈이 점령, 인도 내에서 최초로 유럽 식민지가 됐다. 이후에는 네덜란드가 점령하는 등 이 지역의 부를 노린 외침이 많았다. 오래된 유대인 거주지도 있다. 동아시아인들은 별로 찾지 않으나, 유럽 여행객들이 많이 찾는 곳이다. 인구는 135만 명이다.

하원의원, 주 의회 하원의원이 모두 로마 가톨릭이거나 시리아 교회 소속이지요. 공산당도 기독교의 지역 내 영향력 때문에 기독교도인 무소속 후보를 선거에서 지지했을 정도입니다."

고대 기독교의 꽃을 피운 제2의 항구 도시

시리아 교회는 서기 52년 예수의 12사제 중 한 명인 도마가 인도에 건너와 전도하면서 시작됐다고 현지인들은 말하고 있다. 코친은 지구상에서 가장 오래된 기독교 커뮤니티 중의 하나라고 이들은 자

코친 최대의 시리아 교회인 성 마리아 성당.

랑한다.

코친 시내의 마린 드라이브 거리에 자리 잡은 코친 최대의 시리아 교회인 성 마리아 성당St. Mary's Cathedral Basilica은 공들여 지은 예쁜 건축물이었다. 밝은 노란색이 화사하게 다가온다. 50대의 피부가 검은 인도인 주교 안토니 신부는 "기원후 52년에 사도 도마가 코친 북부 케랄라 해안에 상륙해 복음을 전도했고, 그가 세운 교회가 시리아 교회"라고 말했다.

코친 내 시리아 교회 수를 묻는 필자의 질문에, 자신의 방 책상 위에 놓인 소책자를 펼쳐 손으로 세기 시작하더니 23개라고 한다. 숫자를 좋아하는 기자의 직업상, 필자가 그러면 신자는 얼마냐고 다시 물으니, 사전 예고 없이 찾아온 불청객의 질문에 그렇게 싫다 하지 않고 다시 책장을 넘겨가더니 5,961가족이라고 했다. 신자들이 필자 뒤에 기다리고 있어 바빠 보이는 그를 붙잡고 더 이상 질문을 하기는 힘들었다.

필자는 기독교 하면 신교와 구교, 그리고 신교에는 다양한 종파가 있고, 구교에는 로마 가톨릭과 동방정교가 있는 것으로 알고 있었다. 동방정교는 콘스탄티노플에 대주교가 있었고, 아르메니아 교회, 러시아 정교 등이 추가로 있다는 정도만 알고 있었다. 코친에서 발견한 시리아 정교에 대해서는 사전 지식이 없었다.

더구나 시리아 교회는 인도에 뿌리를 내린 뒤 2,000여 년의 시간을 보내면서 분파가 적지 않게 생겨 필자의 혼선을 부채질했다. 교회의 족보에 대해, 코친에서 만난 사람들이 저마다 다른 설명을 해줬다. 어떤 이는 '시리아 정교Syrian Oxthodox Church', '시리아 자코바이트Syrian Jacobite', '시리아 가톨릭Syrian Catholic' 등 3개가 있다고 했고, 또 어떤 이는 더 종류가 많다며 다른 '버전'를 내놨다. 이로 인해 끝내 명쾌한 해답을 얻지 못했고, 숙제로 남아 있다. 하지만 분명한 건 코친에서 시리아 교회는 소수였고, 훗날 인도양을 건너간 포르투갈인들에 의해 전해진 로마 가톨릭 교회가 다수였다는 사실이다.

코친의 기독교인들 상당수가 서양식 이름을 갖고 있는 점도 특이했다. 필립 매튜, 마틴 조셉, 바부 도미니크……. 이름만 봐서는 서양인으로 착각할 정도다. 이들은 기독교 신자일 뿐만 아니라, 지역 사회의 상층부를 구성하는 실력자들이다. 인도는 힌두교가 전체 인구의 80% 이상을 차지하며 정치와 경제를 압도하고 있는 나라다.

기독교가 코친에 일찍 전도될 수 있었던 건 이 지역 특유의 개방성 때문이다. 코친은 인도 서해안에서 뭄바이에 이어 두 번째로 큰 항구로, 서쪽으로는 동아프리카 및 중동, 동쪽으로는 중국과 고대부터 교역을 해왔다. 외부 세계와의 교역과 교류로 인해 이곳 주민들은 자연스럽게 외부 문화를 존중하고 극단적으로 배척하지 않는 포용성과 개방성을 갖게 된 것으로 보인다. 도마가 케랄라의 말라바르 해안에 배를 타고 온 건 고대부터 팔레스타인 땅과 남인도 간의 해상 무역이 있었고, 예수 사후 그는 이 같은 무역 항로를 따라 인도 땅으로 복음 전도를 위해 건너온 것이다.

'포트 코친' 지역에 있는 유대 교회는 이 같은 양쪽 지역의 교역설을 뒷받침한다. 유대인 마을 Jew Town 내 골목 끝에 자리 잡은 수백 년 된 교회 '파라데시 시나고그'. 회당 입구 오른쪽에 있는 역사 전시실에 걸린 한 그림에는 다음과 같은 설명이 적혀 있다. "기원전 992~952년 솔로몬 왕국과 말라바르 해안(케랄라 주 북쪽) 간의 무역이 있었다. 당시 인도는 오두 ODHU 라고 불렸다. 인도는 티크, 상아, 향료, 공작을 팔레스타인 지역에 수출했다."

도마는 이곳에 와서 상위 카스트의 힌두들을 개종시켰으며, 7개의 교회를 세웠다고 전해지고 있다(이슬람과 같은 외래 종교는 통상 하위 카스트들을 개종하는 데 성공했다. 하위 카스트만이 계급 구조에서 벗어나기 위해 개종을 선택했기 때문이다. 이 점에서 볼 때 상위 카스트가 개종했다는 점은 특이하다). 이는 당시 이 지역에 살던 인도 사람들이 외부 세계와 다른 종교에 대해 보인 놀라운 관용을 잘 설명해준다.

코친 인근 고대 주민들의 관용은 유대인의 정착 과정에서도 확인할 수 있었다. 이들은 로마제국의 박해를 피해온 유대인을 받아들이고 식량과 살 땅을 제공했다. 파라데시 시나고그 역사 전시실의 또 다른 그림에는 다음과 같은 설명이 적혀 있다.

"일단의 유대인들은 기원후 70년 로마제국이 예루살렘의 두 번째 성전을 파괴한 뒤 유대인을

'파라데시 시나고그' 내부. 바닥에 값비싼 분청자기 타일이 깔려 있는 게 인상적이다.

이스라엘 땅에서 추방하자 인도를 향해 떠났다. 이들은 기원 후 72년 말라바르 해안의 도시 크란가노르에 도착했으며, 이 지역의 라자(힌두 왕)는 유대인을 받아들였다. 이후 379년에는 (라자의 허용 아래) 유대인 왕국을 세웠다."

유대인 마을 수공예품 거리.

　유대인들은 크란가노르에 정착해 1,500년 동안 잘 살았다. 하지만 이들은 1524년 코친으로 옮겨 가야 했다. 그건 인도인이 아닌 멀리 유럽에서 지구를 반절 돌아 뒤늦게 찾아온 포르투갈인의 종교 탄압 때문이었다. 그러나 이들은 코친에서 다시 현지인의 환영을 받았고 그곳에서 안정된 삶을 누렸다. 이들을 '코친 유대인'이라 부른다. 당시 유대인 커뮤니티의 엄청난 부는 '파라데시 시나고그'의 바닥에 깔려 있는 값비싼 중국제 분청자기 타일 1,000여 장을 보면 짐작할 수 있다.

　하지만 코친 유대인들은 대부분 이스라엘이나 미국으로 이주해가고 없다. 10여 명만이 남아 있는 실정이다. 유대인 동네에서 수공예품 가게를 운영하는 알타프 아흐마드는 "1954년만 해도 유대인 5,000명이 살았다고 한다. 하지만 이스라엘 건국 뒤 대부분 떠났다"고 말했다. 길에서 만난 유대인 러첼 할머니는 나이를 묻는 필자의 질문에 "오래 살았다"고 하더니 "이제는 13명만 동네에 남아 있다"며 귀찮은 표정을 지었다. 90세가 넘은 러첼 할머니 등 남은 사람은 대부분 노인이었다.

개방적 성향으로 교육열 높고 해외 진출도 활발

사도 도마 시대로부터 1,500년 가까이 지나 이 지역을 찾은 유럽의 유명한 인사는 포르투갈의 항해가 바스코 다가마였고, 그 역시 당초 이 지역 주민들로부터 환대를 받았다. 1497년 그는 포르투갈 리스본을 떠나 아프리카 남단 희망봉을 돌아 1498년 5월 코친 북부의 항구 도시 캘리컷Calicut 인근에 도착했다. 이른바 인도 항로를 개척한 것이다. 하지만 포르투갈인이 값싼 장신구를 귀중품이라고 속이려 하자, 이에 분개한 주민들에 의해 바스코 다가마는 한때 감금당하기도 했다. 그는 1524년 9월 인도 총독으로 부임하였으나 그해 12월 코친에서 사망하였다.

동쪽으로부터는 중국인들이 해양 실크로드를 따라 코친을 찾았다. 명나라의 세 번째 황제인 영락제는 정화鄭和가 이끄는 함대를 파견했고, 코친의 지배자도 1405년과 1412년 두 차례 대표단을 명나라에 보냈다. 영락제는 1416년 코친의 지배자 키일리를 왕으로 책봉하는 한편, 한자 64자로 된 자작시를 석판에 새겨 하사한 것으로 전해진다.

중국과의 교류를 보여주는 증거는 중국식 어망Chinese Fishing Nets이다. 코친 항구로 들어가는 좁은 입구의 포트 이마누엘 인근 해변에 중국식 어망이 10여 개 놓여 있다. 물고기를 잡아올렸던 과거의 생활 방식을 보여주는 관광 코스로 인기가 높다.

코친과 케랄라인들은 외부인에 대
한 개방적 성향이 높았을 뿐만 아니
라 자신들도 바다를 건너 외국에 활
발히 진출했다. 바스코 다가마가 동
아프리카의 모잠비크와 뭄사바
Momsaba(케냐의 항구 도시)에 도착해 그
곳에서 아라비아 해를 가로지를 수
있었던 건, 일찍부터 이 바다를 건너

중국식 어망이 놓여 있는 해변.

다닌 케랄라인 항해사의 도움 때문일 것이라고 샤시 타루르 전 유엔사
무차장은 자신의 책 《인도》에서 주장한다.

이 같은 전통은 현재도 진행형이다. 중동에 오일 달러가 쏟아지면서
건설 붐이 일어나자 이곳에 제일 먼저 달려간 사람들은 케랄라인들이
었다. 아랍에미리트, 쿠웨이트, 사우디아라비아 등 걸프 지역에 취업과
정착을 위해 현재 체류 중인 인도인들은 360만 명에 달하며 이 가운데
절반이 케랄라 출신이다. 특히 바레인(인구 68만 8,000명, 2005년 통계)에는
인도인이 수적으로 현지인을 압도하고 있다.

코친의 중심인 엠지로드 거리 인근에 사는 비나 보비(32)는 "전기 기
술자인 남편과 함께 7년 동안 사우디아라비아, 오만의 무스캇, 아랍에
미리트의 아부다비에서 살았어요. 코친에서는 저축할 만큼의 수입이
안 됐거든요"라고 말한다. 그는 2005년 12월 중동 생활을 정리하고 귀
국했고, 그간 모은 돈에 은행 대출금을 합해 250만 루피(약 6,250만 원)
상당의 깨끗한 아파트를 샀다.

케랄라 주정부는 해외 거주 주민이 많은 점을 감안하여 이들 문제를
전담하는 주정부 부처를 인도 주 중에서 최초로 만들었고, 비싼 항공료
가 주민들에게 부담이 되는 점을 내세워 독자적인 항공사인 케랄라 항

케랄라 최대 호텔 체인 CGH어스 그룹의 브룬톤 보트야드 호텔. 영국 식민 통치 시절 조선소 건물이었다.

공을 추진하고 연방정부의 승인을 기다리고 있다.

필자가 뉴델리에서 3시간가량 비행기를 타고 남쪽으로 날아 코친 공항에 도착했을 때, 인도 국영 항공기와 함께 서 있던 항공기도 중동에서 날아온 파란색 디자인의 쿠웨이트 항공이었다. 코친 국제공항의 국제노선은 대부분이 중동행이고, 중동으로 연결된 노선이 인도 내에서 가장 많기도 하다. 중동에서만 걸프 항공(바레인, 오만 등 소유), 오만 항공, 아랍에미리트 항공, 쿠웨이트 항공, 카타르 항공, 사우디아라비아 항공 등이 취항하고 있다.

이 같은 활발한 해외 진출로 인해 케랄라 주의 최대 수입은 해외 거주민이 보내온 해외 송금이다. 이를 빗대 케랄라 경제는 '우편환Money Order 경제'라고 불리기도 한다. 인도의 지난 1991년 외환위기가 '케랄라 발發'이라는 설명도 있다. 인도는 1991년 1월 외환보유고가 10억 달러 밑으로 떨어지면서 외환위기에 처해 국제통화기금IMF에 손을 내밀어야 했다. 사회주의 성향 경제의 한계로 인도중앙은행의 외화가 바닥을 드러낸데다가, 1차 걸프전 발발로 이 지역의 인도 취업자 상당수가 철수하면서 이들의 해외 송금이 격감했기 때문에 외환위기가 촉발됐다는 것이다. 중동 취업자의 절반이 케랄라 출신이니, 인도가 경제 개방으로 가는 출발점이 됐던 외환위기가 '케랄라 발' 이라는 주장이다.

케랄라 주민들의 해외 진출에는 문맹률 0%에 가까운 높은 교육 수준이 크게 작용하고 있다. 인도의 전국 평균 문자 해독률이 65.38%에 그치고 있는 점을 감안하면 케랄라의 높은 문자 해독률은 기적에 가까울 정도다. 교육 수준은 높은데 케랄라에서 좋은 직장을 찾기 힘드니 케랄라인들은 다른 주로, 외국으로 뛰어나가고 있다.

이와 관련 코친의 사립 명문 초중등교인 초이스 학교의 몰리 시킬 교장은 "코친과 케랄라에는 소규모 마을에도 반드시 교회가 있고 이들은 모두 학교와 병원을 운영하고 있다"며 문자 해독률이 높은 배경을 설명했다. 코친은 지난 1996년 현지어 발음에 가까운 코치Kochi로 이름을 바꿨다. 하지만 여전히 현지인과 외국인에게는 코친이 더 친숙하다.

티베트 불교 문화의 중심지

DHARAMSALA

다람살라

불교와 힌두교가 오래전부터 혼재해온 해발 1,457미터에 자리 잡은 산악 도시. 티베트 정치·종교 지도자 달라이라마(제14대)가 망명, 이곳에 자리를 잡으면서 세계적인 명성을 얻고 있다. 달라이라마의 추종자인 미국의 영화배우 리처드 기어는 거의 매년 이곳을 찾는다. 영국 식민지 시절에는 델리의 영국인을 위한 피서지로 유명했다. 인구 1만 9,000명.

주변이 갑자기 어수선해졌다. 법당 앞을 보고 앉아 있던 사람들이 뒤를 돌아본다. 필자도 덩달아 고개를 뒤로 돌렸다. 달라이라마였다. 고명한 그가 붉은색 가사를 입고 법당을 향해 뒤쪽에서 환히 웃으며 걸어 나오고 있다. 자신의 법문을 듣기 위해 찾아온 이들에게 인사를 한다. 1935년생으로 나이 70이 훌쩍 넘었지만 얼굴 표정이 아이처럼 해맑다. 경이로운 느낌이다.

달라이라마를 만나다

인도 북부 히마찰 프라데시 주의 히말라야 산자락에 위치한 다람살라 Dharamsala. 중국의 티베트 강점을 피해 탈출해온 티베트 망명정부가 자리 잡고 있고, 티베트 난민 4,000여 명이 살고 있다. 이곳의 대표적인 티베트 불교 사원이자, 달라이라마의 거처 옆에 있는 남걀 사원에서 달라이라마는 한국인을 위한 연례 법문 행사를 갖고 있다(2006년의 경우 8

달라이라마가 법당에 들어오고 있다.

월 14일부터 일주일간 열렸다).

달라이라마는 티베트 불교의 수장일 뿐만 아니라 세계적인 정신적 지도자다. 인도는 불교의 발생지이면서도 불교가 사실상 소멸된 지 천 년이 넘었는데, 달라이라마는 그러한 인도에서 불교를 상징하는 인물이다. 법당에 들어선 달라이라마는 높은 단상 바닥에 주저앉았다. 그가 티베트어로 말하고, 20대 한국 여성이 통역을 했다. 구부정하게 걷는 모습과는 달리 그의 목소리는 바리톤으로 굵직했고 기력이 넘친다.

농담으로 말을 시작했다. "한국에서 오신 진옥 스님, 어제 암릿사르를 통해 도착했다고 들었는데 눈 붙일 틈은 있으셨는지요?" 그는 고개를 옆으로 돌려 좌대 아래를 바라본다. 달라이라마가 앉아 있는 높은 좌대 양옆으로는 한국에서 온 승려들이 앉아 있다. 거기에 있던 진옥 스님에게 무슨 답을 들었는지 달라이라마는 잠시 뒤 "그러면 지금 비몽사몽이겠네요"라고 말했다. 법당은 순간 웃음바다가 됐다.

달라이라마와 20여 미터 떨어져 있어 그의 표정을 정확히 읽기는 쉽지 않았다. 한국인을 위한 법문인 만큼 법당 안에는 한국인의 입장만 허용되고, 다른 나라 사람들은 법당 밖에서 달라이라마의 설법을 경청하고 있다. 달라이라마는 특히 서양에서 인기가 높다. 이날 법문에도

❶ 설법하는 달라이라마.
❷ 영혼의 안식을 찾아 다람살라에 온 서양인들.

백인들이 많이 보였다. 달라이라마는 아시아를 대표하는 정신적 지도자이자, 세계적인 슈퍼스타다. 사람들은 그에게서 새로운 정신적 위안을 얻으려 한다. 남걀 사원 측은 서양인에게는 영어 통역기를 지급하여 달라이라마의 강론을 동시통역으로 들을 수 있도록 했다.

그는 2005년에 이어 《입보리행론入菩提行論》에 대해 얘기하겠다고 했다. 이렇게 첫날 두 시간 반의 오전 강의가 시작되었다. 《입보리행론》은 7세기 인도 날란다 대학 출신의 인도 승려 산티데바가 보살의 길을 설명한 불교 서적이다. 날란다 대학은 인도 중북부 비하르의 주도 파트나 인근에 5세기쯤 세워진 불교 사원 겸 당대 최고 최대의 학문 기관이다. 중국의 현장법사를 비롯하여 중국과 한국에서 많은 유학생이 수학하기도 했다. 인도와 중국 정부는 양국 우호의 표시로 최근 이곳에 현장 센터를 열었다.

달라이라마가 무슨 말씀을 하실지 필자도 귀를 쫑긋 세웠다. 세계적인 종교 지도자로부터 마침내 한 말씀 들을 기회를 잡았다는 생각에서였다. 하지만 불교 신자가 아니고, 불교에는 문외한이어서 그런지 법문을 이해하기 힘들었다. 큰스님인 만큼 쉽게 풀어서 일반인이 잘 알아듣게 이야기할 것이라는 기대가 어긋났다. 법문은 일반 신자가 삶을 살아가는 데 도움이 되는 얘기를 들려주는 게 아니라, 《입보리행론》 강론에 집중됐다. 혹여 달라이라마가 말한 걸 제대로 통역하지 못하는 것은 아닌가 하는 생각이 들었다. 통역을 제대로 교육받은 사람은 아닌 듯했다. 정식 통역은 화자話者가 '뭐뭐 해야 한다'라고 말하면 말의 내용을 그대로 전하는 법인데, 그는 '뭐뭐 해야 한다고 말씀하십니다'라는 식으로 옮겼다.

오전 강의는 낮 12시가 조금 지나 끝났다. 달라이라마는 "김치 많이 드시고 오세요"라고 다시 농담을 했다. 법당 바로 옆 마당에 오늘의 손님인 한국인을 위한 점심 공양 장소가 따로 마련되어 있었다.

달라이라마는 지난 2000년부터 매년 한 차례씩 한국인을 위한 법문 행사를 갖고 있다. 처음에는 3일간의 일정으로 시작했으나, 근래 들어서는 5일 일정으로 진행된다. 한국 정부가 중국 정부를 의식하여 달라이라마의 서울 방문을 허용하지 않아 한국의 불교 신도들이 다람살라까지 발걸음을 하는 것이라는 얘기도 있다.

다람살라까지 가는 길은 멀고 험하다. 외국에서 달라이라마를 보려면 일단 인도 델리에 온 다음, 그곳에서 10시간 정도 시외버스를 타고 북서쪽을 향해 더 가야 한다. 다람살라는 마름모꼴인 인도 영토의 북쪽 꼭지점쯤에 있다. 힌두스탄 평원을 달린 뒤 산길을 좀 달려 해발고도 1,457미터까지 올라가야 한다.

인도 속 작은 티베트, 남걀 사원

오후 법문에는 들어가지 않았다. 달라이라마의 설법을 잘 이해하지 못할 바에야 주변을 돌아다니는 게 얻을 게 많을 것이란 판단에서였다.

남걀 사원과 인근 다람살라 동네를 둘러보기로 했다. 하지만 남걀 사원 측은 사원 내부를 돌아다니는 걸 엄격히 통제했다. 보안상의 이유였다. 인도 경찰은 몇 년 전 남걀 사원에서 수도하는 승려 중 한 명을 중국 간첩으로 검거한 적이 있다고 했다. 법당 맞은편에 있는 달라이라마의 거처 추글락캉으로 통하는 길은 대형 쇠창살 문으로 막혀 있었다. 주변을 배회하는 것도 경호원들의 따가운 감시의 시선 아래서만 가능했다. 카메라는 아예 들고 들어가지도 못했다. 사전에 사원 측에 반입 허가를 받지 않으면 안 됐다. 카메라뿐만 아니라 이날 오전 법문을 듣기 위해 들어왔을 때, 법당 앞에서 금속탐지기를 통과하고, 몸 수색을 받았으며, 들고 있던 가방을 열어서 보여줘야 했다. 달라이라마에 대한 테러 방지를 위해서였다.

남걀 사원은 매우 초라한 노란색 콘크리트 건물이었다. 가파른 산기슭에 자리 잡고 있는 다람살라인지라, 사원 건물도 숨가쁘다. 북쪽으로 난 정문 쪽에서 보면 5층인데, 법당과 달라이라마의 거처에서 보면 2층 건물이다. 남걀 사원은 16세기 제2대 달라이라마가 세웠고, 역대 달라이라마를 위한 사원으로 사용되어왔다. 현 달라이라마(제14대)인 텐진 갸초가 티베트 수도 라사에 머물렀을 당시에는 남걀 사원이 포탈라궁 내부에 있었다. 달라이라마가 지난 1959년 중국의 티베트 강점을

❶ 남걀 사원 입구. 입구 왼쪽에 '세계 최연소 정치범 판첸라마 석방을 도와달라'고 쓰여 있는 입간판이 있다.
❷ 남걀 사원 옆 도로 '코라'에는 기도문이 쓰여 있는 석판들이 놓여 있다.

피해 인도로 망명해온 뒤, 티베트인들은 남걀 사원을 다람살라의 달라이라마 거처 옆에 재건했다.

사원 입구에는 좁은 1차선 아스팔트 도로가 있는데, 옥수수를 구워 파는 장사치들로 혼잡했다. 군옥수수는 현지 음식이 입맛에 맞지 않을 때 허기를 채우기에 좋았다. 사원 입구 옆 입간판에 한 소년의 얼굴이 그려져 있었다. '판첸라마 석방을 도와달라'라는 문구와 더불어 상세한 설명이 적혀 있었다.

"판첸라마 전하는 티베트에서 두 번째로 높은 지위를 가진 정신적 지도자이다. 그는 티베트인을 보호하고, 해방하고, 계몽하는 책임을 지고 있다. 1995년 5월 14일 달라이라마 전하는 당시 6살 된 겐둔 초에키 니이마를 제11대 판첸라마로 인정했다. 하지만 5월 17일 중국 정부는 그를 납치했고, 오늘날까지 그의 행방이 알려지지 않고 있다. 그래서 우리는 각국 정부와 비정부기구들, 그리고 개인들에게 제11대 판첸라마의 즉각적인 석방을 위해 지지해줄 것을 요구한다."

판첸라마의 석방을 도와달라는 또 다른 입간판에는 그를 '세계 최연소 정치범'이라고 표현하고 있었다.

티베트 망명정부의 미래

다람살라는 인도 내 불교의 중심지이면서도 티베트 독립 운동의 중심지이기도 하다. 티베트 불교에 관심을 기울이는 사람이라면 티베트의 자치 혹은 독립운동에 관심을 가지지 않을 수 없다.

티베트 망명정부는 남걀 사원에서 '다람살라' 쪽으로 차로 약 5분 정도 내려간 곳에 있다. 흔히 남걀 사원이 있는 윗동네를 다람살라와 구분해 '맥그로드 간즈' 라고 구분해서 부르기도 한다. 다람살라 지역은 대부분 평탄한 고원 위에 자리 잡고 있다.

입구에는 '티베트 중앙정부청사' 라고 영어와 티베트어로 보이는 글자가 나란히 쓰여 있었다. 좁은 포장도로를 걸어서 들어가니 망명정부 청사들이 나타난다. 오른쪽으로 먼저 '정보 국제관계부' 청사가 보인다. 6층짜리 콘크리트 건물이다. 시선을 돌리니 왼쪽 길가에 회색 건물이 있는데, 가까이 가서 보니 '재무부' 라는 낡은 간판이 보인다. 1층에는 동네 구멍가게 같은 매점이 자리 잡고 있다. 50미터 정도 더 걸어가니 조그만 광장이 나타났다. 광장 가운데는 알록달록한 색상의 티베트식 스투파(사리탑)가 있고, 그 주변의 2, 3층짜리 건물 6, 7채에 정부 부처들이 빼곡히 입주해 있다. 2층짜리 건물 외벽에 달린 내무부, 종교 문화부, 안보부 표시판은 마치 복도를 따라 줄지어 있는 학급 표시판 같았다. 망명정부 신세이니 오죽하겠는가? 더구나 이들 건물 위에는 티베트 깃발보다는 인도의 삼색기가 더 눈에 뜨인다. 딱해 보였다.

정보 국제관계부 건물로 들어가 남걀 사원에서 이름을 받아온 언론담당관을 찾았다. 텐진 팔덴 언론담당관은 30대 초반으로 영어를 잘했다. 자신들을 성원하는 외국 언론의 보도에 많이 의존하는 망명정부이기에 외국 언론에 대해 협조를 잘해주는 듯했다.

❶ 티베트 망명정부 입구.
❷ 티베트 망명정부 청사.

그에게 최근 국제적으로 관심을 끄는 티베트와 중국의 타협 임박설에 대해 물었다. 티베트에서는 달라이라마가 2006년 7월 고향을 방문했다는 설이 나돌아 큰 화제가 되기도 했다. 팔덴 언론담당관은 "중국과의 대화는 2001년부터 2006년 2월까지 모두 5차례 있었다"면서 "다음 대화가 곧 있을 것이며, 진전이 있다"고 말했다. 팔덴 언론담당관에 따르면 양측은 2001년 중국 내 모처에서 처음으로, 그리고 2005년에는 스위스 베른에서, 2006년 2월에는 다시 중국에서 접촉했다. 처음 한두 번의 접촉 때는 분위기가 매우 딱딱했으나, 그 이후에는 양측 모두 서로의 이야기를 충분히 경청하고 있으며 중국도 대화에 상당히 긍정적인 반응을 보이고 있다고 했다. 티베트 망명정부는 중국으로부터의 독립은 추구하지 않되, 진정한 의미의 자치를 요구하고 있다고 했다.

팔덴 언론담당관은 "언제쯤 티베트에 돌아갈 수 있을 것으로 보느냐"는 필자의 질문에 "빨리 돌아가고 싶다"면서도 "인도가 영국에서 독립하는 데 200여 년이 걸렸듯이 우리도 희망을 갖되, 조급해하지는 않는다"고 말했다.

하지만 그는 "달라이라마의 중국 방문은 임박한 것으로 보인다"고 덧붙였다. 달라이라마가 2006년 7월 티베트와 접한 칭하이青海성 북동부 성도 시닝西寧 황중湟中현의 불교 성지 타얼塔爾사에 머물고 있다는 소문이 유포된 것과 관련하여, 그는 달라이라마의 방중을 앞둔 중국 정부의 공작으로 본다고 말했다. 중국 정부가, 달라이라마가 실제로 티베트를 방문할 경우 주민들의 반응을 미리 떠보는 한편, 실제 방문 시에 대비해 사전에 김을 빼는 효과를 기대한 것으로 본다는 분석이었다.

다람살라의 티베트 공동체에는 4,000여 명이, 인도 전역에는 10만 명의 티베트인이 있다고 망명정부 측은 밝혔다. 다람살라 외에 인도 내 티베트인이 몰려 살고 있는 지역은 데라둔Dehra Dun(우타라칸드 주 소재)과 마이소르Mysore(카르나타카 주의 대도시)로, 마이소르의 경우 티베트 승려만 해도 수천 명에 달한다고 한다.

더구나 달라이라마의 나이가 70이 넘은 만큼 티베트 망명정부의 후계 구도에 관심이 쏠려 있었다. 제14대 달라이라마가 타계할 경우 제15대 달라이라마가 승계해야 하나 아직 정해지지 않았고, 또한 지목된다 해도 그는 나이가 어릴 것으로 예상돼 티베트 망명정부를 이끌어갈 수 없다. 그러다 보니 과도기를 이끌 지도자가 필요하다. 이 때문에 제17대 카르마파가 유력한 후계자로 주목받고 있다.

카르마파란 티베트 불교 내 주요 세력인 카규파의 수장을 일컫는 이름으로, 현 17대 카르마파인 우르그옌 트린리 도르제Urgyen Trinley Dorje는 지난 2000년 티베트에서 인도로 탈출해왔다. 1983년생이다. 직접 만나보지는 못했으나 사진으로 본 얼굴이 범상치 않았다(도르제가 17대 카르마파이냐를 둘러싼 내부 논쟁이 있다).

다람살라는 인도의 불교 중심지로서, 많은 한국 승려들을 끌어들이고 있었다. 달라이라마 곁에서 오랫동안 수행한 청전 스님은 곁에서 지켜본 달라이라마의 이야기를 책으로 내기도 했다. 다람살라 인근에서 수행하고 있는 한국 승려들만 해도 상당수에 달할 것이라고 했다. 다람살라 인근에서 수행하고 있는 지산 스님은 "티베트 불교는 한국 불교와 다른데 왜 여기까지 한국 스님들이 오느냐"는 질문에, 한국 불교가 동력을 잃어가고 있기 때문이라고 말했다.

달라이라마에게 망명지를 제공한 건 인도의 초대 총리 자와할랄 네루다. 인도로서는 중국을 견제하기 위한 카드로 티베트 문제를 활용하고자는 포석이었다. 실제로 달라이라마가 거주해온 다람살라는 중국으로서는 손톱 밑 가시처럼 신경이 쓰이는 곳이었다. 달라이라마는 강연을 통해 세계적으로 주목을 받고 1989년 노벨평화상까지 받으면서 특히 서구에서 돌풍을 일으켰다. 달라이라마가 뜨면서 티베트의 점령자인 중국은 상대적으로 티베트를 억압하는 악의 화신으로 비쳤다.

하지만 중국과 인도 관계가 정상화되면서 다람살라의 티베트 망명 정부 입지는 좁아지는 분위기다. 제17대 카르마파의 경우 인도 정부가 행동에 상당한 제약을 두는 것으로 알려져 있다. 그는 카르마파의 인도 내 본산인 시킴 주 강톡의 룸텍 사원 방문 허가도 받지 못하고 있었다. 인도 정부로서는 베이징을 불필요하게 자극하길 원치 않는 등 이런저런 사유가 있기 때문이다. 다람살라는 중국과 인도 관계의 역사적 산물이고, 미래도 그것에 달려 있다. 그리고 제14대 달라이라마의 생몰에 세계적인 명성이 달라질 것으로 예상된다.

독특한 인도식 버스 문화, 운전수님!

델리에서 다람살라로 가기 위해 델리 북쪽 레드 포트 인근 카시미르 게이트Kashmir Gate 시외버스 터미널에서 볼보 버스를 탔다. 볼보 버스는 에어컨이 작동되는, 다람살라까지 바로 가는 고급 버스다. 버스는 밤 10시에 출발, 다음날 오전 8시에 도착한다고 했다.

짐을 화물칸에 싣고 버스에 올라탔을 때 기가 막힌 일이 벌어졌다. 필자의 좌석번호는 9번이었는데, 이미 30대 인도 남자가 차지하고 앉아 있었다. 좌석 번호를 물어봤더니 11번이라고 했다. 좌석 위 선반에 붙어 있는 '9'란 글자를 가리키며 "내 자리니 비켜달라"고 했더니 "9자 옆을 보라. 11자도 있다"며 "못 비킨다"고 했다. 세상이 이런 경우가 있나? 선명하고 굵직하게 쓰여 있는 9자 옆에 비록 눈에 덜 띄지만 11자가 있었다. 혼선을 부추길 만했다. 하지만 앞에서부터 좌석을 따져오면 그 자리는 9번 좌석이 분명했다. 그래서 자리를 옆으로 옮기라고 요구했으나 그는 막무가내였다.

운전수에게 상황 정리를 주문했지만 운전수는 "그건 차장의 일"이라며 "조금 있으면 차장이 올 테니 기다리라"고 했다. 그러는 동안, 10번 좌석표, 그러니까 내 옆 자리에 앉을 사람이 나타나 자신의 자리를 확인하는 똑같은 일이 벌어졌다. 20대 초반의 백인 아가씨였다. 그는 영어로 몇 마디 하더니, 인도인이 말을 듣지 않자 유창한 힌디어로 따지기 시작했다. 그렇지만 앉아 있는 인도 남자는 막무가내였다.

결국 차장이 나타나, 인도인에게 자리를 옮기라고 해서야 상황이 종료됐다.

한국과 달리 운전수의 뒤, 승객 좌석 맨 앞줄의 두 자리가 차장 자리로 할당되어 있었기 때문에 벌어진 일이었다. 그래서 3, 4번 좌석 손님은 첫째 줄이 아닌 둘째 줄 자리에 앉아야 했고, 원래 두 번째 줄에 앉아야 할 7, 8번 승객은 셋째 줄에 앉아야 했다.

독특한 인도식 버스 문화와 한 인도인 승객의 옹고집으로 인해 벌어졌던 잠깐의 소동이었다. 옆 자리에 앉은 백인 아가씨에게 "유창한 힌디어를 어디서 그렇게 배웠느냐"고 물었더니 "인도에서 태어났고, 부모가 다람살라에 산다"고 했다.

그는 운전수를 힌디어로 '운전수님Driverji'라고 깍듯하게 부르기도 했다. 'Ji'란 접미어는 '님'이란 뜻의 존칭으로 마하트마 간디 같은 인물의 이름 뒤에 '간디지'라는 식으로 붙인다. 인도 사회 내에서 하층계급에 속하는 운전수에게 경칭을 쓰는 것도 좋아 보였다.

2장

11억의 아우성과 갈등

<u>포스코</u> 인도 뉴델리 사무소에 들렀다가 놀란 적이 있다. 사무실 입구 쪽에 한국 여성이 일하고 있었다. 뉴델리의 한국인 사무실에서 한국 여성을 보기는 쉽지 않은지라 자연스럽게 한국어로 말을 걸었다. 하지만 돌아온 건 영어였다. 그는 한국인이 아니었다. 외모는 완벽한 한국인이었으나 인도인이었다. 인도 동북 7성 중 하나로, 중국 운남성 쪽에 가까운 미조람Mizoram 주 출신이었다.

동북 7성은 중국과 미얀마 등 동아시아에 접한 지역으로 한국인과 외모가 매우 흡사하다. 몽골 계열이기 때문이다. 미조람, 나갈랜드, 마니푸르 등 이 지역에 기독교도가 많다는 점도 우리와 같다. 지방 여행을 다니다 보면 인도인들은 외국인으로 보이는 필자에게 "어느 나라에서 왔느냐"고 자주 물어본다. 그때마다 필자는 농담으로 "아삼에서 왔다"고 한다. 그 말을 듣고 약간 의아하게 생각하는 사람도 있지만 대부분 그냥 넘어간다. 아삼은 동북 7성 가운데 제일 큰 곳이다. 우리와 비슷하게 생긴 사람들이 살고 있다.

인도 저력의 근원, 멜팅 팟

이민 국가인 미국은 다양한 인종과 종교를 갖고 있음에도 비교적 조화를 잘 이루고 산다고 하여 '멜팅 팟melting pot' 이라고 불린다. '멜팅 팟'을 직역하면 '내용물을 녹이는 항아리' 라는 뜻이다. 인도 역시 다양한 인종과 종교, 언어, 문화를 갖고 있는 멜팅 팟의 나라다. 하지만 인도의 멜팅 팟은 미국보다 구성 요소가 훨씬 다양하다. 우선 인구가 3배다. 인도는 10억 8,000만 명이고, 미국은 2억 9,500만 명이다(인도 인구는 2005년 추산이다. 인도 인구를 얼마 전까지 흔히 10억 명이라고 했다. 이때 떨어내는 '우수리' 가 있는데, 그것만 해도 한국 인구보다 많다).

동아시아 사람들은 인도 민주주의를 '과잉 민주주의' 라고 한 수 아래로 접고 봤다. 하지만 인도는 민주주의란 틀 안에서 1947년 독립 이후 인도식 멜팅 팟을 이루며 국가를 잘 유지해왔다. 이 같은 인도의 저력은 쉽게 볼 일이 아니다. 중국이 고속 성장을 하면서 질주를 하나 정치 불안이 큰 잠재 위험요인으로 지적받는 것과는 다르다.

'다른 문화', '다른 사람'에 익숙한 인도

뉴델리 한복판 대통령 관저에서 인디아 게이트까지 뻗어 있는 라즈파트Raj Path 북쪽에 자리 잡고 있는 국회의사당 산사드 바반. 2006년 3월 7일 만모한 싱 총리가 미국의 조지 W. 부시 대통령과 서명한 역사적인 핵 협정의 내용을 하원인 록 사바에 보고했다. 텔레비전에서는 싱 총리가 능숙한 영어로 의원들에게 보고하고 있는 장면을 생중계하였다.

인도에는 공식언어가 없다. 힌디어 사용을 권장하되, 행정 문서에는 영어를 공식언어가 정해지기 전까지 사용할 수 있도록 하고 있다. 국회의사당 내에서는 영어가 더욱 보편적으로 사용된다. 제1언어인 힌디어를 이해하지 못하는 지역에서 온 의원이 상당수이기 때문이다.

인도에는 헌법에 명시된 지방어만 15개(아삼어, 벵골어, 구자라트어, 힌디어, 칸나다어, 카슈미르어, 말라얄람어, 마라타어, 오리야어, 펀잡어, 산스크리트어, 신드어, 타밀어, 텔루구어, 우르두어)이고, 그 밖의 언어를 모두 합치면 무려 1,500종이 넘는다. 힌디어는 인도 북부 지방의 언어로 인구의 40% 정도가 사용한다. 인도 남부의 케랄라, 타밀나두, 카르나타카 지역 의원들 중에는 힌디어를 모르는 경우가 많다. 최근에는 텔레비전의 보급으로 힌디어가 전국적으로 널리 이해되고 있기는 하지만, 여전히 지방어가 주된 언어이다.

때문에 의사당에는 동시통역사가 필요하다. 영어를 못하는 사람들은 자신의 지방어로 말하고, 이들의 발언은 동시통역사에 의해 해당 언어로 동시통역 서비스되고 있다. 그런 탓에 의사당 의석에 앉은 의원들이 모두 머리에 헤드폰을 둘러쓰고 있다. 유엔이 아닌 이상, 국회에서 의사일정 진행을 위해 동시통역사가 동원되는 건 인도 외에는 보기 힘들지 않을까?

지난 1996년에는 힌디어를 할 줄 모르는 총리가 등장하기도 했다. 카르나타카 주 출신의 데베 가우다 총리였다. 그는 올드델리의 옛 무굴 제국 황성인 레드 포트에서 독립기념일 연설을 하면서 카르나타카 지방어인 '칸나다어'로 연설했다. 국민의 대다수가 알아듣지 못하는 언어로 지도자가 연설하는 장면은 다른 나라에서는 상상할 수 없다.

인도의 주들은 독립 후 주로 언어권에 따라 경계선이 그어졌다. 예를 들어 뭄바이가 있는 마하라슈트라 주는 마라타어 사용권이고, 구자라트 주는 구자라트어 사용권, 타밀나두 주는 타밀어 사용권이다.

인도의 최고 정치 명문가인 네루-간디 집안을 보자. 순혈주의 흔적은 없고, 혼혈 문화에 익숙하다. 자와할랄 네루 인도 초대 총리(1889~1964년)는 외동딸인 인디라 간디 총리(1917~1984년)의 배우자로 파르시 출신을 맞았다. 인디라 간디의 큰며느리는 이탈리아 토리노 건축업자의 딸(소냐 간디 현 국민회의당 대표, 라지브 간디 전 총리의 미망인)이다. 작은며느리는 펀잡 지방의 시크교도(마네카 간디 현 하원의원, 산자이 간디의 미망인)이다. 또 소냐 간디의 외아들인 라훌 간디(1970년생) 의원은 아직 미혼이나 외국 여성과 결혼할 가능성이 높다. 그는 스페인 출신 건축가 베로니케와 교제하고 있다고 밝힌 바 있다.

인도 제1의 명문가가 이렇게 잡탕이라는 사실은 '순혈'을 중시하는 한국인에게는 매우 놀라울 수 있다. 하지만 인도인에게는 별달리 문제가 되지 않는다. 단일 민족이 단일 문화를 형성하며 살아온 국가와는 달리, 인도는 '다른 문화, 다른 사람'에 익숙해 있다. 그리고 그걸 당연한 것으로 받아들인 결과 관용의 문화가 자라났다고 스스로 말한다.

이런 세속적인 문화는 현재의 인도 권력 구도에도 그대로 반영되어 있다. 인도의 상징적 국가원수인 대통령은 무슬림(압둘 칼람), 행정부를 실질적으로 이끌고 있는 총리는 시크교도(만모한 싱), 정치권의 최고 실세는 기독교도(소냐 간디 국민회의당 대표), 육군 참모총장은 시크교도(조긴데르 자스완트 싱)이다.

좀 지난 얘기지만, 1971년 인디라 간디 총리가 파키스탄과 방글라데시의 독립을 가져온 전쟁을 벌였을 때도 상황은 마찬가지였다. 당시 인도 공군 북부사령관은 무슬림인 라티프였고, 육군 참모총장은 파르시인 샘 마넥쇼(인도의 첫 5성 장군), 동파키스탄(방글라데시)으로 인도군을 이끌고 진격해간 육군 현지 사령관은 시크교도인 자그지트 싱 아루로라, 파키스탄의 항복을 받아내기 위해 협상 대표로 들어간 사람은 유대인인 J. F. R. 제이콥 중장이었다.

놀랍지 않은가? 다양한 인도가.

인도인들이 자신들의 관용적인 힌두 문화를 얘기할 때 자주 얘기하는 사례를 보자. 유대인의 박해사는 세계적으로 곳곳에 피를 뿌리고 있다. 하지만 인도 땅에서 인도인에 의해 자행된 유대인 박해는 없었다.

인도 경제의 중심 뭄바이 한복판에 '프린스 오브 웨일즈 박물관'이 있고 인근 뒷골목에는 유대인 회당인 시나고그가 있다. 라자스탄 주 제2의 도시 조드푸르 북쪽 외곽에도, 구자라트 주의 최대 도시 아메드바드에도 시나고그가 있다.

남부 케랄라 주의 최대 도시 코친. 그곳의 오래된 지역인 '포트 코친'에는 유대인 집단 거주지가 있다. 동네 이름이 유대인 마을_{Jew Town}이다. 이들은 유대인 세계에서는 '코친 유대인'이라는 이름으로 분류된다. 유대인들은 솔로몬 왕 시절인 기원전 900년대부터 이곳에 건너온 것으로 전해지고 있다. 이후 몇 차례에 걸쳐 유대인들의 집단 이민이 있었다.

하지만 지금까지의 이야기를 뒤집어보면 인도는 엄청난 문제를 안고 있다는 걸 알 수 있다. 국가는 분리주의자, 공산 반군, 계급 간 갈등에 의해 끝없이 신음하고 있다. 동북부 아삼 주에서는 아삼분리주의자인 아삼연합해방전선ULFA의 테러 공격이 끊이지 않고 있다. 이 지역으로 이주해갔던 인도인들은 ULFA의 '아삼을 떠나라'는 경고를 받고 2007년 초 대거 탈출해야 했다. 또 다른 분리주의 운동이 일어나고 있는 카슈미르 지역 역시 1989년 봉기로부터 지금까지 수만 명이 숨지는 참극이 계속 진행 중이다. 인도 중부 안드라프라데시에서 동부 서벵골 주에 이르는 넓은 산악 지대에서 활동하는 낙살 공산주의자들의 준동도 끊이지 않고 있다. 인도가 내는 고통의 신음은 지구상 어느 곳에서도 들을 수 없는 소리라는 생각이 들 정도이다. 그 넓은 인도 땅이 쪼개지지 않은 게 기적이다.

11억 국가의 중심
델리 D E L H I

인도는 1947년 독립 이후 60년 동안, 제3세계 국가에서 흔히 발생하는 군부의 정치 개입이 단 한 차례도 없었다. 그만큼 민주주의가 깊숙이 뿌리를 내렸다. 인도는 이 점에서, 정치적 불안으로 향후 리스크가 예상되는 중국과는 다르다고 선전한다.

미국의 조지 W. 부시 대통령은 "11억 명의 나라가 어떻게 선거를 치르느냐"고 감탄 어린 어조로 물은 적이 있다. 2004년 5월에 치른 하원의원 총선거는 유권자만 6억 7,500만 명이었고, 이 가운데 4억 명 이상이 투표했다. 인류가 치른 선거 중 최대 규모이다.

하지만 11억 명의 민주주의는 요란하기 짝이 없다. 밥통이 깨질 정도는 아니나 파열음이 끊이질 않는다. 동서남북 인종이 다르고, 종교가 다양하고, 문화가 다르다. 북쪽에는 아리안족, 남쪽에는 드라비다족, 동쪽에는 몽골족이 산다. 그만큼 요구가 다양해 이해 조정이 힘들다. 각종 충돌로 인한 사망자 수가 가장 많은 나라가 인도가 아닐까 싶다.

인도 수도 뉴델리의 관문인 인디라 간디 국제공항. 비행기에서 내려 형편없는 공항 청사를 보는 순간 입이 다물어지질 않는다. 다음 세대인

기원전 2000년까지 역사가 올라가는 북인도의 중심 도시. 인도 서사시 《마하바라타》에 나오는 판다바 형제의 전설적 수도인 인드라프라스타 자리로 추정된다. 지금까지 역사상 8개의 도시가 델리에 세워졌다. 도시 곳곳에 역사 유적이 그대로 남아 있어 로마, 이스탄불, 카이로에 버금가는 역사 도시라고 말하는 사람도 있다.

시내를 오가는 낡은 버스.

2020년까지 세계 3대 경제대국으로 뜬다는 보도를 숱하게 접하고, 중국에서 비즈니스 하기가 힘들어지면서 새로운 기회를 모색하기 위해 인도 땅을 찾은 이들에게는 대실망이다.

비행기에서 승객들의 화물을 청사로 운반하는 차량은 논밭을 갈고 있어야 할 트랙터다. 탑승교를 통해 공항 청사에 바로 들어가지 못하고, 버스를 타야 한다. 버스는 1960~1970년대에 나왔을 듯한 낡은 모델이다. 청사는 또 어떤가. 터무니없이 좁고 낡고, 냄새나고……. 택시를 잡기 위해 청사 밖을 나오면 도로를 오가는 검은색 마루티 봉고형 택시는 이미 폐차장에 갔어야 할 퇴물이다. 그나마 줄서서 기다렸다가 타기도 힘들어 동작 빠른 사람이 먼저 타는 '약육강식 방식' 이다.

세계 최대 규모 민주주의를 움직이는 사람들

하지만 그 택시를 타고 20여 분이면 도착하는 뉴델리 중심의 거대한 구조물을 보면 압도되지 않을 수 없다. 붉은색 사암과 연노란색 돌로 지은 거대한 대통령 관저 '라시트라파티 바반Rashtrapati Bhavan' 과 이곳에서 길게 뻗은 도로 '라즈파트Rajpath(왕의 길이라는 뜻)', 그리고 그 끝에 있는 높이 42미터나 되는 '인디아 게이트India Gate' 는 장관이다. 영국이 식민 지배를 하면서 1920년대 올드델리의 아래쪽에 뉴델리를 지으면서 세운 건축물들이다.

뉴델리는 인구 32만 명에 넓이는 42.7제곱킬로미터, 연방 직할령이자 인구 1,410만 명인 메트로폴리스인 '델리 국가 수도령NCT. National Capital Territory of Delhi' 의 한복판에 자리 잡고 있다. 델리NCT는 9개의 행

인디아 게이트. 1차 세계대전 때 죽은 인도 군인들의 이름이 새겨져 있다. 영국인이 세웠다.

정지역으로 구성되어 있는데, 뉴델리는 그중 하나다. 뉴델리에는 인도 연방정부와 델리NCT 정부 청사가 자리 잡고 있다. 뉴델리는 시정부 municipal government가, NCT 내 다른 대부분의 지역은 '델리지방자치체 Municipal Corporation of Delhi'가 관할한다. 이 밖에 군 주둔 지역Delhi Cantonment 도 있는데, 이 세 지역을 합해 델리 주총리Chief Minister of Delhi가 관할한다. 주총리는 우리나라 서울시장쯤에 해당한다고 보면 된다. 인도인들은 흔히 '뉴델리'보다는 '델리'라고 부른다.

라즈파트 양쪽에 빼곡히 들어서 있는 나무 숲속에는 수백 채의 흰색 '관사bungalow'가 있다. 이곳에는 인도가 가장 자랑스럽게 내세우는 브랜드인 '세계 최대 규모의 민주주의', 그걸 움직이는 사람들이 산다. 이중 '레이스 코스 6번지', '잔파트 10번지', '크리슈나 메논 마르그 6A번지'는 특히 유명한 인도 정치 1번가들이다. 레이스 코스 6번지는

❶ 델리 지하철.
❷ 식수 공급 차.

만모한 싱 총리가, 잔파트 10번지는 소냐 간디 국민회의당 대표, 크리슈나 메논 마르그 6A번지는 제1야당 인도인민당 출신인 아탈 비하리 바지파이 전 총리가 살고 있다.

대통령 관저, 인디아 게이트와 함께 뉴델리의 삼각점을 형성하는 '코넛 플레이스 Connaught Place'. 상가 지역인 코넛 플레이스 인근 '잔타르 만타르 Jantar Mantar'는 뉴델리 내 시위의 메카이다. 시내 지도를 보며 방향을 잡으랴, 막무가내로 달려드는 인도인 운전자들의 차를 피해가며 간신히 잔타르 만타르로 이어지는 산사드 마르그에 진입하려는데, 아뿔싸 도로가 차단되어 있다. 잔타르 만타르 인근에서 열리고 있는 집회 때문에 경찰이 차량 진입을 막고 있을 것이라는 생각이 들었다. 아니나 다를까, 차를 인근 지하철 역사 주차장에 세우고 걸어서 산사드 마르그 도로에 들어서니 노란색 정복 차림에 긴 곤봉을 든 경찰 백여 명이 보인다. 물대포 차량도 한 대 서 있다.

그 뒤로 보이는 집회 현장. 한 사람이 마이크를 잡고 영어로 연설을 하고 있고, 200~300명 되는 젊은이들이 아스팔트 도로에 자리를 잡고 앉아 있다. 인도 동북부의 4개 주인 아삼, 나갈랜드, 마니푸르, 아룬찰 프라데시의 분리 독립을 주장하는 '나가 대학생회'가 주도한 집회였다.

나가 주민 인권운동의 감 심라이 대표는 집회가 끝난 뒤 필자가 다가가자 "나가 지역은 인도의 불법적인 점령에 맞서 1950년대 초반부터 무장투쟁을 벌였으며 이로 인해 2만 명이 넘는 희생자가 발생했다"고 말문을 열었다. 그는 "1993년 휴전을 했고, 1997년부터 네덜란드

암스테르담에서 평화협상을 하고 있다. 평화협상
이 지지부진하다며 협상 참석자의 지위 격상과
조속한 합의 등을 인도 측에 요구하고 있다"고 말
했다.

집회가 끝난 뒤 참석자들은 자리를 깔끔하게
정리했고, 경찰들도 긴장을 풀고 바리케이드를
치워 차량 소통을 허용했다. 나가 여성조합의 마
니푸르 지역 대표인 그레이스 T. 샷상은 "집회는
경찰 측에 24시간 전에 통보하기만 하면 된다"면
서 "분리운동 관련 집회이지만 휴전한 이후 현재
로는 큰 문제가 없어 경찰도 별달리 까다롭게 굴
지 않았다"고 말했다.

인도 동북부 7성 주민은 몽골족이 대부분이어
서 한국인과 생김새가 매우 흡사하며, 힌두교도가 80%인 인도의 다른
지역과는 달리, 기독교도가 압도적이다.

❶ 잔타르 만타르 앞에서 집회를 벌이고 있는 나가 대학생회.
❷ 나르마다 댐 건설 반대 집회.

나가 대학생회 집회가 끝난 뒤 잔타르 만타르 쪽으로 올라가니 카랑
카랑한 목소리의 여성이 마이크를 잡고 있는 소리가 들려온다. 인도 사
회를 뒤흔들고 있는 나르마다 댐Narmada Dam 건설 반대운동을 펼치고 있
는 메다 팍타르Medha Paktar 대표다. 댐 건설 중단을 요구하며 장기간 단
식투쟁을 벌인 투사다. 그가 120여 명의 지지자들 앞에서 마이크를 잡
고 계속 열변을 토한다. 연설 도중 손을 들고 "우리는 싸우고, 싸우면
이긴다"라는 구호를 외쳤다.

잔타르 만타르 인근 지역은 지구상 최대인 11억 명의 인도 민주주의
의 상징이다. 잔타르 만타르는 1724년 라자스탄 주 자이푸르의 왕인
사와이 자이 싱 2세가 세운 천문대지만 최근에는 연방정부를 향해 항

의할 게 있는 사람들이 모이는 시위의 메카다. 2006년 6월 6일에는 유가를 리터당 4루피(100원) 인상하자 CPI 등 좌파 정당이 몰려와 항의 시위를 벌였다. 심지어는 현 국민회의당에 정권을 내준 인도인민당 소속 바지파이 전 총리도 잔타르 만타르를 찾아와 항의 시위를 벌였다.

쓰라린 기억조차 인도 역사의 일부다

인도가 민주주의로 존경을 받을 수 있는 건, 독립 직후 17년간 나라를 이끈 자와할랄 네루 초대 총리 등 '영국 마니아'들의 공이 크다고 외교관인 파반 K. 바르마는 말한다. 예컨대 네루는 독재자로 변할 수도 있었지만 영국식 민주주의를 인도에 이식하기 위해 자제하며 애썼다는 것이다.

인도인들은 식민 종주국이 만들어놓은 뉴델리의 원형을 파괴하기는 커녕 '보존'에 안간힘을 썼다. 식민 지배는 쓰라린 기억이지만 그것조차 인도의 일부라는 역사 인식 때문이다. 총독 관저는 우리처럼 파괴하지 않고 대통령 관저로 활용하고 있다. 변화가 있다면 인디아 게이트 바로 뒤쪽에 있던 영국 왕 조지 5세의 대리석상을 1960년대에 치워버린 것이다. 하지만 석상이 들어가 있던 무굴 양식의 구조물은 그대로 보존하고 있다.

대리석으로 만든 22미터 높이의 조지 5세의 상을 찾기 위해서는 델

인디아 게이트 옆에서 쫓겨나 이곳으로 옮겨온 조지 5세의 대리석상. 역대 총독들의 석상이 주변에 서 있다. 델리에 흩어져 있는 걸 인도 정부가 독립 후 한데 모아 이곳에 뒀다.

보는 이를 압도하는 붉은 성채,
레드 포트.

리 북쪽 끝의 '대관식 공원Coronation Park'을 찾아야 했다. 조지 5세 옆에는 그의 대리인이었던 식민지 총독들의 석상도 모여 있었다. 관리를 하지 않아 쇠락해 있었지만, 인도의 문화재 관리가 상당 부분 그러하므로 꼭 식민 유산이라고 해서 찬밥 신세라고 얘기할 수는 없었다. 1만 평 크기는 되어 보이는 대관식 공원을 찾았을 때 유일한 관람객은 호주에서 온 50대 여성이었는데, "어땠느냐"는 필자의 질문에 "아주 훌륭하다"고 감탄사를 연발했다.

올드델리의 상징, 레드 포트

뉴델리 한복판에서 차로 20여 분 북쪽으로 가면 올드델리가 나온다. 올드델리의 최대 상징물은 '랄 킬라'다. 영어로 흔히 '레드 포트Red

Fort'로 알려져 있다. 글자 그대로 '붉은 성채'라는 뜻이다. 올드델리 내 야무나 강변에 자리 잡고 있다.

델리에는 인도 역사상 8개의 신도시가 들어섰다. 레드 포트는 델리에 들어선 일곱 번째 신도시의 산물이다. 무굴의 다섯 번째 황제 샤 자한(재위연도 1528~1658년)이 새 수도 '샤자하나바드'를 건설하면서 1639년 레드 포트를 짓기 시작해 9년 걸려 완공되었다. 샤자하나바드는 샤 자한의 이름과 도시라는 뜻의 '바드'의 합성어다. 즉 샤 자한의 도시라는 의미다. 레드 포트는 이후 무굴제국의 왕성으로 1857년까지 남아 제국의 몰락을 지켜보았다. 참고로 여덟 번째 신도시인 뉴델리는 영국 식민지 시절인 1929년 건축가 에드윈 루텐스Edwin Lutyens의 작품이다.

샤 자한은 건축 감각이 탁월한 지도자였다. 옥좌에 오르기 전에는 부친 제항기르의 명을 받아 당시 제국의 영토였던 아프가니스탄 카불의 왕궁을 멋지게 개축했으며, 부인 뭄타즈 마할이 죽자 그녀를 위해 무덤 궁전, 타지마할('마할의 왕관'이라는 뜻)을 지었다. 19세기 타지마할을 방문한 미국의 철강왕 앤드류 카네기는 밤에 본 타지마할의 환상적인 모습을 '세계여행기Around the World'에 남겼다. 샤 자한이 델리에 지은 건물 중 남아 있는 대표적 건물은 레드 포트와 그 앞에 자리 잡은 자마 마스지드Jama Masjid다.

대부분의 성채는 산에 있지만, 레드 포트는 평지에 자리 잡고 있어 색다른 느낌을 준다. 거대한 붉은색 성채는 처음 보는 이를 압도한다. 샤 자한의 셋째 아들인 아우랑젭Aurangzeb(인도인들은 '오랑젭'이라고 발음한다. 한국의 표준표기법에 따르면 아우랑제브)이 레드 포트의 정문 라호르 게이트 앞에 왕궁의 수비

인도 삼색 국기가 휘날리는 라호르 게이트.

력 강화를 위해 또 다른 문을 덧댔다. 그리고 코끼리 부대의 성곽 정면 공격을 저지하기 위한 출입구를 옆으로 냈다.

라호르 게이트 위에는 인도의 삼색 국기가 휘날리고 있다. 1947년 8월 14일 밤 초대 인도 총리인 자와할랄 네루가 독립 선언을 하고 삼색 국기를 게양한 상징적인 장소이기도 하다. 그해는, 1857년 델리의 마지막 인도 지배자였던 무굴 황제 바하두르 샤 자파르Bahadur Shah Zafar가 소위 '세포이 난'으로 레드 포트를 내준 지 90년 되는 해이기도 했다. 레드 포트는 그만큼 인도인에게 정치적으로 의미가 있는 장소이다. 지금도 8월 15일 독립기념일 행사는 레드 포트 앞 광장에서 열린다. 역대 인도 총리는 이곳에서 독립기념일 행사를 주관한다.

라호르 게이트에 들어서기 전 문 왼쪽에 있는 석판에는 인도군이 식민 지배에서 벗어난 직후부터 2003년까지 성채 안에 주둔해 있었다고 쓰여 있다. 무굴의 왕성 안에 인도군 병영이 있었던 건 식민 통치의 유산이다. 1857년 북인도인들이 영국의 동인도회사 지배에 맞서 봉기했는데, 영국의 압도적인 화력에 의해 델리를 뺏기면서 독립 투쟁은 실패로 끝나고 만다. 승자인 영국은 이를 '세포이 난'이라고 부르고, 인도는 '제1차 독립 전쟁'이라고 한다. 영국은 당시 반란군들이 바하두르 샤 자파르를 지도자로 옹립하고 농성하던 레드 포트를 공격해 점령한 이후 성채 안에 주둔한다. 그리고 영국이 물러간 뒤 인도군이 그 주둔지에 그대로 들어간 것이다.

라호르 게이트에 들어서면 가게들이 성곽 밑 통로 좌우에 늘어선 바자르가 나온다. 무굴 전성기 시절에는 고급 쇼핑가였던 '찻타 촉'은 지금은 싸구려 기념품 거리로 전락해 있다. 찻

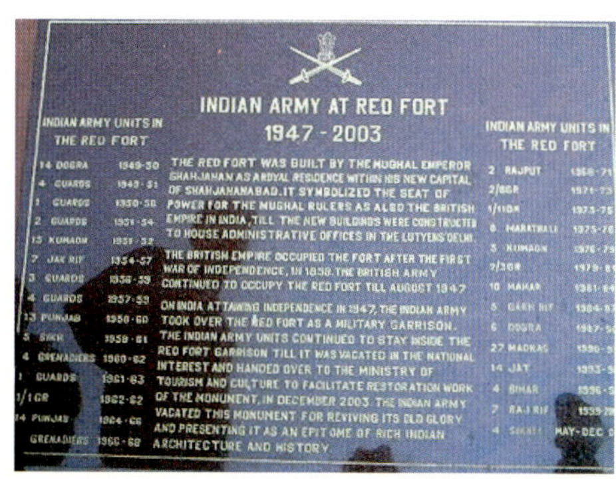

레드 포트 안에 인도군 병영이 있었다는 기록이 담긴 석판.

❶ 디완이암.
❷ 모티 마스지드.

타 촉을 지나면 황족을 위한 음악 공연장이었던 붉은색 2층 건물 '노밧 카나Naubat Khana(혹은 낙꽈르 카나 Naqqar Khana라고 불린다)'가 나온다. 지금은 소형 무기 박물관으로 사용되고 있다.

이곳에서부터는 화려한 레드 포트의 겉모습과 달리, 영국 식민 지배자에 의해 철저히 유린된 이면이 드러난다. 영국군이 레트 포트를 파괴하기 전에는 노밧 카나 주변 건물들이 일자로 이어져 있었다. 그래서 뒤쪽에 있는 황제와 황제 가족의 공간과 바깥을 구분하는 기능을 했다. 하지만 지금은 노밧 카나와 그 뒤쪽으로 보이는 디완이암Diwan i Am이 벌거벗은 모습으로 덩그러니 서 있다.

디완이암은 황제가 사절을 접견하거나 공식 행사를 치르던 접견장이다. 60개의 기둥이 있고 붉은색 사암으로 지어진 디완이암에서 무굴 제국 전성기의 옛 영화를 느낄 수 있다. 황제의 대리석 단상에는 지금도 붉은색, 녹색, 파란색의 꽃 모양 장식의 준보석들이 화려하게 새겨져 있다. 꽃 모양 장식은 타지마할 벽에서도 볼 수 있는 무굴 식 디자인이다. 레드 포트 내의 대부분의 건물이 영국에 의해 파괴됐지만 이 공간에는 일부 건물이 남아 있다.

독실한 무슬림으로 힌두교와 시크교를 탄압했던 아우랑젭 황제가 만든 개인 모스크 '모티 마스지드'는 역사의 학살을 피해 살아남아 있다. 아우랑젭은 위대한 황제로 평가받는, 증조할아버지 악바르Akbar 황제 등 선조들이 펼쳤던 종교적 관용 대신, 이교도들에게 이슬람교 개종을 강요하였다. 시크교 9대 구루 텍 바하두르를 암릿사르에서 끌고 와 개종을 거부한다는 이유로, 레드 포트 앞의 당시 최고 번화가인 '찬드

니 촉'에서 참수하는 등 종교 탄압을 일삼았다. 이로
인해 전국 각지에서 반란이 끊이지 않았고, 결국 그
의 사후 무굴제국은 급속한 와해 과정을 밟는다.

모티 마스지드 바로 옆이자 레드 포트 뒤쪽에 순
백의 대리석으로 화려함을 자랑하는 몇 채의 작은
건물이 있다. 디완이카스, 카스마할, 랑마할, 모티
마할이 나란히 서 있다.

'디완이카스'는 왕이 개인적으로 가까운 측근들
을 만나던 곳이다. 이곳은 다이아몬드, 루비 등으로
만들어져 호화롭기 짝이 없던 '공작좌'라는 옥좌가
있었던 장소로 유명하다. 공작좌는 1739년 델리를

❶ 카스마할.
❷ 디완이카스.

공격해온 이란 왕 나디르 샤 Nadir Shah 에 의해 약탈당했다. 나디르 샤는
델리에서 무려 15만 명을 하루에 도륙했다고 전해지고 있다. 이 사건
은 1707년 아우랑젭 사후 쇠락기에 접어든 무굴제국을 다시 한번 크게
흔든 사건으로 평가된다. 공작좌는 이란으로 간 뒤 쿠르드족 손에 넘어
가 분해됐다고 한다.

'카스마할'은 황제의 침전이고, '랑마할'은 황비의 침전이다. 그 옆
으로는 현재 인도 역사학회 박물관으로 사용되는 '뭄타지마할'이 있
다. 이곳은 샤 자한이 큰딸 자하나라 베굼 Jahanara Begum 에게 내어준 건물
이다. 자하나라 베굼은 황비 뭄타지 마할이 죽은 뒤 황실 안채를 책임
졌다. 자하나라 베굼은 샤 자한의 사랑을 독차지했다. 그랬기에 샤 자
한은 큰딸에게만 별채를 내줬다. 하지만 자하나라 베굼은 샤 자한의 황
위를 찬탈한 남동생 아우랑젭에 반대하고, 남자 형제 중 첫째인 다라 시
코의 황위 계승을 지지했다가 샤 자한과 함께 아그라의 레드 포트에 갇
혔다. 이곳에서 샤 자한은 8년간 유폐되었고, 자하나라 베굼은 1666년

아우랑젭 황제는 데칸고원의
작은 마을 쿨다바드에 잠들어
있다. 무덤이 있는 지역 입구.

그의 임종까지 함께한다. 올드델리의 명물로, 지금은 델리의 대표적인 재래시장인 찬드니 촉은 자하나라 베굼이 건설을 주도했다고 알려져 있다(자하나라 베굼의 무덤은 니자무딘 콤플렉스Nizamuddin Complex에 있다. 니자무딘 지역에는 후마윤의 무덤도 있다).

레드 포트는 그냥 둘러보면 실망하고 돌아오기 십상이다. 한때는 제국의 중심이었던 곳이 이토록 망가질 수 있나 하는 생각이 들 정도로 내부가 철저히 파괴되어 있기 때문이다. 하지만 역사의 이야기 조각을 몇 개 주워가면 훨씬 관광이 즐거울 것이다. 아는 만큼 보인다는 평범한 진리를 다시 확인하게 되는 곳이다.

비운의 황제, 후마윤

무굴제국의 2대 황제 후마윤Humayun의 무덤은 유네스코 세계 문화유산 중 하나다. 델리 시내 동쪽의 니자무딘 역 인근에 있다. 후마윤은 15년간이나 황제의 자리에서 쫓겨났다가 절치부심 끝에 다시 옥좌에 오른 사람이다. 재위 기간은 1530~1540년과 1555~1556년 두 시기로 나뉜다. 후마윤의 매력은 바로 여기에 있다.

아버지 바부르에게 델리와 아그라(수도)가 포함된 북인도를 물려받은 후마윤은 당시 22세였다. 배다른 동생 카므란 미르자Kamran Mirza는 아프가니스탄과 편잡 일대를 상속받았다. 후마윤은 1540년 5월 17일 셰르 샤의 군대에 참패하고 수도 아그라를 내줘야 했다. 카불에 있던 동생 카므란에게 도움을 요청했으나 거절당해 페르시아의 사파비드Safavid 왕가에서 망명처를 구했다. 고초는 말할 수 없었다. 이란에 도착했을 때 일행은 불과 40여 명이었다.

페르시아의 왕 샤 타마스프Shaj Tahmasp는 후마윤을 환대했으나 환대의 조건으로 수니파에서 시아파로 개종을 요구했다. 후마윤은 결국 시아파로 개종했고, 샤 타마스프에게 1만 2,000명의 기마부대를 지원받아 동생들(카므란과 또 다른 동생 아스카리 미르자Askari Mirza)을 생포했다. 이후 이들은 메카로 순례를 떠났고, 두 사람은 순례 길에 모두 숨졌다. 후마윤은 인도를 향해 진격해 셰르 샤 후손을 패망시켰다. 1555년 7월, 재위를 빼앗긴 지 15년 만에 다시 황제의 자리에 올랐다. 후마윤은 47세의 원숙한 나이였고 수많은 전투를 거치면서 강한 지도자로 거듭났다. 하지만 복귀 6개월 만에 어처구니없는 사고를 당한다. 황궁 내 계단을 내려오다 옷이 발에 걸려 넘어지는 바람에 돌에 머리를 부딪쳐 사흘 뒤 숨지고 말았다.

후마윤 무덤은 그다지 화려하지는 않지만 무굴양식을 구현한 초기의 건물로 평가받고 있다. 완벽한 좌우 대칭을 이루는 건물로도 유명하다. 후마윤 무덤은 무굴제국의 끝을 목도한 또 하나의 역사적인 장소이기도 하다. 무굴제국의 마지막 황제 바하두르 샤 자파르가 1857년 델리에 밀려들어온 영국군을 피해 이곳에 숨어 있다가 붙잡혔다. 후마윤이 죽은 지 302년 뒤에 벌어진 일이다. 자파르가 어디에 숨어 있다가 붙잡혔는지에 대한 설명은 어디에도 없었다. 물어봐도 아는 사람이 없을 듯했다. 역사는 영욕으로 가득 차 있고, 후마윤 무덤도 그런 곳이었다.

인도 정치 명문 네루 - 간디 지역구
알라하바드

인도 독립운동의 주요 지도자 네루 집안이 살던 우타르프라데시 주의 주요 도시. 강가와 야무나 강이 합류하는, 힌두교의 성스러운 땅이기도 하다. 12년마다 쿰브 멜라 행사가 열린다. 쿰브 멜라는 힌두교 최대의 행사이자, 세계 최대의 종교 이벤트라 불린다. 하루에 1,500만 명이 강가 변에 몰린 적도 있다.

인도 북부 우타르프라데시 주의 수도 럭나우Lucknow 공항. 뉴델리에서 비행기를 타고 남서쪽으로 1시간쯤 날아왔다. 우타르프라데시 주에 있는 인도 최대 정치 명문 네루-간디 가문의 지역구인 라에바렐리Rae Bareli, 아메티Amethi를 거쳐, 알라하바드Allahabad까지 가는 길이다. 라에바렐리와 아메티는 럭나우와 알라하바드 사이에 있다.

라에바렐리는 네루-간디 가문의 현 수장인 소냐 간디 국민회의당 대표의 지역구이고, 이곳에 접해 있는 아메티는 그의 외아들 라훌 간디 의원의 지역구다.

소냐 간디는 1991년 테러로 사망한 라지브 간디 전 총리(1984~1989년 총리 재임)의 미망인이다. 그의 시어머니는 라지브 간디에 앞서 총리를 지낸 인디라 간디(1966~1977년, 1980~1984년 총리 재임)이다. 인디라 간디의 아버지는 자와할랄 네루 초대 총리이다. 소냐와 라지브의 아들인 라훌 간디는 네루 총리의 아버지 모틸라 네루Motilal Nehru 전 국민회의당 대표부터 시작되는 정치 명문 네루-간디 가문의 5세대 주자인 셈이다. 네루의 딸 인디라가 간디란 성을 얻은 건 '페로제 간디Feroze Gandhi'와 결혼했기 때문이다.

"인도의 집권당 대표가 다니는 길입니다. 길이 매우 좋을 수밖에요." 럭나우 공항에서 만난 현대자동차 현지 판매책임자인 Y. N. 슈클라가 말한다. 승용차를 타고 럭나우 시내를 벗어나 동쪽에 있는 라에바렐리로 이어지는 36번 지방도 2차선 도로를 달리는데 감탄사가 절로 나온다. 길은 2차로인데 포장이 인도의 여느 도로와는 다르다. 계기판을 보니 차는 시속 100킬로미터로 달리고 있다.

소냐 간디의 지역구, 라에바렐리

라에바렐리 지역구는 1952년에 열린 초대 하원 선거 때 네루-간디 가문과 인연을 맺어 50여 년 이상 관계가 지속되고 있다. 당시 인디라 간디 전 총리의 남편인 페로제 간디가 거주지인 알라하바드 인접 지역에 출마해 당선된 것이다. 페로제 간디는 파르시 출신이다(마하트마 간디와는 혈족 관계가 아니다). 그는 재선에 성공했고, 록사바Lok Sabha(하원)에서 장인인 자와할랄 네루 행정부의 부패를 공격하는 등 활발한 정치 생활을 했으나 인디라와의 별거 등 결혼 생활의 어려움 속에 1960년 심장마비로 숨졌다.

농촌 지역구인 이곳은 이후 다른 사람에 잠시 넘어갔다가 인디라 간디가 총리가 된 뒤 남편의 지역구에 출마하면서 총리의 지역구로 주목을 받았다. 인디라 간디는 이곳에서 4, 5, 7대 하원에 진출했다. 논란이 많았던 비상계엄 통치 속에 치러진 6대 하원 총선에서는 낙선했다. 1984년 인디라 간디가 죽은 시점을 전후하여 네루 가문 사람들이 출마하면서 지역구를 관리해왔고, 지난 2004년 인디라 간디의 며느리인 소냐 간디가 이곳으로 지역구를 옮겨오면서 정치 명문의 지역구로 다시 주목을 끌고 있다.

차를 타고 36번 지방도를 달린 지 1시간 10분쯤 지나자 북적거리는 라에바렐리에 도착했다. 인구 150만 명에 966개의 부락이 있는 지역이다. 읍내 초입에 혼다 오토바이와 인도 마힌드라 자동차의 농기계를 전시한 현대식 쇼룸이 보인다. 그걸 빼놓고는 낙후된 인도의 전형적 시골 풍경이다.

읍내에 들어섰으나 소냐 간디의 지역구라는 점을 알아차리기 힘들다. 읍내 입구에 소냐 간디와 라지브 간디의 사진이 들어간 홍보 현수막이 하나 걸려 있을 뿐 그 흔한 사진 한 장도 거리에 붙어 있지 않다. 하지만 행인들에게 국민회의당 사무실 위치를 물으니 모르는 사람이 없다.

사무실은 시내 한복판에 있는 장터 속에 있는 낡은 건물이다. 민원인으로 보이는 사람들이 안쪽을 기웃거리기에 안으로 들어가 보니, 인디라 간디 전 총리의 낡은 사진과 라지브 간디, 소냐 간디의 컬러사진이 벽을 장식하고 있다.

이 지역 국민회의당의 전 사무장 V. S. 아그니호트리(49)는 "페로제

❶ 라에바렐리 국민회의당 사무실 벽에 걸려 있는 대형 홍보 사진.

❷ 소냐 간디의 지역 사무실.

간디의 선거구였다"고 말하더니 필자가 본격적인 취재에 나서자 "하원 의원 사무실이 따로 있으니 그쪽에 가서 정확한 정보를 물어보라"고 말한다. 지구당 사무실이 바로 국회의원 지역구 사무실인 한국과는 다른 시스템인 모양이었다. 한 당직자가 필자의 차에 타고 안내해주었다. 시내의 주택가에 들어서니 깨끗한 양옥집들이 나오고 그중 소냐 간디의 사진과 인도 국기가 밖에 걸린 2층집이 보였다. 소냐 간디의 지역구 사무실이었다.

소냐 간디 사무실 책임자인 니르말 슈클라를 만나 이야기를 나누었다. 슈클라에 의하면 소냐 간디는 델리에 살고 있으며 두 달에 한 번 이곳을 방문한다고 한다. 집권당 실세 지역인데 지역 개발 실적이 뭐냐는 필자의 물음에 다음과 같이 대답하였다.

"전기가 주요 마을에 24시간 내내 공급됩니다. 그리고 2년 내에 모든 마을에 전기가 다 공급될 계획입니다. 이를 위해 3개의 발전소가 건설 중입니다. 또 같은 기간 내에 지역구 내 마을이 모두 도로로 연결될 것입니다. 전기, 전화, 도로, 의료, 교육 시설 모든 게 소냐 간디가 제공한 것이죠. 지역이 하루가 다르게 번성하고 있고, 사람들은 만족하고 있습니다."

인도에서 정전되지 않는다는 건 기적에 가깝다. 수도인 델리도 걸핏하면 정전이고, 단수 되는 나라가 인도다. 슈클라는 이어 "지난 2004년 선거에서 70%의 지지를 받았으나 다음 선거에서는 더 높은 75~80%의 지지율을 얻을 것"이라며 "야당 후보는 아예 지역구 관리를 포기했을 정도"라고 말했다.

인도 최고 권력자의 힘은 곳곳에서 잘 드러나 있었다. 특히 라에바 렐리에서 아메티로 이어지는 술탄푸르 도로 양옆에는 시골구석에 어떻게 이런 시설이 있을 수 있나 하는 생각이 들 정도였다. 이 지역 국민

❶ 리안 인터내셔널 스쿨. 사립 명문 학교다.
❷ 국영 통신장비 회사 ITI의 라에바렐리 공장.

회의당의 고위 당직자인 안와르 파탄을 따라 차를 타고 갔는데, 시설이 좋아 보이는 한 학교를 가리키며, 소냐 간디가 2005년 유치한 명문 학교 '리안 인터내셔널 스쿨'이라고 했다. 이 학교 인근에 있는 '쉬나 섬유'라고 쓴 회사 간판을 보더니 지난 2003년 문을 닫은 카펫 생산 기업이었는데, 소냐 간디가 유수 기업에 인수하도록 권유해서 다시 가동 중이라고 했다.

소냐 간디에 앞서 인디라 간디 전 총리도 이 지역에 많은 공장을 유치해 놓았다. 시내 한복판에 있는 통신장비를 생산하는 국영 기업 ITI 공장이 한 예다. 이곳은 지난 1973년 인디라 간디 집권 시절 설립됐고, 지금은 디지털 스위치를 생산하며 천여 명이 넘는 지역 사람에게 일자리를 공급하고 있다.

하지만 권력자의 지역구는 권력의 부침과 성쇠를 같이해야 했다. 권력을 잡고 있는 동안은 빛을 봤지만, 권력을 잃은 뒤에는 타격을 많이 받았다. 지난 2004년 총선에서 소냐 간디가 지역구를 옮겨오기 전까지, 1980년대 초반 인디라 간디가 지역구를 내놓은 뒤 20여 년간 라에바렐리는 쇠락의 연속이었다. 인디라 간디 집권 시절에는 공장이 많았고, 수돗물이 충분히 공급됐으며, 전력 공급도 충분했다. 하지만 권력자가 떠난 지 오랜 시간이 지나면서 공장의 90%가 문을 닫아 1만 명 이상이 직업을 잃었고, 전력은 최악의 상태에 이르렀고, 도로는 보수를 하지 않아 파손되어갔다.

이 지역에서 세 번 당선되며, 인도 제1의 선거구로 끌어올린 인디라 간디의 흔적을 이곳에서 발견하기는 쉽지 않았다. 유일하게 필자가 본 건 아들인 라지브 간디 전 총리가 만든 인디라 간디 식물원에 서 있는 그의 청동상이었다. 식물원 입구에 서 있는 팻말에는 라지브 간디가 1988년 11월 인디라 간디 추모를 위해 세웠다고 쓰여 있다. 당초 라지브 간디는 아시아 최대 규모의 식물원으로 계획했으나 1단계 공사만 끝난 채 중단되어 있다고 식물원의 R. K. 스리와스탑 소장은 말했다.

시내의 페로제 간디 대학은 네루–간디 가문과 이 지역구의 연을 시작한 초대 하원의원의 이름을 찾을 수 있는 보기 드문 흔적이었다. 이 대학의 온카나스 바르가바 사무총장은 "1960년 8월 페로제 간디 의원이 라에바렐리 대학이라는 이름으로 세웠는데, 그가 그해 9월 죽은 뒤 '페로제 간디 대학'으로 개명했다"면서 "첫해 55명의 학생으로 시작했으나, 지금은 교수 125명에 7,000명의 학생을 갖고 있는 교육기관으로 성장했다"고 말했다. 그가 건네준 낡은 팸플릿을 보니 과거 이 지역구

❶ 페로제 간디 대학 본관.
❷ 페로제 간디 대학 정문.

의 위세가 느껴진다. 1972년 1월의 학교 강당 기공식 행사에는 인디라 간디 당시 총리와 대통령도 참석하였다.

바르가바 사무총장은 "페로제 간디는 알라하바드 출신이나, 그 지역에 출마할 자리가 마땅치 않자 100킬로미터나 떨어진 이곳으로 나왔다"면서 "장인이 총리로 있던 정부의 부패를 공격하는 등 훌륭한 지도자였다"고 회고했다. 인디라 간디 전 총리에 대해서는 "역동적인 지도자였고, 통찰력이 있었다"고 평가했다.

라훌 간디의 지역구, 아메티

다음날 가본 아메티는 라에바렐리보다 더 깡촌이었다. 아스팔트가 완전히 파손된 좁은 길이 나오면서 가까운 거리인데도 차로 1시간 10분이 소요됐다. 라에바렐리의 국민회의당 사람들이 필자에게 "아메티는 더 시골이라 마땅한 숙소가 없을 것"이라며 라에바렐리에서 자고 가라고 권했던 게 이해가 됐다. 아메티에는 뚜렷한 중심지도 없고, 길을 따라 발달한 면 단위 부락이 몇 개 있을 뿐이었다.

인구 200만 명의 농촌 지역인 아메티는 인디라 간디가 자신의 정치적 후계자인 작은아들 산자이 간디Sanjay Gandhi를 위해 마련한 지역구다. 1977년 산자이 간디가 6대 하원의원에 도전하면서 네루-간디 가문과 연이 시작됐다. 산자이 간디는 6대 하원의원에는 낙선했고 1980년 7대 하원 선거에서 당선됐다. 하지만 그해 비행기 추락 사고로 사망했다. 이어 다음해 치러진 보궐선거에서, 인도 항공 조종사로 있던 인디라 간디의 큰아들 라지브 간디가 어머니의 강권에 밀려 출마해 당선됐다.

라지브 간디는 7대에 이어 8대(1984~1989년), 9대(1989~1991년) 3선을

기록했고, 네 번째 도전한 1991년 유세 중 타밀나두 주도 첸나이 외곽에서 폭탄 테러로 숨졌다. 이어 라지브 간디의 친구가 지역구를 관리하는 등 곡절 끝에 라지브 간디의 미망인 소냐 간디가 정치에 뛰어들면서 아메티와 네루-간디 가문과의 관계가 다시 이어졌다. 2004년 총선에서 소냐 간디는 외아들 라훌을 하원에 진출시키면서 아버지의 지역구인 아메티에 출마하도록 선거구를 양보했고, 자신은 시부모의 지역구인 라에바렐리로 옮겨갔다.

아메티로 가는 길에는 라에바렐리에서 얼마 떨어지지 않은 곳에 '인디라 간디 국립항공학교'가 있었다. 인도 항공 조종사 출신인 라지브 간디가 1986년 자신의 지역구에 세운 인도 유일의 국영 민간항공기 조종사 교육기관이다. 이 학교에서 물품 구입과 의전을 담당하는 A. K. 샤르마는 "2년 코스로 현재 94명이 재학 중이며, 지금까지 556명의 조종사를 배출했다"면서 "졸업생들은 인도 항공 업계의 주역으로 활동 중"이라고 말했다. 이 학교 내부에는 3킬로미터 길이의 활주로도 있어, 소냐 간디 국민회의당 대표도 지난해 5, 6차례 이곳을 이용해 지역구를 방문했다고 한다.

아메티의 한복판 삼거리에는 라지브 간디의 상이 서 있어, 그곳이 그의 지역구였음을 확인케 했다. "라훌 간디가 인기 있느냐"고 묻자 학생이라는 핀투 소니는 "매우 인기 있다. 주민 모두가 국민회의당을 지지한다. 100% 지지, 아니 101% 지지한다"고 말했다. 주변에 필자를 둘러싼 사람들도 동조한다는 듯 고개를 끄덕인다.

라훌 의원의 지역구 사무실은 아메티 중심가에서 좀 떨어진 구리 간즈 지역에 있었다. 마침 라훌 의원이 인근 문시군즈의 산자이 병원 내 게스트하우스에 머물고 있다는 얘기를 듣고 게스트하우스를 찾아갔으나 경비원은 "라훌 의원은 없다"고 했다.

❶ 라훌 간디 지역구 사무실 겸
국민회의당 사무실.
❷ 아메티 한복판 삼거리에 서
있는 라지브 간디 전 총리
상.

병원은 1982년 라지브 간디가 하원에 진출한 뒤 자신에 앞서 이 지
역 의원에 당선됐던 동생을 기리기 위해 세운 듯했다. 이 병원의 물리
치료사인 샨티시 티와리를 병원 앞에서 만나 "라훌 의원이 당선된 뒤
지역구 발전을 위해 뭘 했느냐"고 물으니, "지난해 4월 IIIT_{Indian Institute}
_{of Information Technology}를 유치했는데 이는 대단한 업적"이라고 평가했다.
IIIT(인도정보기술대학)는 인도의 IT 핵심 인재를 육성하는 고급 교육기관
이다.

"라훌 의원이 2009년 총선에서 총리로 나서야 합니다. 우리는 그를
미래의 총리로 보고 있습니다." 구리 간즈의 국민회의당 지구당 사무실
겸 라훌 의원의 사무실에서 만난 이 지역의 소브나스 야답 국민회의당
대표는 이렇게 말했다. 그는 "라훌 의원이 초선의원으로 국정 경험이
없지 않느냐"는 필자의 말에 "라지브 간디 전 총리도 41세에 총리를 했
고, 2009년이면 라훌도 39세가 된다. 그도 나설 때가 됐다"고 말했다.

지구당 사무실에는 라훌의 여동생 프리얀카의 사진도 몇 장 걸려 있
었다. 프리얀카는 이탈리아 출신 어머니의 외모를 닮아 서양인의 외모
에 미인인데다가, 외향적이고 정치적인 카리스마가 있다는 평가를 받
고 있다. 일부에서는 라훌보다 프리얀카를 정치 재목으로 높이 평가하

고 있다. 다들 할머니인 인디라 간디를 빼박았다고 얘기한다.

이와 관련하여 야답 대표는 "프리얀카는 10년 전에 정치를 시작했지만 라훌님은 2년 전에 국회에 진출해서 그런 얘기가 나오는 것일 뿐"이라며 일축했다. 프리얀카는 지난 1998년 보석상인 로버트 바드라와 결혼, 현재 두 아이를 두고 있다. 지난 2004년 선거 때는 어머니 소냐의 선거본부장이었고, 라훌의 선거 지원 유세에서도 도드라졌다. 아버지를 닮아 내성적인 라훌이 대중에게 선뜻 다가서지 못했던 것과 달리, 그녀는 말과 제스처로 사람들을 끌어 모으는 탁월한 능력을 발휘했다는 평가다. 그는 아직까지는 "정계에 진출하지 않는다. 지금까지 수천 번 그렇게 말해왔다"고 말하고 있지만, 네루-간디 가문에 필요할 경우 언제든지 '징발' 될 수 있다는 관측이 유력하다.

네루-간디 가문의 정치적 고향, 알라하바드

여행의 마지막은 아메티에서 80여 킬로미터 떨어진 네루-간디 가문의 정치적 고향인 알라하바드. 알라하바드는 힌두교의 성스러운 도시다. 강가와 야무나 강의 합류 지점이다. 힌두교에서 성스러운 물줄기들이 만나는 합수 지점은 프라약Prayag이라고 불리며 성지가 된다. 하물며 양 대 성스러운 강이 만나는 지점이야 말할 필요가 없다. 알라하바드는 12년마다 열리는 힌두교의 대규모 순례 행사 쿰브 멜라Kumbh Mela가 열리는 네 곳 가운데 하나이기도 하다.

알라하바드에는 자와할랄 네루가 자랐고 인디라 간디가 태어난 네루 가문의 대저택 스와라지 바반Swaraj Bhavan과 아난드 바반Anand Bhavan이 있다. 붙어 있는 두 저택은 영국 식민지 시절 마하트마 간디 등 인도 독

스와라지 바반. 자와할랄 네루
가 자랐고 인디라 간디가 태어
난 곳이다.

아난드 바반. 마하트마 간디가
머물던 방이 있다.

립운동가들의 활동 중심지이기도 했다.

네루 집안은 원래 인도 북부 카슈미르의 최고위 카스트인 브라만 출신이다. 1716년 당시 산스크리트 학자이던 선조가 무굴 황제의 권유에 따라 델리로 이주했다. 이후 네루의 할아버지가 1857년 세포이 난을 피해 이주한 아그라에서, 네루–간디 정치 가문을 일군 자와할랄 네루 전 총리의 아버지 모틸랄 네루 전 국민회의당 대표가 태어났다.

이후 네루 가문이 알라하바드로 옮겨간 건, 둘째 큰아버지가 변호사로서 집안을 이끌고 있었는데, 새로 생긴 고등법원이 아그라에서 알라하바드로 이전했기 때문이었다. 네루의 아버지 모틸랄 역시 변호사로 일하면서 막대한 부를 축적하여 1900년에 수영장이 달린 현대식 대저택 스와라지 바반을 구입했고, 1927년에는 바로 옆에 영국식 2층 목조주택 아난드 바반(평화의 집이라는 뜻)을 지었다. 아난드 바반은 인디라 간디 전 총리가 1970년 국가에 기부하여 지금은 박물관으로 일반에 공개되고 있었다. 이 집의 2층에는 마하트마 간디 등 국민회의당 지도자들이 인도 독립을 논의했던 장소, 마하트마 간디가 머물던 방 등이 공개되고 있다. 1층 동쪽에는 '인디라 간디와 페로제 간디가 1942년 3월 이곳에서 결혼했다'는 안내문이 바닥에 있다.

네루는 1936년에 낸 자서전에서 "집에 큰 정원과 수영장이 있었다. 나는 수영을 오래 지나지 않아 익혔고, 길고 더운 여름날 이따금씩 물 속에 들어가 놀았다"고 말했다. 스와라지 바반 내의 수영장은 보수를 하고 있는 탓인지 일반에 공개되지 않고 있었다. 아난드 바반 전시공간에는 모틸랄과 자와할랄이 사용하던 전기면도기도 보였다. 런던에서 맞춰 입은 양복들과, 그가 읽은 영국인의 책, 집 안의 실내 장식은 영국 귀족 저택 분위기를 물씬 풍겼다. 아난드 바반 밖의 민초들의 삶과는 완전히 유리된 별개의 세계였다. 그가 '영국인'의 삶을 버린 건 마하트마 간디를 만나면서다. 네루는 이후 인도 최고의 정치 명문을 일구었고, 딸과 외손자로 이어지면서 인도를 이끌어왔다. 네루-간디 왕조라고 불릴 만하다.

지금은 이 왕조의 5세대 주자 라훌 간디에게 인도인의 관심이 온통 집중되고 있다. 라훌 간디는 10년 내에 국민회의당 대표가 될 게 확실

하원 진출	라에바렐리 지역구	아메티 지역구
1, 2대 하원(1952. 4.~1962. 3)	페로제 간디(1960년 사망)	–
4, 5대 하원(1967. 3.~1977. 1)	인디라 간디	–
6대 하원(1977. 1.~1979. 8)	인디라 간디 낙선	산자이 간디 낙선
7대 하원(1980. 1.~1984. 12.)	인디라 간디 당선. 조카 아룬 쿠마르 네루에게 지역구 넘김	산자이 간디(1980년 사망) → 라지브 간디 보궐선거 당선
8, 9대 하원(1984. 12.~1991. 3)	아룬 쿠마르 네루	라지브 간디
10대 하원(1991. 6.~1996. 5.)	네루 가문 당선	라지브 간디 친구(사티시 샤르마) 지역구 승계
11대 하원(1996. 5.~1997. 12.)	네루 가문 낙선	사티시 샤르마
12대 하원(1998. 3.~1999. 4)	네루 가문 낙선	사티시 샤르마 낙선
13대 하원(1999. 10.~2004. 2.)	챠네루–간디 가문 국민회의당 인사 당선	소냐 간디
14대 하원(2004.~현재)	소냐 간디	라훌 간디

하고, 총리가 될 가능성도 매우 높다. 왕조 시대가 끝난 이 시대에 혈통만으로 총리 자리를 예약하고 있는 나라는 인도밖에 없다. 그것도 세계 최대의 민주주의 국가라는 인도에서 예상되는 일이다. 인도 민주주의가 선거 민주주의의 틀을 빌렸으되, 내용은 카스트에 기반한 봉건주의 시대에 그대로 머물고 있기에 가능한 일이다.

인도의 파워 피플

시사주간지 〈인디아 투데이〉가 인도의 실세를 분석 조사한 내용이다. 소냐 간디 국민회의당 대표와 만모한 싱 총리를 비롯하여 인도를 이끄는 실세가 누군지를 알아볼 수 있다는 점이 흥미롭다.

| 정치계 인사 |

1위 • 소냐 간디, 국민회의당 대표 초콜릿과 커피를 좋아하고, 빨리 걷는 스타일이다. 남자용 큰 손목시계를 차고 다닌다.

2위 • 만모한 싱, 총리 은빛의 '크로스 펜'을 갖고 있고, 아침에 40분간 산책을 즐긴다.

3위 • 몬텍 싱 알루왈리아, 기획위원회 부의장 만모한 싱 총리가 모든 개혁 정책을 상의하는 인물. 어떤 주제에 대해서도 찬성 혹은 반대쪽 입장에서 설득력 있게 토론할 수 있는 능력을 갖추고 있다.

4위 • 프라카시 카랏, 인도마르크스주의자공산당 사무총장 집권 UPA연정의 한 축을 이루고 있는 좌파 정당의 핵심. 사사건건 경제정책에 반대해 만모한 싱 정부의 발목을 잡고 있다.

5위 • P. 치담바람, 재무장관 명석한 머리와 냉철한 목표 분석으로 존경받는 경제학자이자 변호사. 내각에서 가장 교육을 많은 받은 장관이고, 경제 개혁파로부터 칭찬을 받는 경제 수장이다.

6위 • M. K. 나라야난, 국가안보보좌관 정부 내 양대 정보기관인 IB(국내정보담당)와 RAW(해외정보담당)를 지휘하고 있다. 은퇴 후 13년이 지나 총리가 전화해 자리를 맡아달라고 해 주위를 놀라게 하였다.

7위 • 아메드 파텔, 국민회의당 사무총장 매일 저녁 가장 늦게 소냐 간디가 집에서 공식적으로 만나는 인물이다. 사생활 침해를 받지 않으려고 핸드폰 번호를 석 달마다 바꾼다.

8위 • 풀록 차테르지, 총리 개인비서 총리와 소냐 간디 간의 핫라인. 장관이나 총리 비서실장보다 더 힘이 세다. 라지브 간디 전 총리 시절 총리실에서 근무했고, 소냐 간디의 개인비서를 지냈기 때문이다.

9위 • 랄루 프라사드 야답, 철도장관 3개(철도, 농촌 개발, 기업 문제) 부처 장관을 맡고 있다. 기업 이사회 회의실에서부터 인프라 개발에까지 그의 영향력이 미치지 않는 곳이 없다. 비하르 주 제1야당 수장으로 현 정권 유지에 중요한 인물이다.

10위 • 프라납 무케르지, 외무장관　만모한 싱 총리가 정치적 자문이 필요할 때마다 의지하는 인물. 소냐 간디가 위기 관리 때 신임하는 '소방수' 역이기도 하다. 지난 20년간 휴가를 가지 않은 일벌레다.

| 경제계 인사 |

1위 • 라탄 타타, 타타 그룹 회장　인도 재계 서열 1위. 기업 총자산가치 450억 달러(약 45조 원). 기업 매출의 25%를 해외에서 올린다. 한국에도 타타 상용차가 있다. 2004년 대우상용차를 인수하였다.

2위 • 무케시 암바니, 릴라이언스 그룹 회장　선친에게 물려받은 릴라이언스 인더스트리스의 시장가치를 6,000억 루피(15조 원)에서 1조 900억 루피(약 27조 원)으로 키우는 데 성공한 인물. 매출 1조 루피(약 25조 원)로 인도 최대이고, '포춘 500대 기업'에 들어가는 유일한 인도 기업이다.

3위 • N. R. 나라야나 무르티, 인포시스 설립자(회장)　인도 재계에서 정치권을 향해 분명한 목소리를 내는 인물로, 재계의 멘토라 불린다. 인도 IT업계를 대표하는 기업인. 마이소르에 28억 5,000만 루피(712억 원)를 투자하여 매년 3만 명을 교육시킬 수 있는, 글로벌 캠퍼스를 짓고 있다.

4위 • 아미탑 박찬, 영화배우　발리우드 최고 스타. 매년 그의 생일마다 인도 언론은 특집을 낸다.

5위 • 쿠마르 만갈람 비를라, 비를라 그룹 회장　급성장하는 인도 재벌 중 하나인 비를라 그룹의 새로운 주인. 기업 가치는 5,000억 루피(12조 5,000억 원).

6위 • 아닐 암바니, 아닐 디루바이 암바니 그룹 회장　반항적이고 도전적인 이미지를 가지고 있다. 아버지가 사망한 뒤 인도 최대 그룹인 릴라이언스 재산 분할을 놓고 형인 무케시 암바니와 왕자의 난을 겪었다. 그룹은 재계 순위 3위.

7위 • 아짐 프렘지, 위프로 테크놀리지스 회장　인도 최대 비즈니스아웃소싱 업체 총수. 초등학생 교육 시설 향상을 위해 매년 사재에서 2억 루피(약 50억 원)를 기부한다. 〈파이낸셜 타임스〉가 뽑은 전 세계에서 영향력 있는 25명 중 10위에 오르기도 했다.

8위 • 나레시 고얄, 제트 에어웨이 회장　인도에서 가장 이윤을 많이 내는 민간 항공사 오너. 1조 1,000억 루피(약 25조 원)에 달한다. 비행기가 정시에 출발하고 도착하는지, 기내 서비스에 대한 승객 반응을 매일 점검하는 걸로 유명하다.

9위 • 수닐 미탈, 에어텔 사장　에어텔로 유명한 바르티 텔레콤 총수. 영국 보다폰에게 바르티 주식 10%를 매각, 670억 루피(약 1조 6,750억 원)를 조달했다. 자산 2,500억 루피(6조 2,500억 원)가 넘는, 인도 부자 서열 3위.

10위 • 사미르와 비니트 자인, 타임스 오브 인디아 언론 그룹 소유주　발행부수 200만이 넘는 〈타임스 오브 인디아〉를 발행하는 언론 재벌. 최근에는 '타임스 나우Times Now'라는 영어 뉴스 전문 채널을 개설했다.

인도 민주주의가 망가뜨린 지역
파트나 P A T N A

인도에서 비하르 주는 전국적인 놀림감이다. 주민 수 8,287만 명(2001년 인구조사)으로 전체 28개 주 가운데 3위이며, 땅 넓이 9만 5,000제곱킬로미터로 남한 크기에 가깝다. 인도 중북부에 있는 이곳의 주도는 파트나Patna. 땅도 기름지고 사람도 많고 해서 못살 이유가 없다.

그런데도 인도에서 가장 가난하고, 범죄가 극악을 부리고, 분리주의자의 테러가 횡행하는 잠무 카슈미르 주보다 총에 맞아 죽는 사람이 더 많다. 기간산업이 없다 보니 납치 산업이 가장 번성하는 비즈니스이며, 정치인은 조폭과 구분이 안 되고 마피아와 한통속이다. 한마디로 상상을 초월하는 땅이다. 세계 최대의 민주주의라고 내세우는 인도 민주주의의 수치다.

비하르를 잘 모르는 사람도 부다가야Bodh Gaya는 들어본 적이 있을 것이다. 부처가 해탈한 땅이다. 부처가 첫 설법을 한 사르나트Sarnath, 열반에 든 쿠시나가라Kushinagara도 비하르에 있다. 불교 4대 성지 중 세 곳이 이곳에 있는 것이다. 부처가 살생을 금하라고 설법한 그 땅이 지금은 무법천지가 되어 있다.

인도의 대표적인 곡창 지대인 비하르의 주도. 인구 180만 명. 일찍부터 문명이 발달했다. 고대 도시 명은 파탈리푸트라. 갠지스 강의 남쪽 제방에 자리 잡고 있다. 시크교의 10번째 구루(고빈드 싱, 1666~1708년)가 태어난 곳으로, 시크교에게도 중요한 장소이다. 파트나 인근 지역에 부다가야 등 불교의 주요 성지가 있다.

유일하게 번창하는 산업은 '납치'

뉴델리에서 여행업을 했던 이건준 씨(유니버설 여행사)는 필자에게 한국인 관광객을 인솔해 비하르에 갔다가 곤욕을 치른 얘기를 해줬다. 관광버스를 타고 파트나에서 부다가야로 가고 있는데 국도 상에서 경찰이 차를 세웠다. 그들은 "앞쪽 길에 마피아가 있다. 돈을 좀 주면 우리가 잘 처리하겠다"며 노골적으로 금품을 요구해왔다. 돈을 주지 않고 그냥 차를 출발하면 잠시 뒤 마피아가 도로 위에 큰 돌을 쭉 늘어놓고 있어 차를 세우지 않을 수가 없다. 그러면 마피아가 달려들어 대나무 죽창을 바퀴에 찔러 펑크를 낸다. 그런 뒤 버스에 올라와 관광객을 위협해 지갑을 털어간다. 그러니 경찰이 좋게 말할 때 돈을 건넬 수밖에 없다. 북부 비하르는 사정이 좀 낫고, 부다가야가 있는 남부 비하르가 심하다고 한다.

이건준 씨에 따르면 비하르에서는 기차 여행도 안전하지 않다. 갱단이 올라와 승객들에게 수면제를 강제로 먹이고 잠이 든 새 열차 한 칸을 온통 털어간다고 한다. 한 한국의 젊은 여행객이 남들보다 일찍 깨어났다가 어려움을 당한 경우도 있다고 한다. 마피아가 잠이 깬 그에게 다시 다량의 수면제를 먹여 깨어난 뒤에도 후유증으로 시달렸다는 것이다.

필자가 뉴델리의 숙소를 나서면서 비하르 주도 파트나에 간다고 하니 동료 하숙생인 고은익 씨(당시 아메리칸 스쿨 12학년)가 대뜸 "몸조심하시라"고 말을 건넨다. 인도에서 비하르는 위험한 곳으로 인식된다.

그런 비하르에서 최근 새 바람이 불고 있다. 지난 15년 동안 주총리로, 그리고 주총리의 남편으로서 비하르를 통치해온 랄루 프라사드 야답Lalu Prasad Yadav이 2005년 말 선거에서 패배해 물러났다. 랄루는 비하르 쇠락의 장본인, 원흉으로 지목받는다. 그를 대신해 '개발'을 선거 구호로 내세운 니티시 쿠마르(지역정당 자나타 달 대표)가 비하르의 선장이 됐다. 비하르의 모습을 보고, 새로운 주총리에 대한 여론이 어떤지 확인해보기 위해 파트나로 떠났다.

비하르행 인도항공 비행기의 좌석 앞주머니에 〈힌두스탄 타임스〉가 꽂혀 있어 집어드니 이날도 비하르 관련 기사가 빠지지 않고 나와 있다. 납치 사건 아니면, 니티시 신임 주총리가 잘하고 있다는 게 최근 비하르 관련 언론 보도의 대강이다. 해당 기사는 랄루 전 주총리의 처남이자 현 하원의원인 사두 야답에 대해 체포영장이 발부되었다는 내용이다. 그는 수백억 원의 식량구호금 착복 혐의를 받고 있다. 마침내 비하르에서도 정의가 서는 것인가?

옆자리의 노인이 "사두 야답은 비하르에서 가장 악명 높은 마피아"라고 말한다. 노인은 인도항공에서 엔지니어로 일하다 은퇴해 뉴델리에 살고 있는데, 고향 비하르에 다니러 가는 길이라고 했다. 랄루 전 주총리에 대해서도 욕을 퍼부었다. "언젠가 1,500억 루피(약 3조 7,500억 원)를 연방정부로부터 주의 개발 자금으로 지원받았는데, 대부분의 돈을 반납한 적이 있습니다. 돈을 줘도 주민을 위해 쓰지 못하는 한심한 인사입니다." 반면 새 총리에 대해서는 일을 열심히 하고 있다고 칭찬을 아끼지 않았다.

마피아, 경찰, 정치인의 삼각 연계 관계

델리 공항을 이륙한 지 1시간 30분 정도 지나자 파트나 공항에 도착했다. 시내에 들어서니 예상과는 달리 그런대로 괜찮다. 도로나 건물들도 인도의 다른 지역과 큰 차이가 느껴지지 않았다. 차량들이 내는 경적소리는 고막을 찢을 듯 시끄러웠다.

"이곳은 주도입니다. 그래도 낫지요. 하지만 파트나에서 한 발만 벗어나면 비하르의 진면목을 바로 볼 수 있습니다." 델리대학역사학과 강사인 비자이 쿠마르(45)가 "생각보다는 낫다"는 필자의 말을 듣고 대꾸한다. 자신의 고향인 무자파르푸르로 가자고 했다. 무자파르푸르는 파트나에서 북쪽으로 72킬로미터 떨어진 비하르 주 제2의 도시다.

파트나에서 북쪽으로 차를 돌렸다. 파트나는 강가(갠지스 강)의 남쪽 하안河岸에 길게 자리 잡고 있다. 강폭이 엄청나다. 서울에서 보는 한강 폭의 5, 6배는 족히 될 듯했다. 강가는 히말라야 산중에서 발원해 서에서 동으로 가로로 흐른다. 뉴델리 쪽에서 서부 콜카타 쪽으로 가는데 알라하바드, 바라나시 등을 지나 파트나에 이르면서 강가는 거대한 강이 된다. 그 위에 놓인 마하트마 간디 다리는 길이가 무려 5,850미터. 강 위에 걸린 다리로는 세계 최장이라는 말이 있다.

2차선의 낡은 다리를 건너가니 강의 북쪽 하안에는 수백만 평은 족히 될 듯해 보이는 바나나 농장과 밀밭이 끝없이 펼쳐져 있다. 바나나

❶ 몽키 바나나 농장.
❷ 강변 밀밭. 밀밭가에 마피아들이 천막을 쳐놓고 농민들을 수탈한다.

❶

❷

의 크기가 작은 '몽키 바나나' 는 이곳 특산품이다. 다리 북쪽에서 남쪽의 시내로, 녹색의 아직은 덜 익은 바나나를 싣고 가는 농부들의 수레가 눈에 띤다. 매년 우기에 강가가 가져다주는 기름진 토양으로 강변의 토지는 비옥하기 짝이 없단다.

무자파르푸르까지 가는 77번 국도는 길이 아주 나빴다. 인도 자동차 마힌드라 지프는 심하게 흔들렸고, 속도를 내지 못했다. 문이 없는 지프여서 먼지가 계속 차 안으로 몰려들어왔다. 숨을 쉴 수가 없었다. 동행한 비자이는 정치인들 욕을 계속 해댔다. "비하르에서 가장 중요한 간선도로입니다. 그런데 꼴이 이래요. 정치인과 마피아가 건설업자에게 돈을 뜯어가고 업자는 부실공사를 해서 돈을 남겨 먹으니까 이런 거죠." 새삼스러운 얘기가 아니어서 귀에 들어오지도 않는다. 한국에서도 낯익은 먹이사슬 구조다. 하지만 비하르는 정도가 심하다. 부실공사의 정도가 도를 넘어선다.

심지어 비하르의 나쁜 도로 형편과 관련해서는 마피아가 지나가는 차를 털기 위해 일부러 그렇게 만들어놓았다는 말까지 나돈다. 길이 나빠야 마피아를 피해 차가 빨리 도망가지 못한다는 것이다. 72킬로미터의 길을 먼지를 뒤집어쓰고 가다 보니 3시간 가까이 걸렸다. 무자파르푸르에 도착하니 해가 이미 저물었다.

밤늦게 지역 경찰 책임자를 만났다. 인도의 고위 공무원들은 공관 안에 민원인을 만나는 사무실을 별채에 두고 있다. 잠시 기다리니 사복 차림인 50대 초반 고위 경찰 간부가 나온다(그는 익명으로 보도할 것을 요구했다).

● 주 정부가 바뀌어 의욕을 보이고 있는데 경찰은 어떤 일을 하고 있나?

비하르는 인구가 많아 인구밀도가 높다. 토지 소유를 둘러싼 분규도 많다. 그래서 어려움이 많다.

● 경찰도 변화를 요구받고 있는데 어떤 내부 변화를 시도하고 있나?

그간 부패가 횡행했다. 가난한 주민들에게는 무료 등유, 쌀, 설탕, 밀 등을 나눠준다. 하지만 분배가 잘 안 된다. 주민들이 받지를 못하고 있다.

● 마피아는 어떤가?

조직범죄가 있다. AK47, AK56 등 정교한 무기를 갖고 있다. 몸값을 요구하며 납치한다. 납치는 혼자 할 수 있는 게 아니어서 모두 조직범죄라고 보면 된다. 경찰은 범인들을 찾아내기가 힘들다. 대개 몸값을 지불한 뒤에야 풀려나고 있다(그는 이 대목에서부터 '익명' 보도를 요구했다). 30명의 조직원이 있다고 하면 조직 운영비로 매월 10만 루피(약 250만 원)가 필요한데 1년이면 150만 루피(약 3,750만 원) 가까이 필요하다.

마피아-경찰-정치인의 삼각 연계 관계가 있다. 선거 때 이 연계 관계가 어떻게 작동하는지 나타난다. 마피아들은 정치인들을 도와, 정치자금을 모으고, 상대 후보를 협박해 유세장에 못 나가게 하거나 출마 자체를 포기하게 만든다. 일부 정치인들은 이들을 보호해준다. 경찰은 정치적 영향력이 강한 비하르의 풍토상 정치권의 압력에서 자유로울 수 없다.

정직하고 유능한 사람들을 사회의 전면에서 일할 수 있도록 끌어내야 한다. 인도는 정치의 힘이 세다. 정치적 영향력 없이는 되는 게 없다. 특정 건축업자에게 공사 계약을 주라고 정치인이 관청에 영향력을 행

❶ 마하트마 간디 다리. 다리 중간 지점에 이르자 한쪽 방면 차선이 막혀 있다.
❷ 트럭 앞 범퍼에 쓰여 있는 '속도 40킬로미터' 표시. 그 이상은 길이 나빠 달라지도 못하는 곳이 비하르다.

사한다. 말을 듣지 않으면 담당자를 내보낸다. 그가 나가면 자리를 메울 사람은 얼마든지 있다. 1명이 나가면 10명이 들어올 준비가 되어 있는 게 이곳이다. 모든 공사 계약이 범죄와 관련되어 있다. 하원의원 중 범법자가 많다.

● 정치인 중 범죄에 관련된 사람은 얼마나 되나?

"범죄와 관련되지 않은 정치인이 얼마나 되느냐"고 묻는 게 더 빠를 것이다. (웃음) 지금도 비하르에서 2명의 하원의원이 투옥되어 있다.

취재를 마치고 숙소를 잡으려 하는데 에어컨이 있는 호텔방을 찾을 수가 없다. 더운 날씨 속에 냉방이 안 되는 곳에서 자려니 난감해진다. 방금 만나고 나온 경찰 간부가 방을 알아봐주겠다며 연락해 왔다. 에어컨이 있는 방을 잡는 데도 영향력이 필요하다. 심지어는 극장표를 예약하는 데도 영향력이 필요하다고 한다. 공급은 적고 수요가 많기 때문에 일어나는 현상이다. 그날 밤 옷을 입은 채 잤다. 방에 모포도 없었고, 모포를 가져온들 청결하지 않을 것 같았기 때문이다. 인도에 와서 그렇게 불편하게 잔 것은 처음이었다. 과연 비하르였다.

비하르는 인도 민주주의 최대 실패작

다음날 무자파르푸르에서 취재를 마치고 파트나로 돌아오는 길은 조금 우회는 하지만 길 형편이 전날보다 나은 곳을 택했다. 무자파르푸르에서 1시간 남짓 달렸을까, 파트나에서는 북서쪽으로 40킬로미터 떨어진 도시 배살리. 인구 1만 5,000명. 마을 주민에게 근처 학교 위치를 물어봤다. 학교 형편을 알아보기 위해서였다. 길가에 다 쓰러져가는 벽돌 건물을 가리킨다. 오전 8시 30분이라 아직 학생들은 등교 전이다. 교장으로 보이는 50대 여성이 맞는다.

● 교장 선생님인가?

교장은 없다. 5, 6년 전에 교장 선생님이 정년퇴직했는데 정부가 후임자를 임명하지 않고 있다.

● 왜 그런가?

(웃는 듯 마는 듯한 표정. 말이 없다. 새삼스럽게 왜 물어보느냐는 눈치다.)

● 다른 학교도 그런가?

인근에 교장이 있는 학교가 거의 없다.

● 주정부가 월급은 제대로 지급하고 있나?

나온다. 석 달씩 늦게 나오는 경우가 있기는 하지만……

재학생 수 475명인 배살리 여자중학교. 50대 여인은 교장을 대신해 학교 운영을 책임지고 있는 아사 시나 교감이었다. 평균 등교 학생 수는 250명 정도에 그친다. 전교생의 절반이 조금 넘는 수치다. 점심시간은 오후 1시 30분인데 그때가 되면 학생들이 가장 많이 몰려온단다. 정부가 학생들에게 무료 점심을 제공하기 때문이다. 자랑스럽지 못한 학교 현실을 얘기하는 시나 교감의 표정이 어둡다. 그가 무슨 잘못이 있겠는가.

1947년 영국으로부터 독립 이전에 개교했다는 학교 건물은 뭐라 말할 수 없을 정도로 낡아 있었다. 천장은 비가 오면 샌다. 전체 7개인 교실 안을 들여다보니, 교사용 의자 한두 개가 있을 뿐 학생들을 위한 책상과 의자는 없다. 모두들 바닥에 앉아서 수업을 받는다. 실내는 어

두컴컴하다. 전등은 사치다. 4, 5평 남짓한 교실에 100여 명이 학생이 들어간다.

　비하르의 학교가 다 망가졌다는 말은 들었지만 이 정도일 줄이야. 학교를 빠져나오는데, 동행한 마을 주민 아자이 쿠마리 싱(50)이 덧붙인다. "그 양반이 본인 입으로 어떻게 실상을 말로 다 할 수 있겠습니까? 학교가 개판입니다." 교사들이 학교에 나오질 않고, 월급날에만 얼굴을 보이는 경우가 많단다. 학생들에게 공부는 시키지 않고 매일 운동장에서 놀리기만 한단다. "랄루(전 주총리)가 장기 집권을 하면서 비하르를 망쳤습니다. 망가지지 않은 부문이 없습니다. 영어를 가르칠 필요가 없다며 영어 하는 사람을 교사로 임명하지 않기도 했습니다."

　비하르 주와 주도 파트나는 한때 인도의 자랑이었다. 파트나는 고대 제국(마우리아 왕조)의 수도로 인도 전역을 호령했다. 마우리아 왕조의 3대 왕인 아쇼카(기원전 273~232년)가 그중 가장 유명하다. 지금의 아프가니스탄에서부터 인도 중부 마이소르 지역에 이르는 땅에 제국을 건설했다. 그는 불교로 개종했고, 불교의 세계화에 가장 큰 기여를 한 인물이다.

❶ 무자파르푸르 인근의 학교 건물. 방치된 끝에 문을 닫았고, 건물은 완전히 파손됐다.
❷ 배살리 여자중학교 교실. 여자중학교지만 남녀를 다 받는다고 한다. 교실 바닥에 앉아서 공부해야 하는 열악한 교육 현장이 안타까웠다.

1863년에 개교한 파트나 칼리지의 언어학부 건물. 영국 식민 통치 시절에는 명문교로 이름을 날렸으나 지금은 쇠락한 모습이 역력하다.

파트나는 영국의 식민 통치 아래서도 교역의 중심과 교육 도시로 번창했다. 영국이 물러간 뒤 1949년에 나온 '애플비 보고서'는 비하르를 성공적인 식민 경영 사례로 꼽기도 했다.

하지만 독립 이후 사정은 달라졌다. 자와할랄 네루와 인디라 간디 전 총리가 이끈 국민회의당의 무능한 통치가 쇠락으로 가는 길을 열었다. 지난 1990년부터 시작된 랄루 프라사드 야답 전 총리의 장기 집권은 죽어가는 비하르를 관 속에 넣고 대못 질을 한 셈이 됐다. 랄루 전 주총리의 집권 중 비하르는 '붕괴'란 말이 어울릴 정도로 철저하게 몰락했다. 비하르는 인도 민주주의 최대 실패 사례로, 미국 하버드 대학이 연구할 정도가 됐다.

산업은 농업을 제외하고 전무하다시피하다. 각종 지표에서 인도 내 꼴찌를 도맡아 하고 있다. 1인당 주민 연간 소득은 3,650루피로 인도 평균(1만 1,625루피)의 3분의 1에 불과하다. 빈곤선 이하 주민 비율은 42.6%로 전국 평균(26.1%)을 크게 웃돈다. 아동들의 입학률은 41%로 인도 전역(전국 평균 66%)에서 꼴찌이고, 문자 해독률(47.5%) 역시 가장 낮다(전국 평균 65.38%). 주내 도로의 길이, 포장률, 전기 보급률 등등 모든 지표에서 인도 최하 수준이다. 아프리카의 6개국만이 인간개발지수에서 비하르에 처진다는 1990년 유엔조사도 있었다. 이로 인해 비하르를 비웃고, 그 중심에 있던 랄루 전 주총리를 조롱하는 건 인도의 국민적인 오락거리였다.

15년 만에 막을 내린 랄루의 정치 공학

다시 차를 타고 파트나로 돌아가는데 필자의 안내를 도와준 비자이의 동생 산자이가 자신의 피랍 경험담을 전해줬다. 그는 지금도 6년 전 납치 사건으로 시달리고 있다. 산자이는 지난 1999년 네팔 국경 인근의 사탕수수밭에서 집으로 오토바이를 타고 돌아오다 대낮에 무장 괴한들과 맞부딪혔다. 28명의 마피아들은 그를 네팔 접경의 깊숙한 숲 지대로 끌고 들어간 뒤 가족들에게 몸값 10만 루피(약 250만 원)를 요구했다. 마피아들은 가족들에게 "당신 아들을 누군가가 죽여달라며 돈을 줬다. 그 이상을 우리에게 주면 살려주겠다"고 말했다.

30대 후반인 산자이는 브라만 카스트 출신으로 가족 소유 농지가 약 12만 평에 달하는 부농이다. 무자파르푸르에 1만 2,000평의 땅 외에도, 네팔 국경 인근에 선조로부터 물려받은 땅을 갖고 있다.

가족들은 마피아와 끈이 닿아 있는 지역 내 네트워크를 동원해 납치범들의 신원을 파악하는 데 성공했다. 그리고는 "해치면 보복하겠다"고 경고했다. 매일 메신저가 오가며 협상이 진행됐다. 그 사이에 가족들은 산자이가 먹을 음식과 옷가지, 담요 등을 보냈다. 납치된 지 9일 후 납치범들의 신원을 경찰에 제보하지 않는다는 조건 아래 산자이는 풀려났다.

산자이 납치 사건은 지난 1992년부터 2004년 9월까지 발생한 3만 2,600건의 납치 사건 중 하나에 불과하다. 그리고 몸값을 지불하지 않고 '해피엔딩'으로 끝난 흔치 않은 사례다. 보복을 두려워해 경찰에 신고하지 않는 사건은 이보다 훨씬 많다는 게 주민들의 얘기다.

납치 과녁은 전문 직종 종사자들이나 부농들이다. 이 때문에 비하르의 일부 의사는 자신의 병원 수술실에서 총으로 무장한 사설 경호원을 곁에 세워 두고 수술칼을 잡는 기상천외의 장면이 연출되기도 한다.

비하르 쇠락에 전적인 책임이 있다는 랄루 전 주총리는 어떻게 이 꼴로 만들어놓았을까? 랄루 전 주총리는 하층 카스트 출신으로 1975년 집권에 성공했다. 당시에는 하층 카스트의 메시아로 대단한 시선을 받았다. 1947년 독립 이후 상층 카스트 출신이 줄곧 통치해온 이 지역에서 처음으로 하층 카스트 출신의 주총리가 나온 데 대한 기대감 때문이었다.

랄루가 등장하기 전, 상층 카스트들도 이 지역의 퇴보에 큰 원인을 제공했다. 인도 최고의 곡창 지대 대지주인 자민다리들은 네루의 토지 개혁에 성공적으로 저항했고, 기존 질서를 흔들 수 있는 변화에 반대했다. 문자 해독률이 올라가고, 인프라가 늘어나고, 도시화가 진행되면 자신의 땅과 농민들에 대한 장악력이 떨어질 것으로 판단했기 때문이다.

비하르의 실상을 보여주는 아르빈드 N. 다스의 1990년 책 《비하르 공화국The Republic of Bihar》을 보자. 파트나의 한 지주는 강가 위에 놓을 다리 부설을 수년 동안 방해했다. 자신이 갖고 있는 도강渡江 사업이 타격을 입을 것으로 우려했기 때문이다. 그는 다리가 완공된 뒤에는 다리 통행료를 징수했다고 한다.

이런 자민다리들의 행패 이후, 각종 범죄가 만연하기 시작했다. 투자가 없고 소득을 늘릴 다른 수단이 없자 지주들은 불법 행위를 하기 시작했다. 짝퉁을 대량으로 만들어 파는 등 '가짜 비즈니스'가 성행했다. 인도에서 가짜 대학의 가짜 학위를 만들어 파는 일의 원조가 비하르라고 한다.

이후에 랄루가 바톤을 이어받아 비하르를 망가뜨렸다. 그는 카스트와 정치, 저개발, 범죄를 비빔밥식으로 묶어내 정권 유지에 성공했다. 특히 그는 비하르 특유의 '카스트 정치 공학'에 의존했다. 그는 자신의 정치적 기반인 다른 낙후된 계급OBCs, Other Backward Classes과 무슬림의 표를 묶으면서 계속 주선거에서 승리했다. 무슬림은 비하르 인구의 16.5%, 다른 낙후된 계급은 12.7%이다(OBCs는 사회적으로 낙후되어 있거나 교육을 제대로 받지 못한 계급이라고 헌법에 규정되어 있다. 1931년 인구 센서스를 근거로 조사한 1980년 발표된 만달Mandal 위원회에 따르면 OBCs는 전체 인구의 52%에 해당한다). 30%에 가까운 고정표가 있으니, 이에 다른 카스트의 표를 조금만 추가하면 됐다.

랄루의 '카스트 정치 공학'은 계속 작동했다. 하지만 그는 1997년 사료 부패 사건과 관련해서 주총리 직에서 물러나야 했다. 그렇게 되자 부인을 주총리 후보로 내세워, 대리 집권에 성공했다. 부인 라브리는 문자 해독이 되지 않는 문맹자였다. 그가 만든 지역정당 RJD에 랄루를 지지하는 카스트들은 계속 표를 던졌고, 그가 부패(1997~2001년 부패 혐의로 5차례 수감)했건, 문맹인 부인이 주총리 후보로 나왔건 지지는 맹목적이었다. 랄루는 비하르 통치가 자신에게 영구히 부여된 임무라고 큰소리를 쳤다.

상위 카스트가 주의 발전을 가로막고, 랄루라는 정치인이 주의 역사를 거꾸로 되돌리고 있었으니 일반 주민들은 먹고살 수가 없었다. 결국 그들은 일자리를 찾아 주를 떠났다. 마하트마 간디 다리 인근 국도변에서 노상 간이식당을 운영하는 마노즈 쿠마리 샤(32). 그의 부친은 22년 전부터 북동부 아삼 주로 가 일하고 있다고 했다. 아버지와 작은아버지, 작은아버지의 가족 등 일가친척 6명이 아삼에서 일한다.

그는 "먹고살 수 없었기 때문에 집을 지킬 사람을 빼놓고는 떠났다"

면서 "동네 사람 대부분이 대도시로 취업하기 위해 나갔다"고 한다. 실제로 비하르 사람들은 뉴델리에서 주택 경비원이나 운전수 등 단순 노동직에 상당수 취업하고 있다. 필자가 묵었던 게스트하우스 경비원 중 한 명도 비하르 출신이다.

지역은 계속 쇠락했으나 랄루는 개발을 완전히 백안시했다. 카스트 정치가 작동하는 한 개발 같은 건 하지 않아도 된다는 식이었다. 비하르의 다른 지역 정당 대표인 니티시 쿠마르가 2005년 선거에서 개발 구호를 들고나왔을 때도 랄루는 비웃었다. 하지만 그의 집권 성적표는 비참했고, 주민들은 결국 15년 만에 그의 카스트 정치에 저주를 내렸다. 마침내 지난 2005년 11월 정권은 교체됐다.

파트나에 돌아와 니티시 쿠마르 새 주총리의 찬찰 쿠마르 특별보좌관을 만났다. 그는 대단히 바빴다. 그는 연방정부 부처에서 일하다 새 정부 출범과 함께 차출돼 고향으로 돌아왔다. 필자와의 길지 않은 대화를 나누는 가운데도 끊임없이 일을 처리하고 있었다. 그의 목소리와 얼굴에는 일에 몰두하는 사람 특유의 분위기가 물씬 묻어났다. 그는 "먼지가 두껍게 쌓인 집 안을 청소하는 데는 시간이 걸린다"면서 "우선 사법적 정의를 바로 세워 범죄자들에게 유죄 선고가 내리도록 하면서 질서를 잡아가고 있다"고 말했다.

그를 만나고 나오는 비하르 주정부 청사 마당 주차장에는 썩어가고 있는 관용차 십여 대가 서 있었다. 그건 과거의 랄루 정부 시대의 모습이었다. 니티시 새 정부는 얼마나 빨리 먼지를 털어내고 비하르를 발전의 궤도로 끌어낼 수 있을까? 인도의 국민적 조롱 대상인 비하르에도 마침내 변화의 계기가 온 것일까?

힌두 민족주의와 안티 힌두교가 만나는 곳

NAGPUR 낙푸르

뭄바이가 주도인 마하라슈트라 주의 제3대 도시. 지리적으로 인도의 정중앙에 있다. 내륙이어서 여름이면 특히 무덥다. 힌두 우파 단체 RSS를 만든 헤드게와르의 출생지이자 RSS의 본부가 있는 곳이다. 지난 1957년에는 카스트 제도 철폐를 주장해온 암베드카르 박사가 이곳에서 추종자들과 함께 불교로 개종하기도 했다. 오렌지 생산지로 명성이 높다. '오렌지 도시'가 별명.

인도 마하라슈트라 주의 겨울 수도 낙푸르Nagpur는 B. R. 암베드카르Ambedkar 박사와 RSS의 도시다. 암베드카르는 힌두교 카스트 신분 철폐 운동을 벌였던 인도 현대사의 걸출한 인물이고, RSS는 힌두 민족주의 운동의 구심점인 민간단체다. RSS는 Rashtriya Swayamsevak Sangh의 약자로, 뜻은 전국자원봉사자연합쯤 된다. 암베드카르 박사가 힌두교에 절망했다면, RSS는 힌두교를 인도인의 중심에 세우기 위해 노력한다. 이 점에서 둘은 충돌한다.

불가촉천민의 땅, 암베드카르의 낙푸르

낙푸르는 인도에 오기 전까지는 이름도 들어보지 못한 도시였다. 그런데 뉴델리 생활 5개월 만에 두 번이나 발걸음을 했다. 낙푸르는 밖으로는 존재가 드러나지 않으나, 인도 사회의 작동 원리에 대한 관심이 생기면 눈에 보이는 그런 곳이었다.

　낙푸르의 관문인 공항 이름은 암베드카르 공항이다. 낙푸르 시당국이, 헌법기초위원회 위원장을 지낸 인도 헌법의 아버지이며, 카스트 철폐 운동을 벌였던 인도 현대사의 거인을 기리고자 2005년 이름을 바꿨다. 암베드카르는 불가촉천민으로 신분 철폐 운동을 벌이다 힌두교 내에서의 한계를 절감하고 지난 1956년 낙푸르에서 불교로 개종했다.

　그가 수십만 명의 마하르Mahar 카스트 천민과 함께 개종한 장소에는 딕샤푸미Deekshabhoomi라는 기념 스투파(사리탑)가 있다. 인도 여행 중 수없이 보게 되는 조각상의 주인공이 안경을 쓴 남자라면 암베드카르 박사라고 보면 된다. 그는 그만큼 마하트마 간디 못지않게 인도인의 사랑을 받고 있다. 암베드카르는 군인이었던 아버지를 따라 병영이 있는 마디아프라데시 주의 대도시 인도르Indore 인근 모우Mhow에서 태어났다. 고향은 마하라슈트라 주 라트나기리Ratangiri 행정구역 내 암바바데Ambavade.

　딕샤푸미는 도심 서쪽의 락시미 나가르에 있었다. 흰색 칠을 한 둥근 대형 콘크리트 건물이었다. 건물 양식은 티베트 불교의 영향을 받은 듯했다. 한겨울이지만 인도에서는 가장 기후가 좋은 때여서 햇볕이 따뜻하게 내리쬐고 있었다. 딕샤푸미 인근은 한산했다. 정문을 통해 들어가니 건물 주변에서 소모임이 열리고 있다. 불교 관련 모임이었다.

잠시 옆에 앉아 기다리고 있다가 한 사람과 이야기를 나누었다. 그는 "카스트 제도는 없어져야 한다. 브라만이 낮은 카스트를 이용하고, 우리를 동물처럼 취급한다"고 말했다. "브라만의 신분 차별에 어떻게 대처하느냐"는 필자의 질문에 그는 "보복하지 말라고 배웠다. 싸움은 원치 않는다. 평화를 원한다"고 말했다. 그의 선친이 암베드카르 박사와 함께 불교로 개종했으며, 자신도 불교도라고 했다.

스투파로 들어가는 입구에 서 있는 표지석에는 2001년 12월에 건물이 준공됐다고 쓰여 있다. 개관 행사에는 천민 출신으로 최초의 인도 대통령이 됐던 K. R. 나라야난 당시 대통령이 참석했다.

"학교에서는 괜찮아요. 요즘 세대는 신분 차별을 별로 느끼지 않습니다." 딕샤푸미 정문 앞을 지나던 10대 소녀들이 입을 모았다. 인디라 간디 고등학교에 다닌다고 했다. 9학년인 두 소녀 중 프레르나 Z. 하자르는 불교도이고, 소남 S. 인골레는 힌두교도이다. 13세 소녀들이 바라보는 사회는 긍정적이다.

웃으면서 그들과의 짧은 대화를 마치고 돌아서니 20대 남자가 필자를 바라보고 있다. 암베드카르 박사 대학 법학과 2학년 학생인 샨타람 숙데오라오 모르였다. 대학 건물은 딕샤푸미 바로 오른쪽에 있다. 이방인에게 할 말이 있는 듯했다. "사람들이 낮은 카스트 출신을 동물처럼 취급합니다. 고향은 낙푸르에서 떨어진 불다나 행정구역인데 그곳은 카스트에 따른 차별이 더 심합니다." 그는 전년도에 학생회장 선거에 출마했다가 상위 카스트 출신 후보 지지자들로부터 협박을 당했다고 했다. '가난한 놈이 생계유지도 못하면서 왜 출마하느냐'는 식이었다.

그는 결국 선거 당일 그들에 의해 납치당했고, 선거에 나가지도 못했다고 울분을 토했다. 그의 꿈은 변호사가 되는 것이다. "정의를 원하고, 카스트를 없애고 싶습니다." 그의 부친 역시 암베드카르 박사와 함께 불교로 개종했다고 한다.

카스트에 반기를 든 '안티 힌두교'

딕샤푸미 재단 사무총장인 사다난드 풀잘레Sadanand Phulzale는 80이 가까워 보였다. 낙푸르의 한 주택가에 자리 잡고 있는 그의 집 거실에는 암베드카르 박사의 사진들이 걸려 있었다. 풀잘레 사무총장은 "암베드카르 박사의 공은 우리들 내부에서 자신감이 일어나도록 한 것이 가장 큽니다. 그것이 우리를 크게 바꿨습니다. 1956년 10월 14일 암베드카르 박사와 함께 50만 명이 개종했습니다. 당시 미얀마의 승려가 와서 행사를 주관했습니다. 이후 매일, 매년 개종이 이뤄지고 있습니다. 매년 2만 5,000~5만 명이 개종하고 있습니다. 지금까지 2,000만 명이 넘게 개종했습니다. 자신을 굳이 불교도라고 밝히지 않는 사람들까지 포함하면 불교도의 수는 훨씬 많을 것입니다. 개종한 사람들은 자신이 불가촉천민이라고 생각하지 않습니다. 박사는 부처에 이어 인도의 불교 확산에 두 번째로 기여했지요." 그는 "카스트는 수천 년의 뿌리를 갖고 있어 1~2년 새 없어지지 않는다"면서 "그나마 눈에 보이는 사회적인 차별이 많이 없어진 게 성과"라고 말했다.

암베드카르 박사와 함께 개종한 50만 명의 불가촉천민은 암베드카르 박사가 속한 자티(카스트 내의 세부 개별 집단)인 마하르들이었다. 불가촉천민들도 여러 자티들로 구분된다. 마하르들은 전통적으로 짐꾼이

상위 카스트의 공격을 받아 파손당한 집을 수리하는 사람들.

나 심부름꾼, 경비원 등의 일을 해왔다. 똥오줌을 치우는 일을 해야 했던 다른 불가촉천민 집단에 비해서는 좀 나은 편이다. 하지만 그들은 힌두 사원 출입이 허용되지 않았고, 마을의 우물에서 물을 길어 먹을 수 없었다. 천민들은 더럽다고 여겨져, 이들이 다녀가거나 물을 길으면 오염된다고 상위 계급들은 생각한다.

인도에는 사회 종교 집단 간의 갈등과 대립, 충돌을 표현하는 '코뮤널 컴플릭트communal conflict'라는 표현이 있다. 다른 나라에서는 그리 흔치 않은 표현이다. 사회 내 다수 세력인 힌두와 소수 세력인 무슬림 간의 충돌, 좀 더 정확히 말하면 힌두의 무슬림 공격이나 상위 카스트와 하위 카스트 간의 충돌을 가리키는 말이다.

종교, 계급, 언어, 인종별로 복잡하게 나뉘어 있는 인도의, 가장 큰 양대 충돌 구조가 힌두 대 무슬림, 상위 카스트 대 하위 카스트이다. 힌두 대 무슬림 간의 갈등은 2002년 구자라트 주에서 벌어진 학살에서 수천 명의 무슬림이 유례없이 학살당한 데서 극적으로 나타났다. 계급 간의 충돌은 전국적 혹은 주 단위에서 인종청소식으로 진행된 적은 거의 없지만 지역 단위에서 끝없이 전개되고 있다. 암베드카르 박사의 상을 지역에 세우는 문제도 커뮤니티 간 큰 갈등의 불씨를 안긴다.

인도 수도 뉴델리에서 북서쪽으로 70여 킬로미터 떨어진 하리아나 주 소네팟 지역 내 고하나. 1만여 명이 모여 사는 고하나 내 발미키 동네 주택들은 온통 수리 중이었다. '발미키'는 불가촉천민 계급으로 청소가 이들에게 주어진 일이다. 발미키 1,500명이 골목 안 주택들에서 살고 있었다. 4개월 전인 2005년 8월 말 상위 카스트인 '자트' 들로부터 공격을 받아 가옥 50여 채가 불에 타거나 파괴됐다. 자트는 인종별로 는 아리안족의 후손이며 계급적으로는 무사인 크샤트리아 카스트 소 속이다. 자트는 북인도에서 지주들이 많으며 농업에 종사하며 강력한 계급을 형성하고 있다. 이 지역 자트는 약 3,500~5,000명일 것이라고 주민들은 말했다.

"100여 명이 대낮에 몽둥이를 들고 다니며 집집마다 약탈하고 불을 질렀어요." 직장에 출근한 동생을 대신해 집 수리를 하고 있던 라즈 쿠마르(56)는 "경찰은 당시 약탈 현장을 보고만 있었다"고 말했다. 라즈 라야트람(35)은 "딸 결혼을 위해 준비했던 금붙이 등 혼수를 전부 약탈 당했다"면서 "발미키 한 사람이 잘못을 저질렀는데도 마을 전체가 보 복을 당했다"면서 치를 떨었다.

'발미키 한 사람의 잘못' 이란 젊은 발미키 남자가 골목 밖에서 사진 관을 운영하는 자트에게 모욕을 받자 그를 살해한 사건이다. 발미키 지 역에 대한 자트의 위협은 며칠간 계속됐고, 2005년 8월 31일 밤 12시 에 행동으로 표출됐다. 불온한 기류를 느낀 주민들이 사전에 거의 피신 해 인명 피해는 크지 않았다. 사건 뒤 10여 일이 지나서야 집으로 돌아 왔다. 중앙수사국CBI은 23명을 기소했으나, 핵심 인물인 힌두 우파 정 당 BJP 소속 의원의 아들은 종적을 감췄다.

고하나와 같은 시골과는 달리 델리와 같은 대도시에서는 카스트의 색깔이 옅어진다. "당신은 어느 카스트 소속이냐"라고 묻는 건 실례다. 옳지 않다는 사회적 인식 때문이다. 하지만 한 꺼풀만 걷고 들어가면 뿌리 깊은 차별을 바로 확인할 수 있다. 직장에서도 인도인을 고용할 때 직원들의 카스트를 파악하고 그에 따라 현명하게 관리해야 불필요한 갈등을 불러일으키지 않는다.

뼈에까지 새겨진 신분 차별은 신문의 결혼 광고에서도 확인된다. 배우자를 찾는 결혼 광고는 카스트별로 구분되어 있다. 인도 일간지 〈타임스 오브 인디아〉의 주말판에 결혼 섹션이 있다. 보수적이어서 아직도 대부분 부모의 중매로 결혼이 이뤄지는 인도인지라 이 같은 결혼 섹션에 대한 수요가 있다. 특집란을 보면 '브라만', '구자라티 타티다르', '크샤트리야', '야답' 등 19개의 카스트별 신랑감이 소개되어 있다. 브라만은 최상위 카스트이고, 야답은 '다른 낙후된 계급'이다. 카스트를 벗어난 결혼을 하는 건 아직도 큰 모험이다.

암베드카르가 선도한 이후 모든 불가촉천민들이 카스트의 굴레를 벗어던진 게 아니냐고 생각할 수도 있다. 하지만 현실은 그리 간단치 않다. 다양한 불가촉천민 집단 간에는 경쟁과 대립이 있다. 이들 간의 연대 의식은 없다. 암베드카르를 따라 개종했던 불가촉천민은 그가 소속된 마하르 집단일 뿐이다.

델리대학교 D. N. 자Jha 교수(역사학)는 "카스트는 힌두교의 중심요소이기 때문에 종교가 없어지지 않는 한 신분 철폐가 쉽지 않을 것"이라고 말했다. 70이 넘은 노학자인 그의 말을 듣는 순간 인도가 중세 봉건주의에서 벗어나려면 상당한 시일이 필요할 것이라는 점을 확인했다. 세계 최대의 민주주의 국가라는 인도에 봉건적인 사회 계급이 병존한다는 건, 아이러니가 아닐 수 없다.

인도 정치의 원격 조정지, RSS의 낙푸르

낙푸르를 다시 찾은 건, 첫 번째 방문을 마치고 델리로 돌아갔을 때 델리 대학교 동아시아학과 김도영 교수와의 통화가 계기가 되었다. 김 교수는 낙푸르에 다녀왔다는 필자의 말을 듣고 "RSS의 본부가 있는데?"라고 말해줬다. RSS는 인도에 힌두교 국가를 건설하려는 우파 이념Hindutva 단체다. 일반 인도인은 RSS 혹은 '상Sangh' 이란 약칭으로 부른다.

RSS는 뉴델리에서 벌어지는 인도 정치를 멀리 낙푸르에서 원격조정하고 있다. 제1야당인 BJP에 대해 RSS가 이념적 지도와 함께 당 운영에 강력한 입김을 행사한다. RSS는 지난 1948년 1월 인도의 국부 마하트마 간디 살인 사건과 연루되어 있는 걸로 유명하다. RSS는 간디가 힌두교 브라만 출신 나투람 고드세Nathuram Godse에 의해 암살된 직후 자와할랄 네루 정부에 의해 사건에 책임이 있다는 이유로 활동을 금지당한 바 있다. 낙푸르에서 열리는 주요 내부 행사 시 참석자들은 노란색 반바지에 흰색 셔츠, 검은색 모자 등 제복을 입고, 군대를 연상시키는 퍼레이드를 벌이고 단체 경례를 한다. 이런 의식으로 인해 파시스트적이라는 비판을 받기도 한다.

RSS는 1925년 낙푸르의 브라만 출신 의사 K. B. 헤드게와르Hedgewar 박사가 영국 통치하의 인도 내 이슬람 세력이 뭉치는 데 위기감을 느껴, 이에 대항하기 위해 창립했다. 창립 80년이 넘은 지금 전국에 4만 8,000개의 지부를 가진 거대 조직으로 성장했고, 외곽 조직만 해도 30여 개에 이른다. 대표적인 외곽 조직으로 정당 조직인 BJP(1980년 창당), 종교 조직인 VHPVishva Hindu Parishad(세계힌두협의회, 1964년 설립), 청년 조직인 바즈랑 달Bajrang Dal, 학생 조직 ABVP(1947년 설립),

❶ RSS 창립자 헤드게와르 박사의 동상. RSS트러스트 건물의 운동장같이 널찍한 공간에 자리 잡고 있다.
❷ 헤드게와르가 살던 집.

RSS 본부 건물 출입구에 서 있는 힌두신 가네샤. 가네샤는 얼굴이 코끼리 모양으로, 복을 빌 때 인도 사람들이 찾는다. 힌두교 우파 단체의 본부에 서 있는 이 현대화한 신상과, 경직된 우파의 이념과는 잘 맞지 않을 텐데라는 생각이 들었다.

노동계 단체 BMS(1955년 설립) 등이 있다. 그중 BJP와 VHP는 RSS의 이념 실현을 위한 양대 날개이며, 바즈랑 달은 행동대원으로 악명 높다.

BJP는 지난 2004년 총선에서 패배해 지금은 제1야당이나 지난 1996년, 1998년, 1999년 등 3차례 집권한 강력한 정치 세력이다. BJP는 지방 정부의 경우 2007년 4월 현재 구자라트, 라자스탄, 마디아프라데시, 차티스가르, 우타라칸드 5개 주에서 단독 집권하고 있다. 그리고 비하르, 펀잡, 오리사, 카르나타카, 나갈랜드 5개 주에서 연립정권을 형성하고 있다.

VHP는 뉴델리에 본부를 두고 있으며, 지역에 따라 서로 다른 신을 섬기고, 단일 '성서'도 없는 힌두교를 기독교의 교회와 같은 조직체로 만들기 위해 힘쓰고 있다. 현실적인 의제로는 우타르프라데시 주 아요디아Ayodhya의 이슬람 사원 바브리 마스지드 자리에 세계 최대의 힌두 사원인 람 만디르Ram Mandir를 짓는 데 역량을 집중하고 있다.

RSS의 현 최고지도자Sarsanghachalak인 K. S. 수다르샨(1931년생)은 제5대 지도자로 조직의 3인자를 지내다가 1998년 현재의 위치에 올랐다. 그는 인도 중부 차티스가르의 주도 라이푸르Raipur의 브라만 출신으로 대학에서 통신공학을 공부했다. RSS 지도자들이 공학도 출신이라는 점은, 대척점에 있는 세속주의 옹호자인 국민회의당 지도자들이 인문 사회학을 공부한 것과 대조된다. 마하트마 간디, 자와할랄 네루 등 국민회의당 주역들은 모두 법학을 공부한 변호사 출신이었다.

RSS와 힌두 민족주의

RSS본부는 낙푸르 시내 동쪽의 마할 지역, 골목 안 동네 가운데 자리 잡고 있었다. 흰색 바탕에 빨간색을 두른 4층 건물은 '명성'에 어울리지 않는 아담한 모습이었다. 하지만 철조망에 온통 둘러싸여 있고, 소총을 든 무장경찰이 경계하고, 모래주머니를 쌓아 만든 벙커까지 있는 모습은 그 속에 가려진 폭발력을 짐작케 했다. 현지에서 소개받은 RSS 관계자의 안내를 받아 들어가니 필자에 대한 보안 체크도 하지 않는다. 이 관계자는 결혼을 하지 않은 독신이었다. "인도와 결혼했다"고 그는 독신 이유를 설명했다. RSS 내부

❶ 낙푸르 시내 동쪽 마할 지역에 있는 RSS 본부 건물.
❷ RSS 신본부 건물.

에는 그런 인사들이 적지 않단다. 최고지도자들도 마찬가지다. 본부에 들어가니 1층 안쪽 사무실에 40, 50대 남자 몇 명이 앉아 있다.

"지난 1990년 타밀나두 주 첸나이 지부에서 폭발 테러가 있었습니다. 7명이 숨졌지요. 그 이후 경찰이 본부 밖에서 경비를 서고 있습니다." 비카스 텔랑 사무차장은 "이슬람교도의 소행이었다"고 말했다. 최고지도자 수다르샨과 RSS 지도부는 마침 BJP의 새 지도부와 회동하기 위해 라자스탄의 주도 자이푸르에 가 있어 본부를 비우고 있었다. 텔랑 사무차장은 자신에 대한 인터뷰 요청은 거부했다. 대신 공식적인 채널인 대변인을 만나라며 그의 전화번호를 알려줬다. 대변인에게 2주일 전에

인터뷰를 위한 이메일을 보냈지만 답이 없어 그냥 찾아왔다며 잠깐이라도 얘기를 하자고 다시 요구했지만 그는 입장을 바꾸지 않았다. 대신 다른 사람을 소개해줬다. RSS 대변인을 지냈고 힌두 우파의 이데올로그라 불리는 M. G. 바이디아Vaidya였다.

바이디아는 마침 집에 있었다. 1923년생인 그는 A. K. 아드바니Advani 전 BJP 대표(1927년생)와 RSS 동기생이라고 했다. 1946년 RSS의 핵심 요원을 양성하는 3년 코스를 마쳤으며, 아드바니와 함께 BJP의 양대 축인 아탈 비하리 바지파이 전 총리(1924년생)는 자신들보다 1년 선배인 1945년 기수라고 했다.

꼬장꼬장해 보이는 그에게 "RSS가 지향하는 목표가 뭐냐"며 말문을 열기 위해 좀 두루뭉술한 질문을 했더니 "RSS에 대한, 힌두 민족주의에 대한 책은 읽었냐"며 못마땅한 듯 필자를 공격해왔다. "《The Hindu Nationalist Movement in India》(Christophe Jaffrelot 지음) 등 한두 권을 읽었다"고 했더니, "책을 충분히 읽고 힌두 민족주의에 대해 알고 얘기해야 한다"며 입맛을 다셨다. 그는 외국 언론이 RSS를 힌두 민족주의라는 극우 이념을 확산시키려는 단체로 매우 부정적으로 묘사하는 점을 의식하고 있는 듯했다. 약간의 신경전에 가까운 말이 오간 뒤 필자는 "RSS와 BJP 관계가 무엇이냐"고 다시 물었다. 그는 말문을 열기 시작했다.

"RSS는 힌두 이념 확산을 위해 활동가들이 사회 각 분야에 들어가 활동하도록 권했습니다. 1951년 당시 RSS 최고지도자인 S. P. 무케르지는 정치에 관심 있는 활동가들에게 정당을 만들도록 권했고, 이에 따라 BJS당이 처음으로 만들어졌습니다. BJS의 후신으로 1971년에는 자나타당, 1980년에는 자나타당의 후신으로 BJP가 창당됐는데 자나타당은 '국민의 당'이라는 뜻이고 BJP는 '인도인민당'을 뜻합니다."

이런 출생 배경 때문에 RSS의 BJP에 대한 영향력은 절대적이다. 2006년 초 BJP 지도부가 개편된 건 낙푸르의 RSS로부터 호통이 떨어졌기 때문이다. 아드바니는 1980년 창당 이래 세 번이나 당 대표를 지내며, 바지파이 전 총리와 함께 당의 양대 지도자로 군림해왔다. 아드바니 전 대표가 2005년 6월 파키스탄을 방문하여 파키스탄 건국의 아버지로, 인도에서 분리 독립을 주도한 무하마드 알리 진나의 묘소를 방문하여 그를 칭찬하면서 사단이 났다.

아드바니는 방명록에 "1947년 8월 11일 연설을 통해 그(진나)는 모든 시민들이 자유롭게 자신의 종교를 믿을 수 있는 세속적인 국가를 지지했다"고 썼다. 이로 인해 그는 파키스탄에 깊은 반감을 갖고 있는 낙푸르의 노여움을 샀고, RSS 최고지도자 수다르샨이 직접 나서 아드바니에게 후진을 위해 길을 열라고 요구했다. 아드바니는 사퇴서를 제출했다가 다시 복귀하는 등 외압을 버텨내는 듯했으나 결국 해를 넘기지 못했다. 그는 2005년 말 창당 25주년 기념 뭄바이 당대회에서 라즈나스 싱Rajnath Singh(전 우타르프라데시 주 총리)에게 바톤을 넘겼다.

친RSS계열로 분류되는 라즈나스 싱이 후임으로 지명된 것도 RSS와의 관계를 의식한 BJP 원로들의 결정이었다. 라즈나스 싱 대표는 취임 직후 낙푸르의 RSS 본부를 직접 찾아 눈도장을 찍기도 했다. RSS가 BJP의 인사에까지 입김을 행사한 건 비일비재하다. 1998년 BJP 집권 직후에는 자스완트 싱Jaswant Singh의 재무장관 임명 취소를 바지파이 총리에게 요구해 관철시켰고, 2002년에는 아드바니 전 대표를 부총리로 임명토록 하기도 했다(자스완트 싱은 바지바이 전 총리의 측근으로 인도의 1998년 핵실험 이후 미국의 스트로브 탈보트 국무부부장관과 양국 간 견해 대립을 해소하기 위한 협상을 벌였다. 두 사람의 대좌는 성공하지 못했으나 양국 간 새시대의 기초를 닦았다는 평가를 받는다. 두 사람의 이야기는 탈보트가 쓴 《Engaging India》에서 확인할 수 있다).

RSS의 정치적 날개인 BJP는 힌두 민족이념을 정치권에서 충실히 구현해왔다. RSS는 아요디아 힌두 사원 건립, 민법 단일화Uniform Civil Code, 잠무·카슈미르 지위 관련법 개정 등 '힌두 우파 3대 의제'를 밀어붙이고 있고, BJP는 이를 대중 동원과 입법 행위를 통해 실현하기 위해 노력해왔다.

아요디아 힌두 사원 건립 문제는 1980년대 후반부터 인도 사회를 뒤흔든 주요 이슈다. RSS는 우타르프라데시 주 강가 강변의 고대 도시 아요디아에 서 있는 이슬람 사원 바브리 마스지드는 힌두 사원을 무너뜨리고 그 자리에 세워졌다고 주장했다. 무굴제국 초대 황제 바부르가 힌두교 모독을 위해 1526년 기존의 힌두 사원을 파괴했다는 것이다. 이들은 그곳이 힌두 대서사시인 《라마야나》에 나오는 힌두 왕 람이 태어난 장소라며, 람 사원을 세우겠다고 발표하고, 기금과 벽돌을 모았다.

BJP는 1980년대 후반 이 건을 정치권의 핵심 의제로 부각시켰고, VHP와 함께 아요디아와 전국에서 대규모 시위를 주도했다. 국민회의당과 법원이 만일의 사태를 우려, 바브리 마스지드 접근을 차단하자 실력 행사에 나선 것이다. 아드바니는 1990년 30여 일간, 향후 복원할 람 모양을 한 버스를 타고 각지를 돌아다니는 '야트라'를 통해 힌두들을 선동했고, VHP는 2년 후인 1992년 12월 대규모 인원을 동원하여 무너져가던 바브리 마스지드를 끝내 허물어버리고 말았다.

하지만 RSS의 BJP에 대한 영향력에는 일정한 한계가 있다. 대중정당인 BJP 입장에서는 RSS와 지향점은 같다 해도, 여론의 흐름을 감안하며 강약을 조절하지 않을 수 없다. 예컨대 아요디아 사원 건에 관한 한 RSS나 VHP는 타협이 불가능하다는 입장이나, BJP는 집권을 위한 정치적인 수단이라는 시각 차를 보이고 있다.

이로 인해 바브리 마스지드는 파괴됐지만 아직까지 그 자리에 힌두 사원은 올라가지 못하고 있다. 1992년 바브리 마스지드 파괴 난동 뒤 여론이 부정적으로 돌아섰기 때문이다. 바브리 마스지드 파괴 충격파로 인해 인도 전역에서 힌두와 무슬림 간의 충돌이 벌어졌고, 1만 명 이상이 숨졌다. VHP 간부들은 바브리 마스지드 파괴 사건을 배후 조종한 혐의로 기소됐다.

민법 단일화는 힌두와 무슬림 등 종교집단에 따라 각자의 민법을 갖고 있는 현행 법제를 폐지하고, 모든 인도인에게 단일 민법을 적용시키자는 주장이다. 인도 독립 이후 자와할랄 네루 정부는 무슬림에게 무슬림의 관습에 맞는 결혼, 이혼, 출생, 사망, 재산 상속 등을 규정한 별도의 민법Muslim Personal Law을 허용했다. 힌두에게는 힌두 민법Hindu Code Bill이 입법됐다.

무슬림의 경우 일부다처제를 허용, 최대 4명의 아내를 둘 수 있도록 하고 있다. 이는 법 앞의 평등이라는 헌법 정신에 위배된 것이다. 하지만 당시 파키스탄과의 분단에도 불구하고 인도에 남기로 결정한 무슬림들에게 일정한 정치적 양보를 취하지 않을 수 없었던 게 네루가 처한 상황이었다. 이에 대해 힌두 우파들은 무슬림 민법 폐지를 요구하고,

❶ 낙푸르는 인도의 대표적인 오렌지 산지다. 그래서 별명이 오렌지 도시다.
❷ 인도에서 가장 유명한 재벌인 타타 그룹의 창업주는 낙푸르에서 회사를 일으켰다. 사진은 창업주가 세운 여자고등학교이다. 학교명이 파르시 스쿨인데, 파르시는 옛날 이란에서 종교적 박해를 피해 인도로 온 배화교도를 가리킨다. 타타 가문은 파르시다.

이를 국민회의당을 공격하는 주요 소재로 삼았다. 무슬림들의 메카 순례를 위한 보조금을 정부가 지원하는 걸 공격하기도 했으며, 국민회의당이 득표를 위해 국민을 종교집단별로 분열시키고 있다고 주장했다.

실제로 힌두 우파가 바브리 마스지드를 허물 수 있었던 건 국민회의당의 갈팡질팡하는 원칙 없는 행동이 촉매가 됐다. 1985년 인도 대법원이, 한 이혼 재판 사건에서 샤 바누Shah Banu라는 무슬림 여성에게 승소 판결을 내리고, 남편에게 월 일정액의 위자료를 지불하도록 했다. 이에 라지브 간디 당시 국민회의당 대표이자 총리는 법원의 판결로 인해 정통파 무슬림들이 국민회의당에 등을 돌리는 사태를 우려해, 이를 막기 위해 바누의 위자료를 빼앗는 입법 조치를 취했다. 그러자 이번에는 무슬림 진보주의자와 여성들이 분노했다. 힌두 우파들도 무슬림들에게 영합하는 국민회의당 정권의 조치를 비난하고 나섰다.

이렇게 되자 국민회의당은 힌두 우파의 반발을 잠재우는 게 발등의 불이라고 판단했다. 그리고 그들을 위한 행동을 취했다. 그 동안 힌두 우파들의 접근이 금지됐던 아요디아의 바브리 마스지드에 대한 출입 제한을 푼 것이다. 그로 인해 당시 낡고 방치돼 허물어져가던 바브리 마스지드는 힌두 우파들의 난동으로 완전히 붕괴됐다. 그러나 상황은 다시 국민회의당이 기대한 대로 전개되지 않았다. 이번에는 모든 무슬림들이 분노했다. 결국 국민회의당이 손에 얻은 건 아무것도 없었다.

다음은 바이디아 RSS 전 대변인과 나눈 대화 내용이다.

● 500년 된 역사까지 바로잡으려 한다는 건 지나치다는 주장이 있는데?

그러면 한국은 왜 서울에 있던 일본 총독부를 허물었나? 그게 자존심에 상처를 주니까 그랬던 것 아닌가. 바브리 마스지드도 마찬가지다. (조선총독부를 김영삼 정부가 밀어버린 걸 인도인이 기억하고 있고,

그걸 반박 논리로 내세우는 데 순간 깜짝 놀랐다.)

● 당시 한국 정부의 조선총독부 건물 철거에 반대하는 여론이 상당히 있었다. 그리고 일본의 한국 강점은 근세사의 일이다.

시간이 얼마나 지났건 우리를 모욕한 일은 상처를 안기고 있다. 나는 아직도 가슴이 아리다.

● BJP 지도부가 RSS에 고분고분하지도 않은 듯한데?

자식이 크면 어머니 말을 항상 듣는 것은 아니다. 하지만 자식에 대한 어머니의 마음은 변하지 않는다.

'힌두 표'를 결속시키며 BJP의 집권을 성공시킬 정도로 열띤 분위기를 이끌어냈던 힌두 민족주의는 최근 들어 주춤한 상태다. BJP의 2004년 예상하지 못했던 총선 참패로 인해 분위기가 가라앉았고, 파키스탄과 인도와의 급속한 화해 국면도 '증오 에너지'의 수위를 낮추고 있다.

낙푸르는 마름모꼴인 인도 땅의 정중앙에 자리 잡고 있다. 이곳에는 매년 10월 뒤세라Dussehra 축제일에 10만 명이 넘는 '순례객'이 몰려온다. 한쪽은 암베드카르 박사가 불교로 개종한 날을 기념하기 위해 찾아온 천민들의 행렬로, 딕샤푸미를 향한다. 다른 쪽은 역시 같은 날에 창립된 RSS 기념행사에 참석하려는 브라만을 중심으로 한 인파다. 낙푸르는, 힌두 민족주의를 지향하는 흐름과 힌두교의 핵심 원칙인 카스트에 반기를 든 '안티 힌두교'의 상반된 흐름이 만나는 그런 곳이다.

다른 카스트끼리 결혼하면 장려금 지급

인도 국민회의당 정권이 계급 차별을 당해온 하층 계층을 위해 카스트 간 결혼을 하는 가정에 5만 루피(약 125만 원)의 격려금 지급 방안을 추진하고 있다.

인도 사회정의부department of social justice and empowerment는 희망하는 주정부에 한해 카스트 간 결혼 격려금 제도를 시행하되, 연방정부와 주정부가 격려금 5만 루피의 절반씩을 부담할 계획이라고 인도 일간지 〈타임스 오브 인디아〉가 2006년 9월 14일 전했다.

현재도 일부 주는 카스트 간 결혼에 대해 2,000~4,000루피의 격려금을 지급하고 있다. 하지만 현실적으로 액수가 너무 적어 제도 시행의 현실적인 효과가 미미하다고 인도 사회정의부는 지적했다. 몇몇 주정부는 액수가 좀 많은 2만 루피의 격려금을 지원하고 있기도 하다.

사회정의부는 격려금 대폭 인상이 특히 불가촉천민에 해당하는 법정 카스트와 산악 지역이나 외딴 곳에 거주하는 하층민인 법정 부족민의 다른 카스트와의 통혼通婚에 도움이 될 것으로 기대하고 있다.

5만 루피면 상당히 큰 액수다. 인도 델리의 일반 가정집에 고용된 아야(가정부)나 운전수의 한달 월급이 5,000루피 안팎이다. 돈이 '카스트 간의 벽'을 허무는 촉매제가 될 수 있을지 궁금하다.

하층 계급의 사회적 지위 향상을 위한 다른 프로그램으로는, 법정 카스트와 법정 부족민 출신 어린이들을 주와 시, 군의 가장 좋은 학교에 보내는 방안이 있다.

국민회의당과, 국민회의당에서 탈당한 이들로 구성된 정당은 정권을 잡으면 하위 카스트를 지지층으로 끌어들이기 위해 여러 가지 노력을 해왔다. 인디라 간디의 독주에 반발해 탈당했던 V. P. 싱 총리 정권은 1992년 정치 기반 확충을 위해 '다른 낙후된 계급OBC, Other Backward Classes'에게도 정부 관리와 공기업의 쿼터를 새로 할당했다. 그때까지만 해도 불가촉천민에 포함되는 법정 카스트와 법정 부족민에게만 22.5%의 정부직과 공기업 내 자리를 줬었다. 여기에 불가촉천민의 바로 위 계급에 해당하는 하위 카스트에게도 쿼터를 준 것이다. 하위 카스트는 인도 전체 인구의 절반이 넘는 큰 인구 집단이다. 국민회의당 정권의 결혼 장려금 지급 조치도 이런 지지층 확충을 위한 정치적 시도로 보인다.

핵실험 현장
포크란 P O K H R A N

인도 서부 타르 사막의 사막 도시 포크란Pokhran. 2월 하순이건만 사막의 열기는 벌써 후끈하다. 낮 기온이 섭씨 35도는 쉽게 넘어간다. 포크란에서 인도는 1974년, 1998년 두 차례 핵실험을 했다. 두 번의 실험은 '포크란 I', '포크란 II' 라고 흔히 불린다.

핵실험장은 인구 1만여 명이 사는 사막의 도시 포크란에서 북서쪽으로 20여 킬로미터 거리. 도시 주변은 끝이 보이지 않는 평평한 사막의 연속이다. 한산한 지역에 군인의 모습이 많이 보이는 게 특징이라면 특징이다.

위치로는 조드푸르Jodhpur와 자이살메르Jaisalmer의 중간쯤이다. 조드푸르는 라자스탄 주의 제2도시로 미국의 빌 클린턴 전 대통령이 재임 중 찾았던 관광 도시다. 클린턴은 관광을 좋아하고, 그가 들른 곳은 상당히 괜찮은 곳이라고 생각하면 된다. 조드푸르에서 포크란까지 거리는 약 170킬로미터. 델리에서 비행기를 타고 조드푸르 공항에 내린 뒤, 자이살메르로 사막 사파리를 즐기러 가다 보면 포크란을 지난다.

하지만 인근에 핵실험장이 있는 줄 모르고 가는 사람이 더 많을 것

인도 서부 타르 사막에 있는 사막의 도시. 라자스탄 주에 있으며, 파키스탄 국경에 가깝다. 고대부터 소금과 비단, 향신료 무역을 하는 대상들이 다니던 무역로 상에 위치하고 있다. 인구 1만 9,000명. 옛 성인 '포트 포크란'을 호텔로 개조하여 관광객을 받고 있다. 사막의 밤을 느끼고 싶은 여행자들이 간혹 찾는다.

이다. 포크란 마을에 다가가고 있으나, 어디에도 핵실험 관련 안내 표지판이 없다. '이곳은 핵실험장 포크란이 있는 곳입니다' 라고 관광객 유치 차원에서도 입간판 하나쯤은 있을 법한데 하나도 없다. 도시의 유일한 호텔은 포트 포크란Fort Pokhran. 포크란의 옛 지배자가 살던 성으로, 지금은 후손들 소유다. 성의 일부를 호텔로 개조해 관광객을 받고 있다. 인도에서는 이 같은 일이 흔하다.

"핵실험을 자랑스럽게 여겨요"

1998년 2차 핵실험장은 포크란에서 서쪽 자이살메르로 이어진 15번 국도 변에 있다. 원래 대규모 군 사격장인 이곳은, 자이살메르 방면 도로 오른편에 있는 수십 킬로미터에 달하는 광활한 지역이다. 그 깊숙한 안쪽에 인도를 핵보유국으로 끌어올린 핵실험장이 있다. 포크란 사격장은 당초 1971년 파키스탄과의 전쟁 이후 건설됐다.

핵실험 현장에 접근해볼 수 없을까 하고 도로를 따라 왔다갔다 해봤지만 역시 쉽지 않다. 군인들이 사격장을 지키고 있어 들어갈 수가 없

다. 국도 변의 가게에서 군인을 상대로 생필품을 파는 한 주민에게 실험장에 대해 물었더니 "5중의 철조망으로 둘러싸여 있다. 경계가 철통같아 우리도 못 가봤다"고 한다. 완전무장을 한 군인들이 길가에 호를 파고 위장막으로 덮고 훈련 중이다. 10여 문의 포가 트럭 뒤에 고정된 채 이동하는 모습도 눈에 띈다. 사막의 겨울과 봄은 무덥지 않아 군 훈련의 적기다. 포크란 인근은 사막이기는 하지만, 부드러운 모래 입자가 언덕을 이루고 있는 사하라 사막을 연상하면 안 된다. 마카로니 웨스턴 macaroni western(미국 서부극을 본 따 이탈리아에서 만든 서부극)을 찍었다는, 잡풀이 드문드문 있는 이탈리아의 황량한 땅에 가깝다.

포크란에서 25킬로미터 떨어진 카톨라이 부락. 2차 핵실험 장소에서 가장 가까운 마을이다. 주민 1,500명이 산다. 필자가 들어가니 호기심 어린 눈빛으로 주민들이 모여든다.

주민 박다란 슈와는 실험 당시를 다음과 같이 묘사하였다. "실험 두 시간 전에 군인들이 마을로 갑자기 들이닥쳤습니다. '집 안에 있지 말고 밖으로 나와라'라고 말했지요. 모두 집 밖으로 나왔습니다. 평소보다 강력한 사격 훈련을 하는 걸로만 생각했습니다. 그리고는 땅이 몇 초간 심하게 흔들렸지요. 첫 실험은 아마 오후 4시쯤이었을 겁니다. 일

❶ 카톨라이 부락의 마을회관.
❷ 마약 권하는 할아버지.

부 주택에 금이 조금 갔지요. 나중에 보상을 받았습니다.”

현장에 가봤냐고 물으니, 역시 못 들어간다고 했다. 하지만 이보다 앞서 24년 전에 벌어졌던 1차 핵실험 현장에 가봤다는 주민이 있었다. 1차 핵실험 현장은 이 마을에서 20킬로미터 떨어진 우다람 카물라 동네 인근이었다. 군 훈련이 없을 때는 출입 통제를 하지 않아 볼 수 있다고 했다. 주민 찬드라 프라카시는 “날이 더운 5, 6월에는 군인들이 철수해 들어가는 데 문제없다”고 말한다.

1974년 1차 핵실험 때의 일을 묻자 젊은 그는 30여 년 전 일이라 모른다고 했다. 마을회관으로 찾아가니 노인들이 많이 보인다. 흙벽돌로 지은 회관의 모양새가 아기자기하다.

“그때도 많이 흔들렸지. 텔레비전은 물론 라디오도 없을 때여서 무슨 일인지 몰랐어. 이 지역은 지진이 없는데 무슨 일인가 했지. 나중에 군인들이 얘기해줘서 알았어.” 바크람 바나르 할아버지의 말이다.

“압둘 칼람 대통령이 2차 핵실험 당시 이곳에 다섯 번 왔어요. 그가 인도를 세계에 유명하게 만들었죠.” 카톨라이 여자초등학교의 체탄렘

베르마 교사는 인도 대통령이 자랑스러운 듯 말을 꺼낸다. 칼람 대통령은 당시 인도 정부의 최고 과학담당 자문관으로 핵실험을 이끌었다. 그의 이름이 나오자 마을 사람들이 맞장구를 친다. "인도 미사일의 아버지이지요. 모든 인도인이 자랑스럽게 생각해요." 10여 명의 마을 노인들 간에 이견이 없다.

바나르 할아버지는 손에 약간 물렁물렁해 보이는 검은색 덩어리를 갖고 있다가 필자에게 권한다. 마을에 결혼식이 있어 손님 접대 차원에서 준비한 아편이란다. 물론 불법이다. 가격은 10그램에 100루피(약 2,500원)선. 인근 지역에서 사왔다고 한다.

"부처가 웃었다"

인도 정부는 1998년 5월 11일, 13일 양일에 걸쳐 모두 다섯 번의 핵폭발 실험을 했다. 힌두 우파 정당인 BJP의 아탈 비하리 바지파이 총리가 정권을 잡자마자 해치웠다. 암호명은 '샥티 작전Operation Shakti'. 지하 300미터 사암 터널에서 단행됐다. 첫날은 세 번, 둘째 날은 두 번의 폭발이 있었다. 인도의 핵 능력을 대내외에 완벽하게 과시한 실험이었다. 이는 핵실험의 내용에서 드러났다. 원자폭탄(15킬로톤 급), 수소폭탄(45킬로톤 급), 전술 핵무기로 사용할 수 있는 작은 양의 폭탄(5, 3, 2킬로톤 급)을 두루 실험했다. 인도의 핵 능력을 의심하던 일부 외국의 시각을 이로써 한 방에 바로잡아줬다.

세 개의 폭발 장치가 동시에 터지자 순간적으로 섭씨 100만 도의 열이 발생했다. 이는 태양의 표면과 비슷한 온도다. 폭발로 바위 수천 톤이 가루가 됐다. 클린턴 행정부에서 국무부 부장관으로 인도 핵문제를 전담했던 스트로브 탈보트는 자신의 저서 《Engaging India》에서, 당시 핵실험장에 있었던 한 과학자가 "축구장만한 넓이의 땅이 공중으로 수 미터나 솟아올랐다"면서 "사건 이후 (힌두교 신화에 나오는) 크리슈나 신이 언덕을 들어올렸다는 말을 믿게 됐다"고 말했다는 일화를 전하고 있다.

1차 핵실험의 암호명은 '웃는 부처Smiling Buddha' 였다. 1974년 5월 18일 '부처님 오신 날'에 단행됐고, 뭄바이에 있는 시루스 실험용 원자로에서 추출한 6킬로그램의 플루토늄이 사용됐다. 완전히 조립된 핵폭발 장치는 무게가 무려 1,400킬로그램이었고, 지하 107미터 지점에서 폭발됐다. 실험이 성공한 뒤 인디라 간디 당시 총리에게 "부처가 웃었다"는 보고가 올라갔다.

인도는 이후 핵 관련 기술을 자체적으로 발전시켰다. 1974년 실험은 무기로 만들 수 있는 수준이 아니었다. 조립에만 2년이 걸렸고, 크기가 컸으며 거추장스러웠고, 수송기로만 운반할 수 있었다. 이로 인해 무기화 작업이 필요했다. 크기를 줄이고 야전에서 운송할 수 있도록 내구성을 향상시켜야 했고, 우발적이거나 허가 없이 폭발시키는 걸 막기 위해 안전장치를 갖춰야 했다.

핵의 무기화는 라지브 간디 총리가 1988년 최종적으로 승인한 것으로 알려져 있다. 이로부터 10년 후 핵실험이 단행됐다. 하지만 2차 핵실험 전인 1995년과 1996년에도 핵실험을 준비했다가 불발된 바 있다.

1995년의 핵실험 불발기. 그해 12월 초 프랭크 와이즈너 인도 주재 미국대사는 포크란 사격장 위를 지나는 미국의 첩보 위성이 그 지역에서 수상쩍은 움직임을 촬영했다는 보고를 받았다. L자형의 터널들을 통해 케이블들이 깔려 있었는데, 아마도 지하 폭발 장소로부터 자료 전송을 위해 만든 것으로 보인다고 미국 정보기관들은 분석했다.

당시 워싱턴에 일시 귀국해 있던 프랭크 대사는 뉴델리로 급거 귀환했다. 그가 지구의 반 바퀴를 돌아 인도의 수도로 향하고 있던 도중 〈뉴욕타임스〉는 "미국은 인도가 핵실험을 준비하고 있다는 의혹을 갖고 있다"는 제목의 기사를 미국 정보 전문가를 인용해 보도했다. 프랭크 대사는 뉴델리에 도착하자마자 나라시마 라오 총리의 비서실장 A. N. 바르마를 비공식적으로 만났다. 그리고는 위성 촬영 사진 한 장을 꺼내 슬쩍 보여준 뒤 호주머니에 다시 넣었다. 그는 핵실험을 할 경우 제재 등 여러 가지 인도에 불리한 일이 발생할 것이라고 경고했다. 빌 클린턴 대통령도 라오 총리에게 전화를 걸었고, 이에 대해 라오 총리는 "인도는 무책임하게 행동하지 않을 것"이라고 답했다. 결국 핵실험은 무산됐다.

다음해인 1996년, 국민회의당이 총선에서 패배해 힌두 우파 정당인 BJP에게 정권을 넘겼다. 바지파이 총리는 집권 직후 포크란에서의 지하 핵실험 준비를 재개하라고 지시했고, 이후 미국의 첩보 위성은 이 지역에서 움직임이 증가한 걸 확인했다. 하지만 핵실험은 미국이 말리기도 전에 인도 내부 요인으로 불발됐다. BJP가 이끄는 연립정부가 하원 신임 투표에서 패배, 집권 2주 만에 붕괴됐기 때문이다.

필자는 지프를 1차 핵실험장으로 돌렸다. 1차 핵실험장은 같은 포크란 사격장 안에 있지만 2차 핵실험장과는 위치가 많이 떨어져 있었다. 남쪽으로 내려가 포크란 마을 근처까지 갔다가 그곳에서 동쪽의 비카네르 방면으로 가는 15번 국도를 잠시 탔다. 그러다가 중간에 다시 사막 안으로 진입해 로하르키 마을까지 들어가야 했다. 포크란에서 35킬로미터 떨어진 지점이다.

마을 바로 옆으로 모래언덕이 있고, 그리 높지 않은 언덕인데도 올라가는데 발이 푹푹 빠진다. 북한산 산행으로 다져진 다리건만 사막에

❶ 포크란 중심가.
❷ 포크란 판차야트 건물에 붙어 있는 핵실험 표시. 1974년 한 차례, 1998년 두 차례 했다고 적혀 있다. 판차야트는 지역자치기구이다.

서는 맥을 못 춘다. 모래 언덕 위에 올라서니 사막이 멀리 펼쳐져 있다. 끝이 보이지 않는다. 이곳에서 5킬로미터도 떨어지지 않은 지점에 1차 핵실험장이 있다. 하지만 마을 주민들이 들어가지 말라고 말린다. 포탄 껍데기를 줍기 위해 들어갔다가 포탄에 맞아 죽은 사람이 부지기수란다. 그래도 여기까지 왔는데 그냥 돌아갈 수는 없지 않느냐는 생각 때문에 쉽게 발걸음을 돌리지 못하는데 '쿵~ 쿵~' 군부대의 포 사격 소리가 천둥소리처럼 멀리서 들려온다. 하는 수 없다.

"지역 주민으로 자랑스럽게 생각합니다. 핵실험으로 포크란이란 이름이 세계에 알려졌습니다. 포크란=인도 아닙니까?" 포크란 마을의 아난드 구치아 시장의 말이다. 특히 1998년 포크란Ⅱ 당시에는 전국에서 사람들이 몰려들었다고 했다. "10만 명 정도는 몰려왔을 겁니다. 한 6개월간 열기가 대단했지요. 주민들은 방문객에 무료로 숙박과 식사를 제공했습니다. 손님이니까요. 숙소가 부족해 시청 마당에서 재우기도 했습니다."

핵실험 후 방사능 노출로 인한 후유증이 궁금해 2차 실험장 인근 카톨라이 마을 주민들에게 물었더니 대부분 "아무 일 없었다"고 했다. 하지만 대학생 라미시 찬드라(24)는 "2차 핵실험 뒤 방목하던 소들이 실험장 근처에 갔다가 눈이 멀었다. 그리고 이후에 태어난 송아지의 70%도 눈이 멀었다"고 말했다. "눈이 먼 소가 지금도 있느냐"고 물으니 "다 죽고 없다"고 했다.

그러나 힌디어 신문 〈다닉 바사 케르〉의 포크란 주재 기자인 자이 카이산 다위는 "방사능 오염이 있었다는 건 모두 거짓말"이라고 부인했다. 그는 "주민들이 보상을 많이 받아내기 위해 말을 지어냈다"면서, "다만, 1978년 1차 핵실험 때는 가려움으로 나도 고생했다"고 했다. 그는 당시 13세였는데 손가락, 발가락, 사타구니 등이 가려워 두세 달 고생했다고 했다.

타르 사막의 사암 채취장. 곳곳에서 땅을 파헤치고 돌을 캐고 있다. 지하 핵실험장은 이런 바위를 뚫고 300미터를 내려간 지점에 만들어졌다.

바지파이 총리는 1998년 핵실험 성공 뒤, 짤막하게 사실을 알리는 성명을 발표했다. 이에 미국의 당시 클린턴 대통령은 불같이 화를 내면서 "벽돌 천 톤의 무게로 이 자들을 눌러버리겠다"고 참모들 앞에서 말했다. 하지만 이로부터 8년. 미국과 인도는 핵실험을 과거지사로 돌렸다. 그리고 미래의 협력을 위해 다시 손잡고 나가자고 다짐하고 있다. 인도가 핵을 갖고 있지 않았다면 미국으로부터 '전략적 동반 관계'라는 대접을 받지 못했을 것이란 게 공통된 관측이다. 핵무기를 가져보지도 못하고, 핵 소리만 들어도 가슴이 두근거리는 한반도 남쪽에 사는 사람에게는 핵은 다만 공포의 대상이기만 하다.

핵무기는 도대체 무엇인가? 대전 유성의 과학자들이 몇 년 전 핵 관련 실험을 했다가 국제원자력기구IAEA에 발각돼 곤욕을 치른 적이 있다. 핵 관련 원천기술이 없는 우리는 원전의 껍데기만 짓고 있다. 북한의 핵무기 보유에 조마조마해하고 있다. 과연 그래도 되는 것인지? 포크란을 다녀오면서 생각해본다.

기술 민족주의의 화신, 압둘 칼람 대통령

인도는 내각제를 실시하는 나라이므로 대통령은 상징적인 국가수반일 뿐 총리가 정부를 실질적으로 이끌고 있다. 하지만 압둘 칼람 Abdul Kalam 대통령은 과학자로서 인도인들에게 대단히 존경받고 있다. 과학자도 보통 과학자가 아니고, 인도 과학 기술력을 대내외에 증명한 '기술 민족주의'의 화신이다.

이슬람인 그는 인도 미사일의 아버지이고, 지난 1998년 타르 사막에서 있었던 핵실험을 주도한 인물로 유명하다. 파키스탄, 중국이라는 이웃 나라들과 전쟁을 벌인 인도로서는 국가 안보를 위해 미사일과 핵무기가 필요하다고 생각했고, 이를 외부의 도움 없이 해낸 주역이 바로 칼람 대통령이다. 그는 1980년 7월 인도우주연구소에서 프로젝트 팀장으로 일하며 로히미 위성을 지구 궤도에 올려놓은 미사일 개발에 성공했고, 1982년에는 국방과학연구소에서 아그니, 프리트비 미사일 개발을 담당했다. 이로 인해 그는 '인도 미사일의 아버지'라는 별명을 얻었다.

1998년에는 수소폭탄 실험을 주도했다. 흔히 '포크란Ⅱ'라고 불리는데, 인도는 당시 미국 첩보위성의 감시를 피해가며 타르 사막의 도시 포크란에서 몰래 실험을 준비해 성사시켰다. 타르 사막은 파키스탄과 접한 라자스탄 주의 대부분을 차지하고, 넓이만 해도 44.6만제곱킬로미터에 이르는 광대한 지역이다. 핵무기를 개발하더라도 땅덩어리가 좁으면 실험도 못하겠다는 생각이 든다. 포크란은 인디라 간디 전 총리 당시 1차 핵실험이 벌어진 곳이기도 하다.

칼람 대통령은 2차 핵실험 당시 인도 정부의 수석 과학담당 자문관이었다. 핵실험 당시 그의 코드명은 '프리트비라지 장군 General Prithviraj'이었다. '프리트비'는 힌두 신의 이름임과 동시에, 그가 개발한 미사일 이름이기도 하다. 미국 CIA는 당시 암호를 써가며 은밀히 추진한 인도의 핵실험을 알아차리지 못했다. 실험 이후 10년도 지나지 않아 미국 등으로부터 핵 보유를 인정받는 분위기가 조성되고 있다. 핵실험으로 인도는 국제적인 제재를 받는 등 어려움을 겪었지만, 핵 강국의 반열에 올라선 것이다. '기술 자립'을 꿈꾼 칼람의 목표는 대체로 실현되는 듯하다.

그는 후배 과학자와 다음 세대들에게 "여러분의 야심이 뭐냐. 꿈을 가져라"고 물으면서 이들을 강하게 자극하고 있다. 예컨대 인도는 에너지가 크게 부족한데, 최근 그는 콜카타를 방문해 인도의 젊은 과학자에게 "태양열 에너지의 효율을 크게 올리는 장치를 개발하라"고 주문했다. 그래서 그는 과학자로서는 물론 '인도의 최고 교사'로서 존경받고 있다.

프랑스 국적을 가진 인도인의 고장
폴디셰리

PONDICHERRY

첸나이에서 자동차로 두 시간을 달려 남쪽으로 내려갔다. 목표지는 폴디셰리Pondicherry. 길이 비교적 좋아 시속 100킬로미터 이상으로 질주했다. 거리는 150킬로미터다. 한쪽으로는 벵골 만의 아름다운 해변이, 차창의 다른 한편으로는 한창 제철을 맞은 망고 농장이 펼쳐져 있다. 해변가를 지나 가는 길을 택하니, 유네스코 문화유산인 마하발리푸람Mahabalipuram을 지나간다. 7세기 석조물인 해안 사원으로 유명하다.

옛 프랑스 식민지. 1673년 프랑스 동인도회사가 이곳에 자리 잡은 뒤 1963년 인도에 반환되기까지 대부분의 기간 동안 프랑스 통치를 받았다. 인도에서 프랑스풍 거리를 볼 수 있는 이색 지역이다. 연방 직할령이다. 1926년 힌두 철학자 스리 오로빈도(1872~1950년)가 세운 아슈람이 있는 곳으로 유명하다.

검은 프랑스인들이 모여 사는 하얀 마을

인도 내 이방異邦 지대에 간다는 생각에 즐겁다. 폴디셰리는 프랑스의 옛 식민지이다. 인도는 영국의 식민 지배를 받았지만, 프랑스도 인도 내 '점' 몇 개를 식민지로 갖고 있었다. 인도는 영국으로부터는 1947년에 독립했지만, 프랑스로부터는 1963년에야 이 땅을 넘겨받았다. 인도 지도를 보면 역삼각형의 바닥점 인근 양쪽 동서 해안 각각 두 곳에 '폴

❶ Hotel De L' Orient.
❷ 프랑스 식 집들로 이루어진 하얀 마을.

디셰리' 라고 쓰여 있다. 네 곳의 퐁디셰리는 인근 주에 편입되지 않은 연방 직할령이다. 그중 제일 큰 도시가 타밀나두의 주도 첸나이 남쪽의 '퐁디셰리' 다. 프랑스 동인도회사가 1673년 이곳에 거점을 세운 뒤 이후 300년간 대부분의 기간을 프랑스가 지배했다.

아라비아 해변 도시 마헤Mahe(2007년 인구 3만 6,000명)는 1720년대에, 벵골 만 퐁디셰리 위쪽의 야남Yanam(2007년 3만 2,000명)은 1731년, 퐁디셰리 아래쪽의 카리칼Karaikal(2007년 17만 명)은 1738년에 프랑스령이 됐다. 네 곳의 인구는 2007년 현재 약 90만 명이다.

'퐁디셰리' 라고 쓴 도시 경계를 넘어섰건만 여행 책자에서 본 프랑스 식 건물은 나타나지 않는다. 어지럽고 무질서하게 뻗어 있는 인도식 시내를 한참 지난 끝에 해변 지대에 다다르자 동네가 네모 반듯반듯하게 나뉘어 있고, 연주황색의 유럽풍 집들이 나타났다. 이 일대의 집들과 담장은 대부분 연주황색으로 칠해져 있다. 페인트칠을 아예 안 하거나 칠이 바랜 인도의 건물에 익숙해진 눈에는 갑작스런 호사가 아닐 수 없다. 예약한 숙소의 이름도 프랑스 식이다. 'Hotel De L' Orient'. 오리엔트 호텔이다. 옛 프랑스 식민지 시절, 관청으로 쓰던 건물이다.

동네 이름은 '하얀 마을'. 해변을 따라 길이 1.5킬로미터, 폭 500미

터쯤 크기의 직사각형 모양으로 자리 잡고 있다. 하
얀 마을 밖, 현지인이 사는 지역은 '타밀 마을'이라
불렸는데, 과거 식민지 시절에는 프랑스인이 거주하
는 '하얀 마을'에 들어가기 위해서는 출입 허가를 별
도로 받아야 했다. 프랑스 총영사관, 프랑스 학교
'리세 프랑세', 프랑스 정부 연구기관, 프랑스 정부
가 과거에 세운 '로망롤랑 도서관', 나폴레옹 3세가
세운 기념물 등 프랑스의 유산이 하얀 마을 내에 가
득하다.

프랑스 식 모자를 쓴 경찰관.

　　풍디셰리가 특이한 건, 프랑스가 이곳을 떠나면서
수많은 프랑스 국적자를 만들고 갔다는 점이다. 피
부가 흰 프랑스인이 아니고, 풍디셰리 출생의 검은 인도인에게 프랑스
국적을 줬다. 수만 명에 달한다. 알제리는 독립시킨 뒤 그냥 떠났던 프
랑스였는데, 왜 인도 풍디셰리에선 식민지민에게 국적을 줬을까? 왜
많은 풍디셰리인들은 300여 년의 프랑스 통치에서 해방됐으나, 조국인
인도 대신 프랑스를 선택했을까? 그런 의문이 떠올랐다. 그래서 검은
프랑스인들을 만나보고 싶었다.

　　풍디셰리 현지 현대자동차 딜러 '쿤 현대' 소속 영업담당 매니저인
셀바쿠마르를 통해 프랑스 국적자 한 사람을 소개받았다. 하얀 마을에
살고 있는 무하마드 무스타파(58). 집 입구에는 '파티마 건설'이라는 간
판이 걸려 있었다. 예비역 중령으로, 해외 거주 프랑스인 의회Assemble
des Franais de l'tranger 의원이었다. 그의 입에서는 프랑스어와 영어가 유창
하게 나왔지만 옷차림과 생김새는 인도인이었다. 프랑스어만 아니라
면 프랑스 국적자라는 걸 상상할 수도 없었다.

● 해외 거주 프랑스인 의회가 뭔가?

프랑스만의 독특한 대의 제도이다. 의회는 200만 명의 해외 거주 프랑스인을 대표한다. 외교장관이 의장이다. 의원은 선출직 500명의 서명을 받아야 입후보할 수 있다. 임기는 6년이다.

● 전체 의원 수는?

155명이다. 나는 타밀나두와 케랄라, 퐁디셰리에 거주하는 프랑스인을 대표한다. 이 지역은 두 명의 의원이 대표한다. 의원 유고 시 자리를 자동 승계하는 예비 후보 2명도 선출한다. 오는 6월 18일 선거를 앞두고 있다(필자가 그를 만난 건 2006년 상반기였다). 인도의 다른 지역은 프랑스인이 많지 않기 때문에 인도 인근 몇몇 국가와 묶어 선거구를 구성하는 걸로 알고 있다. 의원은 무보수 명예직이며 1년에 네 번 회기가 있으나 보통 회의에 두 번 정도 참석한다.

● 이 지역의 프랑스 국적자는?

정확히 모른다. 이번 선거에 유권자로 등록한 사람은 퐁디셰리에서 5,200명이다. 하지만 미성년자는 빠진 숫자이니, 전체 인구는 좀더 많을 것이다.

● 프랑스가 어떻게 식민지민에게 자국 국적 취득 기회를 부여했나?

프랑스가 모든 식민지 주민에게 국적을 준 게 아니다. 퐁디셰리는 예외적이다. 예컨대 알제리에서는 그냥 빠져나가고 말았지 않나. 퐁디셰리 주민에게 프랑스 국적 획득 기회를 준 이유는 수백여 명의 퐁디셰리 주민이 프랑스 정부의 관리로 아프리카, 베트남, 캄보디아에 가서 근무했고, 교육도 잘 받았기 때문이다. 또 2차 세계대전 때 드골 장군의 자유 프랑스 군대에 어느 지역보다 빨리 합류하는 등 프랑스의 나치와의 싸움 때 기민한 반응을 보였기 때문이다. 1941년 드골 장군은 런던에서 "프랑스 퐁디셰리와 프랑스 파리와는 차이가 없다"고 말한

바 있다. 퐁디셰리 주민들은 프랑스 군 출신으로 퇴직했거나 정부 관리 출신이 많다.

● 프랑스의 국적 취득 과정은 어땠나?

퐁디셰리 주민들은 1962년 8월 16일부터 다음해 2월까지 6개월간 프랑스인으로 남을 것인지 인도 국적을 취득할 것인지를 선택하도록 요구받았다. 프랑스 국적을 취득하려면 퐁디셰리 출생으로서, 프랑스 총영사 앞에서 국적 잔류 의사를 밝히면 됐다. 하지만 국적을 취득하려는 사람은 많고, 또 당시 인도 일부 독립운동가들의 위협 때문에 이런 절차가 공개적으로 진행되지는 않았다. 프랑스 국적을 선택하면 퐁디셰리에 살지 못하고, 프랑스로 떠나는 선박에 태워 바로 강제 출국시키겠다는 인도국민회의당 측의 위협도 있었다.

● 인도 국적 대신 프랑스 국적을 취득한 이유는?

할아버지가 베트남으로 건너가 베트남 여성과 결혼했고, 아버지는 베트남에서 태어났다. 선친이 프랑스 국적자이기 때문에 나는 자연스럽게 프랑스인으로 남았다.

프랑스를 선택한 인도인

다음날은 현지 가이드를 따라 퐁디셰리의 프랑스 흔적을 찾아다녔다. 가이드인 모이제 아를란도에게 왜 프랑스 국적자들은 인도 국적을 택하지 않았는지, 그것에 대한 일반인의 정서는 부정적이지 않는지에 대해 물었다. 그에게서 예상 밖의 답변이 나왔다. "별 문제 없습니다. 여기서는 아무런 문제가 없습니다."

하얀 마을 남쪽 끝에 자리 잡은 해변의 어린이 공원에는 세월이 만

❶ 옛 프랑스 총독 동상.
❷ 프랑스 마을 해변가 쪽에 서
있는 잔다르크상.

든 청동빛이 좋아 보이는 옛 프랑스 총독의 동상이 서 있었다. 그의 시선이 어디를 향하고 있는지 알 수 없었다. 가이드의 말에 따르면 원래는 해변 도로 가운데쯤에 서 있었고, 지배자처럼 바다를 보고 서 있었는데, 인도인들이 독립한 뒤 현재의 위치에 이렇게 옮겨 세워놓았다고 했다. 한국 같았으면 독립 이후 당장 끌어내렸을 텐데, 그냥 세워둔 인도인들의 생각이 무엇인지 알듯 모를 듯하다.

해변가를 따라 올라가니, 1851년 나폴레옹 3세 때 세운 '교회Church of Our Lady of the Angels'가 있다. 지금도 백인 프랑스 신부가 사제로 있다고 했다. 교회 앞에는 키가 작고 약간 우스꽝스럽게 보이는 잔다르크 상이 서 있다.

해안 거리의 반대편 끝에는 프랑스 총영사관이 서 있다. 프랑스 삼색기와 유럽연합EU의 깃발이 건물 지붕 위에 휘날리고 있다. 바로 옆에

는 인도의 퐁디셰리 연방정부 청사가
서 있다. 프랑스 총영사관의 R. 아난
트 공보관. 50대 초반의 그 역시 "퐁
디셰리 내 프랑스 국적자의 수는 모른
다"고 했다. 현재 등록된 사람은
6,000~7,000명이 되는데, 6개월 이상
체류한 경우 등록하도록 되어 있지만,
대개의 경우 별 문제가 발생하지 않는

나폴레옹 3세 때 세운 교회.

한 총영사관에 신고하지 않기 때문에 잘 파악되지 않는다고 했다.

"프랑스 국적의 증감 여부에 대해서도 대답하기 어렵습니다. 과거에
는 젊었을 때 프랑스에서 일하고 나이 들면 이곳에 돌아와 한 달에 연
금을 5,000루피(약 12만 5,000원)만 받아도 황제처럼 살 수 있었죠. 한 달
집세가 500루피 하던 시절에는 그게 가능했지만, 물가가 오르고 해외
거주자에 대한 연금 지급 액수가 줄었습니다. 그러다 보니 지금은 일하
는 나이가 더 늘어나 60~65세가 되어야 퐁디셰리에 돌아옵니다. 젊어
서는 돈 벌고, 번 돈을 퐁디셰리에 투자해놓습니다. 과거에는 12년만
일해도 됐으나, 요즘은 30년 이상 프랑스에서 일해야 합니다. 그래서
18~50세의 프랑스 국적자는 퐁디셰리에 그다지 많지 않습니다."

퐁디셰리에 있는 프랑스 외교부 산하 연구소 '퐁디셰리 프랑스 연구
소IFP는 프랑스의 인도 연구 관련 권위 있는 기관이다. 들어가 보니 내
부 인테리어를 위해 일시 폐쇄 중이다. 마침 미국과 프랑스 이중 국적
을 가진 아난드 파키암을 만날 수 있었다. 연구소는 프랑스 외부에 있
는 외교부 산하 연구센터로는 규모가 가장 크다고 한다. 연구원 25명
등 모두 80명의 직원이 근무하고 있다. 연구소가 퐁디셰리에서 계속
활동하고 있는 이유와 관련 "네루 당시 총리가 퐁디셰리를 프랑스로

열린 창으로 남기를 바랐기 때문"이
라고 설명했다.

소르본느 대학에서 경제학을 공부
했다는 파키암은 1962년 당시 프랑스
국적을 택한 퐁디셰리 주민에 대해
"그때로 돌아가서 얘기하기는 힘들지
만 애국심과 일상생활과는 다르지 않
느냐"면서 "프랑스인으로 남는 게 이
익이라고 당시에 생각했던 것"이라고
말했다.

퐁디셰리 내 무슬림 거주 지역에서 만난 젊은이들 역시
프랑스 여권 소지자에 대해 대체로 문제될 게 없다는 생각
을 갖고 있었다. 집 앞에 나와 있던 나마스 사이에드는 "본
인들이 원하는 대로 되어야 한다. 단결과 평화를 원한다. 프
랑스 여권이 있으면 파리에 가기 편하지 않느냐"라고 말했
다. 같이 있던 몇 명의 젊은이들도 같은 반응이었다.

퐁디셰리를 떠나오기 전에 만난 귀리 비라판 노인으로부
터 독립을 전후한 상황을 생생하게 들을 수 있었다. 그는 퐁디셰리의
중고등학교 리세 프랑세에서 고3 과정을 마치고, 1954년 프랑스 공군
에 입대해 1970년까지 하사관으로 복무하였다. 1980년에 퐁디셰리로
돌아와 연금 생활자로 은퇴 생활을 즐기고 있다.

● 프랑스 공군에는 왜 입대했나?

공부를 하기 위해서는 돈을 벌어야 했다. 자원 입대했다.

● 왜 프랑스로 갔나?

❶ 퐁디셰리의 프랑스 총영사
관. 유럽연합기와 프랑스 삼
색기가 날리고 있다.
❷ 프랑스 학교.

프랑스가 아니라 베트남으로 갔다. 베트남은 당시 프랑스 식민지였다. 19명이 지원했는데, 4명만 선발됐다. 나머지 15명은 1년 후 베트남에 뒤따라 왔다. 베트남에서는 2년간 근무했다. 그런 뒤 프랑스 남부 코냑에 배치받았다. 이후 프랑스에서 계속 근무했다. 당시 교육받은 퐁디셰리 사람은 하사관으로, 교육받지 못한 사람은 병으로 복무했다.

● 1962년 퐁디셰리가 인도로 편입될 당시 프랑스 국적 취득 과정은 어땠는지?

당시 나는 프랑스에 있었다. 때문에 자연스럽게 프랑스 국적을 취득했다. 대부분의 주민은 퐁디셰리가 프랑스 땅으로 남기를 희망했으나, 정치인들이 인도령 복귀를 주장해 퐁디셰리는 인도에 병합됐다. 당시 한 프랑스 상원의원이 비행기를 타고 퐁디셰리를 방문한 일이 있었다. 많은 사람이 이 소식을 듣고 프랑스 국기를 손에 들고 거리에서 그를 기다렸다. 하지만 친親인도계 정치인들은 그런 장면을 보이지 않기 위해 그를 교외로 우회해 퐁디셰리로 살짝 들어오도록 했다. 그는 나중에 퐁디셰리 주민은 프랑스로 남기를 원하지 않는다는 보고서를 정부에 제출했다.

● 정치인들이 협박을 했다는 것인가?

수만 명이 프랑스 정부에 편지를 보내 퐁디셰리의 프랑스 잔류 희망 의사를 밝히기도 했다. 주민들은 프랑스 국적을 원했다. 당시 프랑스 국적을 받으려는 사람들로 프랑스 총영사관은 미어터질 지경이었다. 이때 친인도파 정치인들이 '프랑스 국적을 가지면 앞으로 정부직에 취업을 못한다' 는 식으로 협박했다. 그러자 60~70%의 사람은 프랑스 국적 취득을 포기하고 집으로 돌아갔다. 나머지 30%는 프랑스 국적을 취득했다. 나의 형제 두 명도 당시 퐁디셰리에 있었는데 당초 프랑스 국적을 취득하려고 했다가 이 같은 말을 듣고 포기했다.

(주저하더니) 5만 루피(월 125만 원)를 받고 있다.

5만 루피면 인도에서는 상당한 월소득이다. 뉴델리로 돌아오는 길에 프랑스를 선택한 인도인들의 말이 자꾸 떠올랐다. 한국 같으면 '민족의 배신자' 라고 치도곤을 맞았을 사람들이다. 하지만 인도에서는 그다지 문제 삼는 분위기가 아니다. 인도는 큰 땅덩어리만큼이나 이해하는 데 다른 사고를 요구하는 나라였다.

3장

비등점 높은 국경 지대

인도와 함께 떠오르는 국가를 들라면 얼마 전까지는 파키스탄이었다. 인도·파키스탄 간 분쟁은 남아시아의 역내 최대 불안 요소였다. 두 나라는 세 차례 열전(1947년, 1965년, 1971년)을 벌였고, 1999년 카르길Kargil 전투 등 대규모 전투를 많이 벌였다. 분쟁의 원인인 카슈미르를 둘러싼 양측의 대립은 여전히 해소되지 않고 있다.

눈물겨운 중국과의 경쟁 관계

최근 인도와 병렬적으로 자주 언급되는 국가는 중국이다. '인도-중국' 관계가 '인도-파키스탄' 관계보다 국제적으로 더 주목된다. 미국과 서구는 인도가 중국을 견제해줄 역할을 맡아주길 기대하고 있다. 미국 행정부의 인도 짝사랑은 눈물겨울 정도다. 다음 세대가 되면 미국의 일극一極 중심 세계는 막을 내리고 미국, 중국, 인도의 3극 세계가 열린다는 게 전문가 다수의 전망이다. 미국은 중국을 견제할 세력이 필요하고, 인도를 파트너로 택했다. 조지 W. 부시 미국 행정부가 국제사회의 비판을 아랑곳하지 않고, 인도에게 핵 보유국 권한을 인정하는 조치를 취한 건 그 때문이다. 부시는 2006년 3월 인도 수도 뉴델리를 방문하여 핵 발전소와 관련된 기술과 핵물질 공급에 대한 합의를 인도와 마무리지었다. 미국 의회는 이후 부시 행정부의 인도와의 협상 내용을 입법으로 추인했다.

인도가 미국의 희망에 따라 중국 견제역을 맡을지는 미지수다. 인도의 유명한 국제정치학자인 C. 라자모한Rajamohan은 2006년 6월 〈조선일보〉 기고에서 "인도는 미국의 '주니어 파트너'가 되지 않을 것"이라고 말했다. 다른 나라들은 인도가 '그네 주swing state'가 되어 미·중 간의 세력 균형을 미국 쪽으로 기울게 할 역할을 담당해주길 기대하나, 실제 상황은 일반의 생각과 다르다는 것이다. 그는 이와 관련하여 "인도는 너무 크고, 자주적인 외교 정책의 전통을 지니고 있다"고 설명했다. 그는 "동시에 인도는 아시아에서 중국의 아래에 서려고 하지도 않을 것"이라고 말해 인도와 중국 간의 오래된 경쟁 관계에 대해서도 언급했다.

인도, 중국, 미국 3국 간의 관계는 매우 중요하다. 21세기 중·후반 국제 질서를 정의하기 때문이다. 독립 직후 자와할랄 네루 정부 시절 인도는 제3세계 단결이라는 비동맹운동을 주도하며, 중국을 형제라고 생각한 적이 있었다. 당시 뉴델리에서는 '힌디-치니 바이 바이Hindi–Chini Bhai Bhai' 라는 말이 유행했다. '인도인과 중국인은 형제' 라는 말이다.

하지만 중국의 인민해방군은 1962년 히말라야 국경 지역을 넘어 남하, 인도를 공격했고 네루 정부에 쓰라린 패전을 안겼다. 네루 정부가 추구한 이상주의 외교는 현실 외교의 벽에 부딪혔다. 네루는 이후 중국에 대한 패전의 상처에서 채 회복되지도 못한 채 숨지고 말았다. 인도 외교는 이후 현실주의로 궤도 수정했다. 핵무기 프로그램을 진행시켰고, 1998년에는 수소폭탄 실험을 단행했다. 당시 인도의 조지 페르난데스 국방장관은 핵무기 개발 이유를 중국으로부터의 위협 때문이라고 말하기도 했다.

인도와 중국 두 핵 보유국 간의 관계는 1980년대 후반 이후 서서히 정상화가 진행됐다. 인도의 라지브 간디 총리가 1988년 베이징을 방문했고, 장쩌민江澤民 중국 국가주석은 1996년 뉴델리를 방문했다. 2005년에는 중국의 원자바오溫家寶 총리, 2006년에는 후진타오胡錦濤 주석이 인도를 방문했다. 이 같은 해빙 무드 속에서 인도는 2003년 티베트를 중국의 일부로 인정했고, 중국은 히말라야의 소국 시킴을 인도령으로 받아들였다.

파키스탄과 중국은 맹방

파키스탄과의 관계는 인도 외교의 우선순위에서 최근 상대적으로 밀려나고 있다. 인도가 글로벌 강국으로 주목받으면서, 이웃 나라인 파키스탄과의 오래된 갈등은 역내의 문제로 격하되고 있다. 인도·파키스탄 관계는 어느 때보다 안정 국면을 맞고 있다. 2003년부터 진행되어온 양국 간 협상은 어느 때보다 타결 전망이 밝다. 지난 2005년 10월 카슈미르 지진 참사 때는, 양국이 카슈미르의 양쪽 땅을 가르는 통제선LOC, Line of Control 내 몇몇 지점을 인적·물적 교류를 위해 개방하기도 했다.

양국 간 우호적인 분위기 조성에는 미국이라는 외적 변수도 작용하고 있다. 미국은 파키스탄과 오랜 맹방이고, 인도와는 최근 급속도로 가까워진 사이다. 인도는 소련의 전통적인 맹방이었으나 소련이 붕괴된 뒤 미국에 접근했다. 미국으로서는 인도·파키스탄 두 우방이 대립 관계를 청산하고, 안정적인 관계를 가져야 할 필요성이 있다. 파키스탄은 테러와의 전쟁에서 필요한 동맹이고, 인도는 중국을 견제할 전 지구적 전략에 필요한 파트너이기 때문이다.

파키스탄은 중국의 최대 동맹국이기도 하다. 중국의 지원을 받아 인도로부터 자국을 지킬 핵무기를 개발했다. 인도와 마찬가지로 핵비확산협정NPT에 서명하지 않았다. 파키스탄의 핵 발전소 건설을 지원하는 건 중국이다. 중국은 파키스탄을 통해 인도를 포위하는 한편, 인도양에 진출하는 전략적 효과를 기대하고 있다. 파키스탄으로서는 중국의 협력을 받아 인도를 견제하는 효과를 누리고 있다.

인도 변방은 국익 추구의 각축장

인도의 오른쪽 국경 국가인 미얀마에서 진행되는 중국과 인도의 물밑 경쟁도 치열하다. 중국은 미얀마를 통해 벵골 만으로 진출하려 한다. 벵골 만은 인도의 내해나 다름없다. 이곳에 중국이 밀고 들어오면 인도의 국가 안보에 큰 위협이 아닐 수 없다. 중국은 미얀마의 항구 도시 시트와에서 윈난성으로 이어지는 파이프라인 건설을 추진 중이다. 중동에서 사온 원유를, 싱가포르 인근 말래카 해협을 거쳐 수송하지 않고, 벵골 만의 미얀마를 통해 내륙 통로로 바로 수송한다는 계획이다. 때문에 인도는 미얀마 군사정부와 일정한 협력을 하며 중국을 견제하고 있다. 미국이 인권 외교를 앞세워 탄 쉐Tan Shwe 장군 정부를 압박하나, 뉴델리는 양곤(미얀마의 수도) 당국을 국제 무대에서도 지원하고 있다. 인도 주변은 지금 협력과 견제라는 각국 국익 추구의 각축장이 되고 있다.

중국과 영토 분쟁의 접경지

강톡

네팔과 부탄 사이에 있는 인도 시킴의 주도이자 최대 도시. 시킴 왕국이 1975년 인도와 병합되면서 인도령이 되었다. 강톡 티베트 불교 문화의 중심지이기도 하다. 히말라야 산중 지역인 시킴에 외국인이 들어가기 위해서는 특별 허가를 받아야 한다. 네팔과 접경에 있는 세계 3위봉 칸첸중가 산(8,586미터)을 강톡에서 멀리 볼 수 있다.

인도 시킴의 주도 강톡Gangtok을 출발해 자동차로 10분쯤 좁은 아스팔트 도로를 달려가자 검문소가 나왔다. 히말라야 산중 해발 4,310미터 높이의, 인도와 중국과의 국경 통로인 나툴라Nathu La 고개로 가는 길이다. 차가 멈춰 섰다. '서드 마일 검문소'의 프라단 경찰관은 "더 이상 들어갈 수 없다. 외국인은 나툴라 국경 지역 출입이 허용되지 않는다." 인도인 관광객에만 개방되어 있다고 말했다. 외국인 출입 금지 이유에 대해 물으니 "정부 방침"이라고만 답했다.

인도 정부의 이해할 수 없는 정책에 고개를 가로저으며, 발길을 돌릴 수밖에 없었다. 예상은 했지만 나툴라 근처에도 가보지 못하고, 강톡 바로 외곽에서 발이 묶였다. 도로 옆에는 '나툴라까지 46㎞'라고 적힌 표지판이 서 있다. '옛 실크로드'라는 안내 표지판도 보인다. 인도인들이 탄 차량은 검문소에서 정지하지도 않고 그냥 들어간다. 필자가 "그냥 가지 왜 섰느냐"고 하자, 택시 운전수는 "그럴 수는 없다"고 말했다.

인도 국경의 전략적 요지, 나툴라

나툴라는 인도와 중국과의 국경 통로로
전략적으로 매우 중요한 곳이다. 중국이
인도를 쳐내려오려면 나툴라를 지나가야
한다. 수천 킬로미터나 되는 히말라야 산
중에 중국과의 국경 통로가 몇 곳 있지만,
나툴라는 인도의 한복판으로 바로 밀고

인도 강톡에서 중국과의 국경
고개인 나툴라 가는 길에 있는
'서드 마일 검문소.' 나툴라 46
킬로미터란 도로 표지판이 보
인다.

들어올 수 있는 근접 통로다. 그만큼 인도로서는 예민한 지역이다.

지난 1962년 중·인 국경 분쟁 당시 주된 전장은 북부 잠무 카슈미
르 주의 라다크Ladakh 지역 내 분지 '악사이 친Aksai Chin' 일대였다. 하지
만 중국은 나툴라 방면으로도 인도를 공격해왔다. 이로 인해 당시 수도
뉴델리의 자와할랄 네루 정부는 중국 인민해방군이 내륙으로 밀고오

강톡 시내 전경.

❶ 티베트 불교 카르마파의 인
도 내 본산 룸텍 사원 담장.
❷ 룸텍 사원 출입문.
❸ 룸텍 사원 본전.

는 게 아닌가 해서 큰 충격에 휩싸였다. 당시 인도는 중국에 참패를 당하는 굴욕을 겪었다.

티베트의 지도자 달라이 라마가 1959년 중국의 티베트 점령 이후 네팔을 거쳐 인도로 탈출해온 직후에도 나툴라는 주목을 받았다. 달라이 라마는 이곳을 통과하지 않았다. 하지만 티베트 사람들이 대거 인도로 밀려들면서 나툴라를 주요 탈출로로 사용했다.

국경 분쟁 44년 만인 지난 2006년 7월 양국은 이곳에서 국경 무역을 재개했다. 이후 나툴라는 양국 간 긴장 완화의 새로운 상징으로 떠올랐다.

"중국 상인들은 매우 영리합니다. 교활하지요. 당할 수가 없어요." 강톡에서 만난 무역회사 예티 인터내셔널의 마노지 키란 대표의 말을 듣고 웃었다. "화상華商 못지않게, 인상印商이 세계적으로 유명한데 그게 무슨 말이냐"라고 반문했다. 그는 "중국 상인은 인도 상인을 쉽게 속인다"며 그게 아니란다. 그의 말 속에서 인도인의 중국인에 대한 '경계심'과 '열등감'이 느껴진다. 키란 대표는 나툴라에서 국경 무역을 허용받은 상인이다. "이런 식이죠. 방콕에 물건을 사러 갔는데 중국 상인은 5루피 하는 물건을 처음에는 20루피라고 부릅니다. 그렇게 높게 부르면 가격 흥정을 아무리 잘해도 10루피까지 내려갈 수는 있지만 5루피까지는 못 내려갑니다."

44년 만에 나툴라 국경 개방

나툴라 국경 시장 개설은 중국이 훨씬 적극적이었다. 반면 인도는 소극적이고 방어적이었다. 나툴라 인근 도로와 통신 인프라도 중국 쪽이 훨씬 잘 정비되어 있다. 국경 지대에서 중국은 핸드폰이 터지나, 인도는 핸드폰 서비스가 안 되고 유선전화만 이용 가능하다.

국경에서 비즈니스를 허용받은 인도 상인들에게 들어본 나툴 라 국경 시장은 다음과 같았다. 인도와 중국의 국경 양편에 양국은 시장을 개설하고, 국경 무역에 필요한 시설도 운영하고 있었다. 예컨대 중국 상인은 인도 국경을 넘어 14킬로미터를 더 들어오면 있는 셰라탕으로 가고, 인도 상인은 중국 쪽으로 19킬로미터 떨어져 있는 링잉강에 가서 물품을 구입하는 식으로 운영된다. 셰라탕 시장과 링잉강 시장은 철조망으로 둘러 주변과 차단해놨다. 양국의 국경 시장에는 20개 안팎의 상점들이 있고, 은행, 식당, 이민국 시설이 갖춰져 있다. 교환 화폐로는 미국 달러가 사용된다. 환전을 위해 인도 쪽에는 ‘인디아스테이트은행’이, 중국 쪽에는 ‘중국은행’ 지점이 설치되어 있다. 인도 상인들의 경우 셰라탕에서 인도 루피를 미국 달러로 환전해, 중국 쪽 링잉강으로 넘어간다.

교역에는 아직 제약이 많다. 마치 이제 눈이 녹기 시작한 양국 관계와 같다. 인도 상인들에 따르면 2006년 8월 현재 중국에서 구입해올 수 있는 품목은 15개로 제한되어 있다. 비단, 양털, 야크 가죽 등이다. 1962년 국경 폐쇄 당시 교역하던 품목 그대로다. 이와 관련하여 강톡에서 관광업에 종사하는 한 관계자는 다음과 같이 말했다. “중국 쪽에서 야채와 야크 꼬리 등을 수입해올 수 있도록 했는데, 누가 그걸 사옵니까? 웃기는 얘기입니다. 사업이 안 되는 품목이지요. 중국은 인도산

페인트 같은 걸 수입하려 하는데 인도 정부가 허용하지 않습니다.” 그는 자신의 이름이 보도되어서는 안 된다고 필자에게 강조했다.

국경 시장에서의 하루 거래액도 2만 5,000루피(약 62만 5,000원) 선으로 제한을 두고 있다. “그 정도 규모로는 비즈니스가 되지 않습니다. 강톡에서 나툴라까지 가는 물류 비용만 감안하더라도 이문이 남질 않지요. 현재의 교역은 나툴라 인근 국경 주민의 생계를 돕기 위해 허용한 것입니다. 본격적인 교역을 하자는 게 아니지요.” 한 상인의 말이다. 이 때문에 현재는 하루 5~10명의 상인만이 국경 시장에 나가는 실정이라고 했다. 국경 시장은 주 4일(월, 화, 수, 목)만 문을 열고 이 지역의 혹독한 겨울 날씨 때문에 연중 6~9월 4개월만 운영된다.

하지만 상인들은 길게 보고 중국 상인과 신뢰 관계를 쌓기 위해 나툴라 국경 시장을 노크하고 있다고 했다. 무역회사 슈밤 엔터프라이즈의 산자이 말루 대표는 “향후 2년 새 교역 품목도 늘어나고, 액수 제약도 풀릴 것으로 본다”고 기대감을 표시했다. 실제로 인도 정부는 당초 국경 무역 허가권을 시킴 내 100명의 상인에게만 부여했으나, 교역이 시작된 지 한 달쯤 지나 300명에게 허가를 늘려 내줬다. 그리고 2006년 중반기 현재 3,000명이 추가로 국경 무역 허가를 신청한 상태다.

중국인들의 기대감도 큰 듯하다. 강톡에서 관광업에 종사하는 한 관계자는 다음과 같이 말했다. “중국 상인들이 인도와의 비즈니스에 관심이 매우 큽니다. 회사 웹사이트를 보고 이메일을 보내온 사람들도 있었는데, 인도 비즈니스 가능성이 어떤지, 어떻게 비즈니스를 해야 하는지를 물어왔습니다.”

해발 1,780미터 히말라야 산허리에 가파르게 서 있는 도시 강톡에서는 나툴라 국경 개방에 대한 축제 분위기를 엿볼 수 있었다. 길거리에는 현수막도 걸려 있고, 여행사들은 나툴라 국경 시장 개설과 국경 개방을 관광 특수로 연결시키기 위해 노력하고 있다. 나툴라로 가는 '서드 마일' 검문소에서 만난 시민 라메시 샤르마(힌두 사제)는 "중국을 두려워하는 정서가 있다"면서 "하지만 전쟁 대신 비즈니스가 시작된 걸 환영한다"고 말했다.

시킴 주 내 최대 영자 신문인 〈시킴 익스프레스〉의 아밋 오베로이 편집국장은 "1962년 나툴라에서 중국의 공격을 받아 인도는 국경 무역 재개에 소극적이었다. 반면 중국은 매우 적극적이었다"면서 "나툴라 국경 무역 재개에 시킴 사람들은, 예상되는 경제적 효과에 매우 큰 기대를 갖고 있다"고 말했다.

인도, 중국 기업 줄줄이 퇴짜

인도 사람들은 중국을 매우 경계한다. 1962년 중국과 인도 영토 분쟁 때 중국에 패했던 쓰라린 기억 때문이 아닌가 싶다. 그래서 인도 정부는 중국인의 자국 방문에 그다지 개방적이지 않다.

델리의 외교 소식통에 따르면 인도는 중국인의 자국 입국을 가급적 억제하는 정책을 갖고 있다. 관광객의 입국도 환영하지 않는다. 예컨대 단체 관광객에 대해서는 비자를 발급하되, 개인 관광객에 대해서는 비자를 발급하지 않는 식이다. 중국은 이에 매우 못마땅해한다고 알려져 있다.

관광뿐만 아니라 '안보상 우려'를 이유로 내세우며 중국 기업의 인도 프로젝트 참여를 불허하거나 난색을 표명하는 '대중국 예민증'이 자주 발생한다. 인도 정부는 2006년 8월 30일 뭄바이와 첸나이 항만청장에게 보낸 비밀 문건에서, 이들 항만이 추진하고 있는 컨테이너 터미널 건설 프로젝트에 중국 업체의 참여를 불허한다고 통보했다. 뭄바이와 첸나이 항만청은 홍콩의 항만 건설 운영 업체인 '허치슨 항만HPH'의 제안서를 받은 뒤 연방정부에 승인 요청을 했으며, 이후 뉴델리 당국은 1년 이상 시간을 끌며 결정을 미뤄온 터였다. HPH는 홍콩 최대 재벌 리자청 소유로, 세계 유수의 항만 건설 운영 업체다. 뭄바이와 첸나이 항만 건설은 각각 120억 루피(약 3,000억 원), 49억 4,000만 루피(약 1,235억 원)가 소요될 메가 프로젝트다.

인도 정부의 중국 업체 기피로 인해 남부 케랄라주 비진잠 항만 건설에 입찰한 중국의 또 다른 기업 카이디 전력과 중국 항만 엔지니어링도 HPH와 같은 처지에 놓였다.

이에 앞서 인도 내무부는 자국 내 가스관 부설 공사를 따낸 중국 업체가 신청한 중국인 작업 인력 1,800명의 비자 발급 요구에 대해 안보상의 이유로 난색을 표한 바 있다. 인도 당국이 내세우는 '안보상의 이유'의 정확한 내용은 알려지지 않고 있다. 하지만 주요 SOC(사회간접시설) 건설을 경쟁국 업체에 맡길 경우, 국가 안보에 부정적 영향을 미칠 것을 우려한 것으로 관측된다.

인도의 대중국 경계 의식은 일면 납득되는 측면이 있지만, 좀 편협하게 느껴진다. 그렇다고 날로 커지는 중국의 영향력에서 완전히 자유로울 수 있는 것도 아니기 때문이다.

인도인의 중국에 대한 라이벌 의식도 대단하다. 모든 걸 중국과 비교한다. 신문을 보면 역력히 드러난다. 외국인 직접 투자FDI는 중국의 10분의 1, 해외교포 송금은 중국의 얼마라는 식의 기사가 매우 많이 보인다. 마치 우리가 과거 '일본에 20년 뒤졌다', '10년 뒤졌다' 하면서 일본 따라잡기에 열을 올렸던 걸 연상케 한다. 아시아의 두 대국 중국과 인도의 보이지 않는 견제와 협력은 앞으로도 국제사회의 큰 관심이 아닐 수 없다.

무장 분리 투쟁의 현장
스리나가르
S R I N A G A R

무굴의 4대 황제 자항기르는 "지구상에 낙원이 있다면, 그건 카슈미르"라고 말했고 전해진다. 무굴 황제들은 여름이면 더운 델리를 탈출해, 카슈미르의 수도 스리나가르로 달려가곤 했다. 하지만 카슈미르는 지금 천국이 아니고 지옥이다. 인도로부터의 분리를 주장하는 무장 투사들의 테러가 끊이지 않고 있다. 지난 1989년부터 시작된 무장 분리 투쟁은 거의 20년에 이르고 있다.

델리에서 스리나가르로 향하는 사하라 항공 기내. 옆 좌석에 앉은 50대 남자가 필자가 보고 있던 자료를 흘깃흘깃 쳐다본다. 모른 체하다가 스리나가르에 거의 도착할 때쯤 말을 걸었다. 우선 그가 카슈미르 출신인지부터 확인했다. 카슈미르 출신이어야 현지 사정에 대해 제대로 얘기해줄 수 있기 때문이다. 그는 카슈미르 출신으로 뉴델리에서 사업을 하고 있다고 했다(명함을 받았으나 그를 위해 공개하지 않는다).

그의 말은 충격적이었다. 인도가 나치보다 더 하단다. "독일 나치의 유대인 학살 만행은 세상에 알려졌지요. 하지만 인도의 경우는 아니에요. 바깥세상은 카슈미르에서 무슨 일이 일어나고 있는지 모릅니다. 고

아름다운 달(Dal) 호수와 '하우스 보트'로 유명한 카슈미르 계곡의 최대 도시로, 여름이 되면 북인도 사람들이 더위를 피해 많이 찾는다. 무굴 황제가 건설한 성과 무굴 정원이 아름답다. 달 호수에서 소형 관광 유람선을 타고 무굴 정원까지 왕복하는 코스는 인도 여행 중 가장 기억에 남는 호사다. 1947년 인도와 파키스탄이 분리되면서, 통제선을 사이에 두고 분리 독립 무장투쟁이 끊이지 않는, 분단의 아픔을 안고 살아가는 땅이다.

❶ 스리나가르 전경. 달 호수 주변으로 발달된 도시다.
❷ 시내의 서쪽에서 달 호수를 내려다보고 있는 악바르 성. 무굴의 악바르 황제가 세웠다.

문, 학살, 불법 감금, 강간 등 말도 못합니다." 그는 언론도 당국의 압력을 받아 제대로 보도하지 못한다고 했다. 지역 언론 중에서는 그나마 〈그레이터 카슈미르Greater Kashmir〉가 낫다고 했다. 지난 50년간 인도가 통치했지만 지역 발전이 없다고 했다. 변한 게 없다는 것이다.

카슈미르인들의 적대감

델리의 인디라 간디 공항을 이륙한 지 1시간 20분이 지나자 비행기 창밖으로 카슈미르 대분지가 나타나고 비행기가 활주로에 내려앉았다. 스리나가르는 히말라야 산중의 광활한 분지에 자리 잡고 있다. 비행기 밖으로 나가니 봄 날씨다. 섭씨 40도가 넘는 델리의 숨이 막힐 듯한 더위와는 딴판이다. 기장은 섭씨 25도라고 했다.

공항 청사에 들어서니 한 남자가 다가와 외국인 도착 신고증을 작성하라고 요구한다. 여권 번호와 발급 날짜, 발급 장소, 비자 번호와 비자 발급 장소 및 날짜, 인도 도착 날짜, 체류 예정 호텔 등 온갖 정보를 다

쓰라고 한다. 요구 사항은 많지만 비교적 친절한 편이다.

인도 여행시 공항에서 시내로 들어갈 때는 선불택시pre-paid taxi가 제일 낫다. 목적지에 따라 요금이 정해져 있어 바가지 쓸 일이 없다. 예약한 숙소까지 택시 요금을 물으니 460루피(약 1만 1,500원)란다. 다른 곳에 비해 비싼 편이다. 택시를 타고 공항을 빠져나왔다. 공항은 시내에서 아주 가깝다. 공항을 떠난 지 얼마 되지 않아, 거리에 시선을 두고 있는데 운전수의 입에서 '인도'에 대한 욕이 튀어나왔다.

필자가 도착하기 3일 전인 2006년 5월 31일 스리나가르에서는 관광객이 탄 버스에 수류탄이 투척돼 2명이 숨지고 수십 명이 다쳤다. 그는 이와 관련하여 "무장 전사鬪士, militant들은 관광객을 공격하지 않는다. 4명의 무장 전사가 그랬다고 하는데, 그들은 카슈미르 사람이 아니다"라고 했다. "카슈미르에는 산업이 하나도 없어 관광 산업에만 목을 매고 있는데, 그들이 관광객을 공격할 수가 있겠느냐. 테러를 한 사람들은 마날리에서 온 인도인이다. 카슈미르가 안정되면서 관광객이 늘어나자, 이로 인해 피해를 보는 인도 쪽에서 보낸 사람들이다"라고 그는 말했다. 필자가 "관광객이 적게 온다고 인도 쪽에서 스리나가르에 사람을 보내 그런 일을 저지르기야 하겠냐"며 믿기 어렵다는 반응을 보이자, 그는 "신문에 그런 주장이 보도됐다"고 말했다. 스리나가르 시내에 들어가기도 전에 카슈미르 사람들의 인도에 대한 적대감이 절절히 느껴진다.

스리나가르 중심 지역의 N학교 교장(실명이 공개되는 걸 거부했다)은 인도 당국의 보복이 자신에게 어떻게 취해질지 모른다며 조심스러워했다.

● 1989년에 무장 전사들의 봉기가 시작됐다. 왜 그때 일어났나?

카슈미르는 1947년 인도의 점령 이래 오랫동안 신음해왔다. 그러던 중

테러 공격의 상흔을 보여주는 스리나가르 시내 MA거리의 한 건물. 사건 발생 몇 년이 지났으나 그대로 방치되고 있다.

1987년 주 총선이 있었고, 이때 선거를 통해 카슈미르인의 분리 의지를 표현하자는 열망이 강했다. 많은 사람들이 투표장으로 갔다. 당시 주민의 지지를 강하게 받고 있던 정당은 무슬림연합전선MUF, Muslim Unified Front이었다. 그런데 뚜껑을 열고 보니, 인도 정부의 지원을 받고 있던 '국민회의National Conference'가 승리했다. 선거 결과가 조작된 것이다. 주민의 분노가 하늘을 찔렀다. 절망감은 이루 말할 수 없었다. 선거로도 안 되면 그럼 남은 게 뭐가 있나. 이후 젊은이들이 총을 들고 일어났다.

● 인도령 카슈미르에 사는 주민들의 삶은 어떤지?

존엄성을 유지하고 살기가 힘들다. 거리 도처에 군경의 벙커가 있고, 수많은 무장 경찰이 주민을 감시한다. 도시 지역은 그나마 낫지만 시골에 가면 무장 전사 수색을 내세워 군인들이 집에 들어가 여성들을 성추행하거나 강도질을 하는 일이 빈번하다.

● 경제 상황은 어떤지?

젊은이들이 학교를 졸업해도 아무것도 할 수 없다. 직장이 없다. 인도항공, 국경도로청 등 정부 기관이 아니면 취직할 데가 없다. 이때 같이 있던 그의 20대 조카가 말을 거들고 나섰다. 자신의 동생이 편잡 주도 찬디가르에 있는 국립수력발전공사 취직 시험을 봤는데, 면접 시험에서 떨어졌다고 했다. 면접관들이 동생의 긴 턱수염을 가리키며 "왜 턱수염을 기르나", "카슈미르 분쟁에 대해 어떻게 생각하느냐"고 물었다는 것이다. 그는 동생이 카슈미르 출신이기 때문에 부당하게 떨어졌다고 열을 올렸다.

● 카슈미르인에 대한 차별이 있나?

1947년 인도가 독립하기 이전부터 이 지역에서는 힌두들이 교육을 쥐고 있었다. 힌두 왕이 통치하고 있던 때다. 무슬림은 교육을 못 받도록 했다. 때문에 편지를 받아도 힌두를 찾아가 읽어 달라고 해야 했다. 그런 상황은 지금도 크게 달라지지 않았다.

시내 한복판에 있는, 인도군에 붙들려 수감되어 있던 도중 사망한 순교자들의 무덤.

고문 후유증에 시달리는 사람들

스리나가르 최대 이슬람 모스크인 '자마 마스지드' 옆 노하타 지역에서, 테러 혐의로 14년간 수감 생활을 한 모하마드 살림 자르가르(34)를 만났다. 자르가르는 1989년 학생 무장투쟁 조직인 '학생해방전선SLF, Student Liberation Front' 에 들어갔다. 인도령 카슈미르에서 무장봉기가 일어나던 시기다. 그는 당시 17세로 조직 내 최연소였다. SLF는 '잠무 카슈미르 해방전선JKLF, Jammu Kashmir Liberation Front' 의 하부조직으로 1988년에 결성됐다. 조직원은 60명이었다.

그는 SLF에 들어가자마자 군사 훈련을 받기 위해 한밤중에 SLF 동료 4명과 함께 인도와 파키스탄을 가르는 '통제선LOC, Line of Control' 을 넘었다. 그는 파키스탄령 카슈미르를 '자유 카슈미르' 라는 뜻의 '아자드azad 카슈미르' 라고 불렀다('아자드' 는 파키스탄 공식어인 우르두어로 '자유' 라는 뜻이다). 파키스탄령 카슈미르는 이미 해방되어 있기 때문에 그렇게 부른다고 했다.

한 달간 파키스탄령 카슈미르에서 훈련을 받은 뒤 인도로 돌아왔다. 자르가르는 이로부터 6개월쯤 뒤 평복 차림의 군인 5~6명에 의해 스리나가르 시내에서 전격 연행됐다. 바로 수감됐고, 이때부터 2년간의 혹독한 심문이 시작됐다. 고문에 대해 말해달라는 필자의 요청에 그는 "상처를 잊고 싶어 다른 사람이 물어보면 잘 얘기하지 않는다. 하지만 외국 기자가 물어보니 말하겠다"며 말문을 열었다.

"두 팔을 뒤로 묶은 뒤 묶은 손을 끌어올려 몸이 허공에 뜨게 만드는 고문을 받았는데, 어깨 탈골은 물론 극심한 통증으로 기절하지 않을 수 없었습니다. 같이 심문을 받던 사람은 앉은 채 다리를 벌리는 고문을 당해 가랑이가 찢어져 죽었습니다. 4, 5명이 그렇게 죽었죠. 전극의 한 쪽은 혀에 물리고, 다른 쪽은 신체 다른 부위에 물린 채 전기고문도 받았습니다. 어떤 사람은 석유를 항문을 통해 뱃속에 집어넣는 고문을 당했는데, 그가 당시 고통을 호소하자, 판사가 '당신이 차냐. 항문에 석유를 집어넣게' 라고 말했다고 합니다. 국경보안군 BSF, Border Security Force, 연방수사국 CBI, Central Bureau of Investigation, 잠무 카슈미르 주 경찰이 돌아가면서 심문을 했습니다. 스리나가르의 심문 장소인 PAPA1, PAPA2, RED16에서 1년, 그리고 잠무로 옮겨져 악명 높은 코트발왈, 탈랍 틸로에서 각각 6개월과 2개월을 보냈죠. 하루 식사는 오전 10시에 한 컵 분량의 밥과 오후 4시에 짜이 한 잔이 전부였는데, 너무 배가 고픈 나머지 아픈 사람이 있으면 그의 몫을 빼앗아 먹기도 했습니다. 심문을 받기 시작한 2년 뒤에야 정식 재판이 시작됐고, 8년형을 선고받아 2000년까지 복역했습니다. 하지만 2000년에도 공공안전법의 적용을 받아 석방되지 못하고 2003년 12월까지 더 복역했습니다."

그는 석방된 뒤 정치조직을 결성하여 현재 2,500명의 활동가가 참여하고 있는 '카슈미르 대중운동 Kashmir Mass Movement'을 이끌고 있다. 파키스탄과의 통합을 주장하는 강경파 사이에드 알리 샤 길라니Geelani가 이끄는 '후리야트 회의'에 참여하고 있다. 길라니의 '후리야트 회의'에는 14개 단체가 참여하고 있는데, '카슈미르 대중운동'은 그중 두 번째로 큰 세력이라고 했다. 그는 "카슈미르 사람 4,000여 명이 고문 후유증으로 일을 할 수 없으며, 1만 명이 군경에 붙들려간 뒤 실종 상태"라고 말했다.

기도를 하고 있는 달 호수 주변 무슬림 주민들.

　스리나가르 한복판에 있는 달 호수가에 자리 잡은 카슈미르 대학의 A교수는 "대학 건물의 벽을 보라. 아무런 구호도 써 있지 않다. 이런 대학을 보았느냐? 카슈미르 대학에는 학생회도 결성되어 있지 않다"고 말했다. 학생회가 생기면 학생들의 힘이 한데로 결집될 것을 우려한 당국이 학생회 결성을 막고 있다고 그는 말했다.

　매년 자신의 학과에서 수십 명의 학생이 졸업하지만 카슈미르 외부 지역에 취업하는 수는 5~10명에 불과하다며, 카슈미르에 대한 차별을 비판했다. "인도의 명문 교육기관 졸업생 못지않게 능력 있는 학생들입니다. 그런데도 인도인들은 '왜 카슈미르 사람을 고용하느냐'며 고용을 기피합니다."

　학생들 역시 거침없이 강한 적대감을 표출했다. 정치학과의 한 학생은 "얼마 전 학생들을 대상으로 조사한 결과, 모든 학생들이 인도의 카슈미르 점령으로 인해 경제적 타격과 심리적 부담을 느끼는 것으로 나타났다"고 말했다. 또 다른 학생은 "인도가 카슈미르를 상대로 국가 테러를 자행하고 있다"고 말했다. 한 학생은 뉴델리에 사는 사촌이 매년 1월 26일 '공화국의 날'을 전후해 인도 당국에 의해 가택연금을 당한다고 했다. 테러 발생을 의식해 카슈미르 사람들을 상대로 근거 없이 이 같은 조치를 취한다고 그는 비판했다.

끝이 보이지 않는 분쟁

카슈미르의 정치적 미래에 대해서는 '파키스탄의 일부'가 되어야 한다 는 주장과 독립해야 한다는 주장이 엇갈린다. 정치학과 석사 과정에 있 는 한 학생은 "두 마리의 코끼리가 싸우면 그 사이에 있는 풀만 고통받 는다"며 독립을 주장했다. 두 마리의 코끼리는 인도와 파키스탄을 가 리킨다.

'파키스탄으로의 병합' 대신 '독립'을 주장하는 온건파 '제諸정당 후 리야트 회의All Parties Hurriyat Conference'에는 18개의 정당과 사회종교단체 등 모두 26개의 단체가 참여하고 있다(강경파인 길라니가 이끄는 '후리야트 회의'와는 별도의 조직이다). 의장인 미르와이즈 오마르 파룩Mirwaiz Omar Farooq(1973년생)은 카슈미르 이슬람 세계의 최고 종교 지도자로, 젊은 나 이에도 불구하고 합리적인 처신으로 폭 넓은 지지를 받고 있다. 미국의 시사 주간지 〈타임〉의 아시아판은 지 난 2002년 그를 카슈미르의 진정한 목소리라고 높이 평가하며, '아시아 영웅들' 중 한 명으로 선정한 바 있다.

이 단체의 인권 및 홍보담당 책임 자인 모하마드 나가시 이슬람 정당 대 표는 약속 시간에 늦은 필자가, 다시 만날 수 없겠느냐고 전화로 묻자 자신

제정당 후리야트 회의 건물.

의 집으로 찾아오라고 했다. 순박한 사람들이었다. 나무와 벽돌 자재로 지은 그의 집에 가니 딸이 차와 과자를 갖고 나왔다. 그는 "인도의 강제 점령을 받아들일 수 없다"면서 "인도, 파키스탄, 카슈미르가 참여하는 3자회담을 열어 카슈미르의 장래를 결정해야 한다"고 주장했다.

'제정당 후리야트 회의'는 현재 인도군 철수와 카슈미르의 독립을 주장하고 있으나, 3자회담이 열릴 경우 이곳에서 나오는 결정을 수용할 것이라고 말했다. 그는, 인도는 3,000명에 이르는 정치범을 석방하고, 불법적인 억류와 억류 중 일어나는 살인, 그리고 살인을 하고도 이들을 테러범으로 몰아 교전 중 사망한 것으로 허위 발표하는 행위를 즉각 중단해야 한다고 주장했다. 그러면서도 그는 "인도 정부와 지난 2004년부터 대화를 시작했다"면서 "아직 아무런 성과는 없으나 미래를 낙관한다"고 말했다.

카슈미르 지역의 평화 유지를 위해 파견되어 있는 유엔정전감시단은 6개월마다 인도와 파키스탄을 번갈아 옮겨가며, 사령부를 운영하고 있다. 필자가 들른 2006년 6월 초는 인도(스리나가르)에 사령부가 자리 잡고 있었다. 이곳에는 한국군 김성웅 대령을 비롯해 소령 9명이 근무하고 있다. 대부분 LOC 인근의 유엔 초소에 근무하나 해병대 출신인 홍종석 소령은 본부에 차출돼 근무하고 있다. 그는 "해외 경험을 통해 많은 걸 배우고 있다"며 생활에 만족해하는 모습이었다. 가족은 파키스탄의 이슬라마바드에 체류하고 있는데, 스리나가르보다는 파키스탄의 수도가 자녀 교육 등 여러 가지 여건이 좋기 때문이란다.

크로티아 출신 준장인 유엔감시단장은 "카슈미르의 양국 간 'LOC'에서는 2003년 11월 이후 단 한 건의 총격 사건도 없다"면서 "양국 간 크리켓 경기에서 파키스탄이 이겼을 때 공중을 향해 자동소총을 쏜 게 전부이며 매우 안전한 지역"이라고 말했다. 그는 "카슈미르 내부에서 무장 전사들이 상황에 따라 뭔가 보여줄 필요가 있으면 경찰과 시설을 향한 공격이 일어난다"면서 "공격 사건 수가 늘었다 줄었다 하지만 전체적으로 매우 상황이 좋아졌다"고 말했다. 그는 그러면서도 "유엔정전감시단이 상당 기간 이 지역에서 계속 활동해야 할 것으로 보인다"며 카슈미르 사태의 조속한 정치적 타결에 부정적인 반응을 보였다.

필자를 안내해준 20대 현지인은 내내 불안해했다. 아버지가 외국 기자와 같이 다닌다며 걱정하고 있다고 했다. 만난 사람들의 이름도 모두 가명으로 해달라고 했다. 체류 중 필자에게 인도 외교부로부터 전화가 걸려온 걸 보고서는 "스리나가르에서 취재하고 있는 걸 알고 전화한 것 아니냐. 정보 보고가 이미 올라갔을 것"이라며 극도로 민감해했다.

카슈미르 분쟁이 그 끝을 보기 위해서는 많은 희생과 시간을 필요로 할 것으로 보였다. 현상 유지를 바라는 인도 입장에서는 시간을 끌면서 카슈미르인들이 지치기를 바라고 있는 듯했다.

카슈미르 분쟁사

카슈미르는 1947년 영국령 인도가 인도와 파키스탄으로 갈라질 당시 힌두 왕이 통치하고 있었다. 주민의 절대 다수는 무슬림이었다. 비극은 여기에 있었다. 인도와 파키스탄으로 분단될 당시 주민 다수가 무슬림인 지역은 파키스탄에 속하기로 했다. 그 공식에 따르면 카슈미르는 파키스탄에 속해야 했다.

하지만 힌두 왕은 결정을 미루며 차일피일 시간을 끌었다. 1947년 10월 파키스탄의 파쉬툰족 민병대들이 침공해 스리나가르를 향해 압박해오자 힌두 왕 하리 싱은 인도의 자와할랄 네루 총리에게 급전을 쳐 파병을 요구했다. 이후 인도는 카슈미르 지역의 일부를 지배하고 있다. 반면 무자파라바드 등 파키스탄에 접한 카슈미르 지역은 파키스탄이 관할하고 있다.

하리 싱은 1949년 카슈미르를 떠나야 했다. 그리고 1962년 뭄바이에서 사망했다. 하리 싱 왕 당시 카슈미르 총리는 셰이크 모하마드 압둘라. 그는 1953년까지 카슈미르 총리로 일했다. 인도의 다른 주들의 최고 정치지도자는 주총리이나, 카슈미르의 지위는 일반 주와는 다르기 때문에 '총리'라 불린다. 인도헌법 370조에 의해 잠무 카슈미르는 국가 안의 국가 지위를 갖고 있다. 별도의 헌법, 깃발, 상징, 국가원수가 보장되어 있다. 하지만 이 같은 독립적인 지위는 상당 부분 약화되었다. 1960년대에 '국가원수'가 없어지고 지역의 정치지도자

셰이크 압둘라가 1953년 인도군 철수를 요구한 사원.

직함이 '주총리'라는 이름으로 바뀌었다.

1953년 셰이크 압둘라는 인도군의 철수와 1947년 이전 상태로의 복귀를 요구했다. 이 일로 인해 그는 총리직에서 해임되었고 11년간 수감됐다. 그는 1975년, 인디라 간디 당시 인도 총리와 카슈미르의 정치적 미래 결정을 위한 주민 투표 실시라는 기존 요구를 포기하는 합의를 한 뒤 정계에 복귀했다. 이때 그는 '카슈미르 총리'가 아닌, 인도의 1개 주인 '잠무 카슈미르'의 주총리가 된다.

그는 1982년 사망했으며, 이후 그의 아들 파룩 압둘라가 주총리에 올랐다. 그는 1982~1984년, 1987~1989년, 1996~2003년 세 차례 주총리를 지냈다. 그가 두 번째 주총리에 오른 1987년 선거는 부정 선거라는 오명을 남겼다. 인도 중앙정부는 친인도 세력인, 파룩 압둘라가 이끄는 '국가회의'가 집권하도록 노골적인 선거 부정을 저질렀다. 이는 2년 뒤 주민들의 무장봉기에 불을 당겼다. 국가회의는 지금도 잠무 카슈미르 주의 최대 정당이다.

인도의 판문점
와가 국경 검문소
W A G A H

인도 암릿사르와 파키스탄 라호르 사이의 국경 관문. 양국을 연결하는 가장 유명한 국경 지역으로, 양국 간 정기 노선버스가 이곳을 통해 운행되고 있다. 국경을 통과하는 사람과 양국 국경 병력의 국기 하기식을 보려는 관광객이 찾고 있다. 양측에서 매일 1,000여 명의 관광객이 찾을 정도로 하기식의 인기가 높다.

섬 아닌 섬나라에 사는 국민이라, 육로로 국경을 넘는 경험은 언제나 새롭다. 미국에서 캐나다로 차를 타고 여행할 때나 유럽 여행길에 나라 간 경계를 넘을 때도 그랬다. 인도와 파키스탄 간의 국경 통로 중 하나인 와가 검문소Wagah Border를 발로 걸어서 통과할 때는 느낌이 또 달랐다. 양국은 일종의 분단국이고, 필자 역시 허리가 잘린 땅 출신인지라 그럴수밖에.

인도와 파키스탄의 유일한 국경 통로

파키스탄에 출장을 갔다가 와가 검문소를 통해 인도로 돌아가기로 했다. 와가 검문소는 파키스탄의 대도시 라호르Lahore에서 가까웠다. 승용차를 타고 1시간 거리. 와가 검문소를 통과하면 지척에 있는 인도 도시가 암릿사르다. 라호르는 파키스탄 펀잡의 주도이고, 암릿사르는 인도 펀잡의 주도이다. 펀잡 주가 인도와 파키스탄으로 갈라지기 전까지 라호르가 편잡의 주도였다.

라호르에서 와가 검문소에 접근하니 아스팔트 확·포장 작업이 한창이었다. 하지만 동네는 번잡하기 짝이 없었고, 길옆에는 소, 양, 개 등 온갖 동물이 방목되고 있어 동물 농장 같았다. 돼지는 없었다. 이슬람 국가에서 돼지는 저주받은 기피 동물이다. 라호르의 깨끗한 도시 분위기와는 사뭇 달랐다. 넓게 포장 중이던 길이 좁아지고 잠시 더 길을 따라 나아가니 2차선 아스팔트 길 저편에 푸른색의 파키스탄 깃발이 휘날리고 있다. 이슬람 국가의 상징인 초승달이 들어가 있다. 파키스탄 쪽 국경 검문소였다. 검문소 건물 저편으로는 인도의 삼색기가 보인다. 인도 쪽 국경이다.

'세관'이라고 영어로 쓴 글자로 보고 도로 오른쪽의 1층 건물 창구에 여권을 내밀었다. 인도 사람으로 보이는 60대 남녀 역시 인도 입국을 위해 서 있다. 인도 편잡 주 도시 잘란다르 출신의 시크교도로, 동행한 가족 중 일부는 영국에 살고 있다고 했다.

런던에 산다는 아지트 싱은 "파키스탄을 처음으로 방문했다"면서 "사람들의 태도가 매우 좋았다"며 밝은 표정이었다. 시크교의 창설자인 '구루 나낙 뎁Guru Nanak Dev(1469~1539년)'의 출생지가 있는, 라호르 인근 난카나 사힙Nankana Sahib 사원에 다녀오는 길이라고 했다.

파키스탄 쪽 이민국과 세관을 통과하니 국경을 넘어가는 일밖에 남지 않았다. 라호르에서 차를 태워준 삼미대우고속버스의 이광호 부장이 배웅해 준다고 해서 국경을 향해 가방을 끌고 천천히 같이 걸어갔다. 인도 국경에서

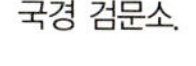
국경 검문소.

100미터 떨어진 커다란 관문에서는 또 한 차례 통과 절차가 기다리고 있었다. 한 군인이 책상을 그늘에 갖다놓고 출국자와 입국자의 이름을 공책에 기록하고 있었다. 'Outgoing', 'Ingoing(incoming의 잘못인 듯)'이라고 표지에 쓴 두 권의 노트가 책상 위에 놓여 있었다.

당시 시각은 오후 2시 40분. 오후 3시까지 일반인의 국경 통과가 허용되기 때문에 월경을 위한 시간이 얼마 남지 않았다. 군인이 적고 있는 출국자 공책을 어깨너머로 보니 22번에서 50번까지 이날 출국자의 신원 기록이 적혀 있다. 얼핏 보니 인도인 2명, 파키스탄인 1명, 영국인 8명, 일본인 6명, 이란인 4명, 캐나다인 2명의 국적이 기록되어 있다. 국경을 접하고 사는 인도와 파키스탄 사람들보다는 외국인이 훨씬 더 많이 이용하는 셈이다. 물론 영국이나 캐나다 국적자 중 상당수는 인도나 파키스탄 출신으로 보였다.

이란인 알리 모하모디(전기기술자)에게 "어떻게 국경을 통과하게 됐느냐"고 묻자, 30대로 보이는 영어가 능숙한, 그의 부인인 마르지크가 대신 답을 해왔다. 학생이라는 마르지크는 "테헤란에서 연휴를 이용해 여행을 떠나왔다. 파키스탄과 국경을 접한 이란 남부 지역을 통해 버스

❶ 국경을 건너는 여행객들. 이란에서 온 이들이다.

❷ 파키스탄 국경 검문소 인근에서 만난 아프가니스탄 트럭 운전수들. 아프간산 마른 과일을 트럭으로 싣고 와 인도에서 온 물주가 나타나기를 기다리고 있다고 했다. 길면 한 달 이상 이곳에서 기다리기도 한단다.

를 타고 넘어왔다. 그리고 코웨이부터 라호르까지는 기차를 24시간 탔다"고 했다. 그는 "버스를 타고 오면서 24시간 물도 마시지도 못하고 여행했다. 여행사 가이드가 도망갔다"면서 "인도에서는 암릿사르, 델리, 아그라 등을 일주일 정도 구경할 예정"이라고 했다. 그는 필자의 델리 내 연락처를 물으며 "혹시 난처한 일이 있으면 전화하겠다"고 말했다.

인도와 이란은 우리 생각보다 가까운 나라다. 무굴제국은 아프가니스탄에서 시작했고, 이 때문에 제국의 영토는 상당 기간 이란과 접해 있었다. 무굴의 두 번째 황제 후마윤이 델리에서 밀려났다가 권토중래할 수 있었던 건 이란 왕의 병력 지원 때문이었다.

국경 경계선에 있는 관문을 향해 걸어갔다. 마침 국경 무역이 한창이었다. 양측에서 온 트럭이 서로 꽁무니를 대고 화물을 옮겨 싣고 있었다. 인도에서 온 냉동 트럭에서 인도 짐꾼들이 쇠고기를 내려주면, 파키스탄 짐꾼들이 받아 파키스탄 트럭에 옮기는 모습이다.

국경을 건너가려는데, 진한 초록색 예복 차림의 파키스탄 군인이 여권을 요구했다. 쓱 보더니 가라고 한다. 이제는 진짜 국경을 건넜다. 너무 쉽다. 국경을 건너는 게.

2차선 포장도로인 국경 길을 건너니, 뒤편에서 마늘 포대를 머리에 이고 있는 인도 짐꾼 수십 명이 줄을 지어 국경으로 걸어온다. 파키스탄으로 보내는 인도산 마늘이었다. 사람들 못지않게 물자 교류가 양국 간에 매우 활발한 모양이었다.

국경 검문소 국기 하기식은 양국의 축제

인도로 들어오니 역시 인도다. 국경 이민국을 통과하는 데 창구에 여권을 내밀고 서서 20분을 기다려야 했다. 이민국 직원은 필자의 여권과 입국 신고증을 받더니 입국신고증에 뭔가를 한참 열심히 적었다. 그러고는 책상 위에 놓인 스캐너에 필자의 여권을 올려놓고 스캐닝을 했다. 스캐닝을 한 뒤 이미지가 컴퓨터 모니터에 떠오르는 동안 몇 분이 걸렸다. 그 동안 그는 옆에 앉은 직원과 한참 이야기를 하고, 창구에 찾아온 다른 입국자와 얘기를 나눴다. 그의 책상 위에 IBM이라고 써 있는 검은색 14인치 모니터 화면을 보니 여권 안쪽 페이지 이미지가 떠 있었다. 그는 여권 이미지에서 마우스로 클릭하며 사진만을 오려내는 작업을 했다. 그런 뒤 다시 컴퓨터에 프로그램을 띄운 뒤 이름과 국적 등 자료를 입력했다.

창구에 서서 지켜보니, 필자의 국경을 북한D.P.R Korea으로 분류해 입력하고 있었다. "No, That's wrong!"이라고 말해줬건만 그는 듣지 못했는지 그냥 다음 작업으로 넘어갔다. 필자도 공연히 입국 시간만 지체될까 봐 더 이상 말하지 않았다. 그러는 동안 창구 옆에 있는 식수대에서는 고장난 수도꼭지가 물을 콸콸 쏟아내고 있었다. 이란인 관광객 한 명이 이를 보고 물이 흘러내린다고 했지만 인도 직원들은 아무도 개의

치 않았다.

다음은 세관 통과 절차. 갖고 있는 현금을 신고하라고 해서 인도 돈 1,500루피가 있다고 적었다. 이를 본 직원이 출처를 묻는다. 인도에서 원래 갖고 나간 것이라고 하니, "인도 돈을 외국으로 갖고 나가지 못한다. 인도 돈을 갖고 있다고 하면 입국할 수 없다. 파키스탄 돈이라고 고쳐 적으라"고 했다. "왜 갖고 나가면 안 되냐"고 하니 사실 자신도 납득하지 못한다는 표정을 짓는다.

이민국과 세관 신고를 마치고 건물을 빠져나갔다. 군 통제 지역을 빠져나가기 위해 수백 미터를 걸어갔다. 길옆에는 높이 자리 잡은 초소가 있고, 초소에서는 군인들이 카메라를 들고 가는 필자를 지켜보고 있다. 사진을 찍으려 하면 언제든지 소리를 치며 제지하려는 눈치다. 근처에는 3미터 높이의 전기 철조망이 3중으로 쳐 있다.

통제 지역을 빠져나가니 인파로 북적인다. 오후 5시부터 양국 국경 검문소에서 열리는 국기 하기식을 구경하기 위해 몰려든 관광객들이다. 필자는 국경 통과에 앞서 전날 오후 파키스탄 쪽에서 하기식을 구경했다. 1947년 분단 이후 60년의 세월이 흐르는 동안 분단의 상처는 축제의 현장으로 바뀌어 있었다.

파키스탄 쪽에 모여든 관광객은 500여 명. 인도 쪽은 곱절이 넘어 보였다. 양국은 국경 검문소에 커다란 스탠드를 만들어놓고 일반인들이 하기식을 구경할 수 있도록 해놓았다. 파키스탄은 관람을 위한 스탠드까지 남녀를 구

❶ 하기식을 보기 위해 몰린 사람들. 남녀 스탠드가 분리되어 있다. 이슬람 국가인 파키스탄인지라.

❷ 인도 쪽 스탠드가 파키스탄 쪽보다 크다.

갑자기 나타난 응원단 할아버지. '파키스탄 만세'라고 쓴 옷을 입고 응원을 했다.

분해 따로 따로 만들어놓았다. 인도 국경에서 보면 오른쪽 스탠드가 여성, 왼쪽이 남성을 위한 자리다.

하기식 시간이 임박하자, 스탠드는 빈자리가 없이 꽉 찼다. 스탠드에서 바라보면 양국 간 국경 관문은 물론, 인도 쪽 군인들의 모습과 스탠드도 훤히 보인다. 스탠드 한쪽에서 교복 차림의 여중생 10여 명이 일어나 '진다바드 파키스탄(파키스탄 만세)' 구호를 외치는 등 자국을 응원했다. 인도 쪽도 시끌시끌하다. 갑자기 푸른색 겉옷에 우르두어로 '파키스탄 만세'라고 쓴 차림의 60대 노인과 50대 후반의 남자가 대형 파키스탄 국기를 휘두르며 나타났다. 이들은 스탠드에 앉아 있는 관람객들을 향해 국기를 휘두르고, 이어 인도 국경 쪽으로 가서 다시 국기를 크게 휘둘렀다. 파키스탄 관광객들은 그에게 열띤 환호를 보냈다. 60대 노인은 이곳의 단골로, 인도와의 전쟁에서 가족을 모두 잃은 분단의 피해자라고 했다.

점차 분위기는 뜨거워졌다. 인도 쪽에서 '힌두스탄'이라는 구호가 나오자, 파키스탄 쪽에서는 '파키스탄'이라는 구호로 맞대응했다. '진다바드 파키스탄', '제 마타키 제(인도 만세)'란 구호로 국경 초소의 양쪽은 후끈 달아올랐다. 오후 5시, 우렁찬 군인의 구령 소리가 들리면서 하기식이 시작됐다. 양측 군인들은 약간 과장되고 우스꽝스러운 동작으로 국경 관문까지 왔다 갔다 했다. 상대방을 향해 분노를 드러내는 듯한 동작을 취하기도 했고, 발을 높이 쳐들고 힘 있게 땅을 구르면서 커다란 소리를 냈다. 관광객들이 때로 박수를 보내기도 하고, 그런 가운데 관문

위에 걸려 있던 양국 국기가 동시에 내려지면서 하기식이 끝났다.

사람들은 행사를 즐겼다. 파키스탄 관광객에게 인도에 대한 감정을 물어봤다. 초등학생 압둘라 로디(10)는 "인도 안 좋다. 인도는 쓰레기"라고 말했다. 이유를 물었더니 "모르겠다"고 했다. 중학교 2학년인 아흐센 나스룰라(14)는 "인도인들은 마음이 좁고, 불쌍하다"고 말했다. 반면 로디의 친구인 알리 이스마일(10)은 "인도가 매우 좋다"고 말하기도 했다. 성인들은 대체로 인도에 대해 절제된 표현을 사용했다. 라호르에 사는 무하마드 아야스(23, 전기기술자)는 "문화를 보러 왔다. 인도와 파키스탄은 같이 한 나라로 살 수 있다고 생각한다. 인도가 매우 좋다. 그들의 종교도 존중한다"고 말했고, 파키스탄 출신으로 영국 국적인 아메드 미르(회사원)는 "나라를 얻기 위해 얻은 손실을 생각하면 슬프다. 많은 희생이 있었다"고 말하곤 더 이상 말이 없었다.

와가 국경 검문소의 파키스탄 부대 부대장 압둘 사마드 칸 중령은 필자와 만나 "인도에 대한 적대감이 없다"고 말했다. 그는 "가장 최근에 긴장이 조성된 건 지난 2001년이었다"고 말했다. 당시 인도 뉴델리의 국회 의사당은 테러 공격을 받았고, 이후 인도와 파키스탄은 일촉즉발의 위기까지 치달았다. 칸 중령에 따르면 하기식은 1947년 10월 14일, 양국 합동 국경 검문소가 생기면서 곧바로 시작됐다고 한다. 우리의 판문점에 해당하는 이곳은 이후 점차 관광 명소로 자리 잡았고, 지난 2001년에는 하기식 행사 관람을 위한 스탠드도 만들었다.

검문소는 16세기 북인도의 지배자 셰르 샤 수르가 닦은, 유명한 '그랜드 트렁크 로드GT Road'가 지나가는 국경 지점 위에 자연스럽게 생겼다. 파키스탄 군의 경우 50여 명이 근무하고 있고, 국경은 오전 9시~오후 3시에 개방한다. 그는 와가 검문소 외에 남쪽으로 45킬로미터 떨어진 카수르에도 양국 공동 국경 검문소가 있다고 했다.

와가 검문소를 통한 양국 간 인적·물적 교류는 확대되고 있다. 칸 중령은 "하루에 100~150명이 국경을 넘는데 주로 외국인"이라며 "인도, 파키스탄인의 경우 주로 이산가족 방문 목적"이라고 했다. 양국 간에 평화 분위기가 자리를 잡으면서 방문객의 숫자 또한 늘어나고 있다. 2006년 2월 파키스탄의 라호르에서 인도와 파키스탄 간 크리켓 시합이 열렸을 때 인도에서 관광객 5,000명이 와가 국경 검문소를 지나 파키스탄에 왔다. 양국은 2005년 9월 각각 억류하고 있던 상대방 국민 583명을 와가 국경 검문소를 통해 송환하기도 했다. 파키스탄의 경우 435명을 돌려보냈는데, 이중 371명은 인도 어부들로 아라비아 해에서 배를 타고 어로 작업을 하다가 월선한 이들이었다.

양국을 잇는 버스도 운행되고 있다. 1999년 운행을 시작한 델리~라호르 버스가 일주일에 4회 검문소를 통과한다. 당시 개통식에는 인도의 아탈 비하리 바지파이 전 총리가 와가 검문소를 통해 파키스탄을 방문하기도 했다. 인도와 파키스탄은 3차례 전면전과 많은 제한전을 벌이면서 3만 5,000~7만 명이 숨지는 등 한반도 못지않은 충돌의 역사를 갖고 있다. 하지만 와가 검문소에서 본 양국 관계는 남북한보다 훨씬 진전되어 있었다. 우리도 판문점을 통해 북한으로 들어가고, 북한을 지나 중국이나 러시아로 갈 수 있을 날이 언제나 오려는지! 몸은 조국에서 멀리 떠나 있지만, 분단 현실을 생각하면 가슴이 아프다.

미얀마 마지막 왕이 누워 있는 라트나기리

RATNAGIRI

한 사내를 만나러 가는 길이다. 미얀마(옛 버마)의 마지막 왕 티바 민 Thibaw Min이다. 그는 인도 서해안의 한적한 어촌 라트나기리Ratnagiri라는 곳에 있다. 라트나기리는 인도의 경제 중심 뭄바이와 인도 최대의 해변 휴양지 고아의 중간쯤 되는 곳이다.

인도에 웬 미얀마 왕이냐? 하지만 역사가 그렇게 만들어놓았다. 티바 왕은 영국에 의해 자신의 왕국을 빼앗긴 뒤 퇴위당하고 인도로 끌려왔다. 그의 나이 26세 때인 1885년이었다. 그리고 31년간 유배 생활을 하다가 누구도 찾지 않는 외딴 어촌에서 심장마비로 숨졌다.

미얀마의 마지막 왕이 비참한 최후를 인도에서 보냈다는 사실을 발견한 건 인도 소설가 아미탑 고시Amitav Ghosh의 소설 《유리 궁전The Glass Palace》에서였다. 이런 아이러니가 있을 수 없다. 인도 무굴제국의 마지막 황제인 바하두르 샤 자파르Bahadur Sha Zafar는 미얀마에서 죽었다. 1857년 영국 동인도회사 소속 인도 군인들의 봉기(세포이 난) 때 지도자로 추대되었다가, 영국에 의해 당시 미얀마 수도 양곤(옛 랑군)으로 끌려가 그곳에서 말년을 보냈다. 그리고 1862년, 유배된 지 5년 뒤에 숨

인도 서해안 마하라슈트라 주의 한적한 어촌. 인구 7만 명. 크기가 큰 알폰소 망고의 산지로 유명하다. 독립운동가인 B. G. 탈락(1856~1920)과 뭄바이의 지하세계를 장악하고 있는 조직폭력배 다웃 이브라힘의 출생지이기도 하다. 인도 헌법의 아버지 암베드카르 박사의 고향이기도 하다(출생지는 마디야프라데시 주).

졌다.

이웃한 두 나라의 지도자가 식민 지배자에게 목덜미를 잡혀 서로 각자의 땅으로 끌려간 뒤 맞은 최후는 참으로 슬프고 치욕적인 역사가 아닐 수 없다. 두 나라 지도자를 각각 다른 나라로 보내 죽게 만든 식민 지배자들의 심보가 무엇인지! 그런 사실을 안 뒤 티바 왕의 유배지를 찾아야겠다는 충동이 강하게 들었다. 미얀마와 필자, 그리고 한국은 특별히 엮인 역사는 없다. 하지만 망한 나라의 지도자를 역사 속에서 가졌던 아시아의 또 다른 국민으로서 미얀마의 왕 티바에게 연민이 갔다.

인도 땅에 잠든 미얀마의 왕

한국 사람 중 라트나기리를 알고 있는 사람은 매우 드물 것이다. 인도 사람들도 지역 주민이 아니면 모르는 이가 많다. 아마도 유명한 카스트 철폐론자로 인도 헌법의 아버지라 불리는 암베드카르 박사가 이 지역 출신이라고 하면 그제서야 고개를 끄덕일 사람이 있을지 모르겠다. 암베드카르는 현대 인도사에 마하트마 간디와 더불어 빛나는 인물이다.

라트나기리를 찾아가는 길은 멀었다. 항공편이 없어 기차로 가야 했다. 북쪽 뭄바이에서는 10시간 가까이 걸리고, 아래쪽 고아_{Goa}에서는 6시간 정도 걸린다고 해서, 고아에서 뭄바이까지 가는 '만도비 익스프레스' 열차에 몸을 실었다. 열차는 오전 8시 25분 정시에 출발했다. 하지만 예정 시간을 40분 넘겨 도착했다. 소요 시간은 5시간 40분. 인도 열차는 경험으로 보아 연발은 하지 않으나, '연착_{延着}'은 빈번했다.

고아에서부터 내리던 비는 라트나기리에도 내리고 있었다. 7월부터 시작된 우기 때문이다. 구름은 하루에도 몇 차례 소나기를 쏟아냈다.

라트나기리 해안에 도착하니 강한 바닷바람이 불고 있었다. 동쪽 바다인 아라비아 해에서 불어오는 몬순풍이었다. 파도가 강하게 바닷가 절벽을 때리고 있었다. 모래 해변은 아름다웠으나, 바닷물에 발을 집어넣기에는 파도가 너무 높았다.

라트나기리 어촌을 내려다보는 언덕 위에 '티바 궁'이 있었다. 1910년 영국 식민 당국이 티바 왕을 인도에 끌고온 지 25년 만에 지어준 저택이다. 주황색 기와지붕의 붉은색 3층 석조 건물이다. 3층에는 전망대가 있었다. 티바 궁은 생각보다 큰 규모였다. 그래도 영국 사람들이 뒤늦게라도 집은 번듯하게 지어줬구나 하는 생각이 들었다. 대지가 3,000평은 넘는 규모에 건평만 해도 몇 백 평은 되어 보였다.

하지만 건물은 철저히 버려져 있었다. 티바 왕이 망원경을 들고, 라트나기리 어촌에서 아라비아 해 쪽으로 난 조그만 만을 내려다보았다는 전망대 층은 문짝이 떨어져나갔거나 달려 있더라도 유리창이 성한 게 없었다. 건물 상당 부분이 녹색 이끼로 뒤덮여 있었고, 그대로 삭아 무너져 내리고 있었다. 인도 정부나 미얀마 당국이 거의 관리를 하지 않고 있기 때문이다. 티바 궁 입구 한쪽에 서 있는 녹슨 표지판에는, 라

❶ 미얀마의 마지막 왕 티바가 인도에 유배되어 살았던 '티바 궁'.
❷ 티바 궁에서 내려다본 라트나기리 해안.

트나기리가 속한 마하라슈트라 주정부에 의해 '주(州) 유적'으로만 지정되어 있다고 쓰여 있을 뿐이다.

본관과 연결되어 있는 뒤편의 부속건물은 '지역 박물관'으로 바뀌어 있었다. 들어갔으나 실망이었다. 박물관 1층에 라트나기리에서 발견된 힌두교 관련 석상 15점을 모아놓아 놓은 데서 알 수 있듯이 '티바 왕'의 박물관은 아니었다. 그의 유물은 2층 전시실의 한 방에 몇 점 놓여 있었다. 티바 왕과 수파얄랏 Supayalat 왕비가 손님을 맞을 때 사용했을 의자와 왕비가 사용했다는 거울이 달린 화장대, 티바 왕이 검을 들고 옥좌에 앉아 있는 사진, 티바 왕과 왕비가 재위 중 촬영한 기념사진 등이 전시되어 있었다. 총명했다는 수파얄랏 왕비는 늙어 할머니가 되어 다른 사진 속에 남아 있었다. 박물관 직원은 "하루에 20명 정도 방문객이 찾아온다. 미얀마 사람들은 거의 없고, 인도 관광객들"이라고 말했다.

티바 왕이 처음 라트나기리에 와서 살았다는 '아우트람 하우스 Outram House'는 어디에 있을까? 아우트람 하우스는 번듯한 티바 궁과는 달리 초라하기 짝이 없다고 알려져 있다. 아트람 하우스의 흔적을 지우길 원하는 세력이 건물을 허물어버린 것일까? 박물관 직원과 티바 궁 앞을 지나는 동네 주민을 붙잡고 물어봤으나 도무지 확인할 수가 없다. 아미탑 고시의 소설에 따르면 아우트람 하우스는 티바 궁과 마찬가지로 언덕 위에 있었다. 티바 왕이 처음 언덕 위 아우트람 하우스에 살고 있을 때는 주변에 주택이 거의 없었다. 100미터 언덕 아래 바닷가에 어촌이 있을 뿐이었다.

아우트람 하우스의 위치는 호텔 직원이 내민 책자에서 나중에 어렵게 확인할 수 있었다. 인도 여행잡지 〈아웃룩 트레블러〉의 단행본 안에 수록된 라트나기리를 설명하는 부분에 나와 있었다. 지금은 '티바 포인트'라고 불리는 지점이었다. 티바 궁에서 수백 미터 떨어진 바닷가

쪽 언덕 끝이었다. 지금은 관광 전망대로 바뀌어 있었고, 한창 공사 중이었다. 경사진 땅이어서 집이 있었다면 매우 협소할 수밖에 없었을 것으로 보였다. 바로 뒤에는 지역 행정 책임자인 '컬렉터'의 관사가 있었다.

무모한 선전포고

티바 왕은 영민했다. 그는 미얀마의 불교 학교에서 '파타마라 캬'를 받았다. 이 점수는 최고 등급으로 전체 미얀마 역사에서 이 점수를 받은 왕은 티바가 유일했다. 왕국은 영민한 왕의 등극을 맞아 새로운 기대에 부풀어 있었다. 그는 등극 직후 여러 가지 쇄신을 단행했다. 법전을 만들었고, 장군들과 관리들에게 적용되는 '행동규범'을 제정했다. 노예도 직접 왕실의 내탕금을 들여 석방하고 이들의 정착도 지원했다. '성군'이라는 말을 들을 만했다.

하지만 그가 왕위에 올랐을 때 왕국은 엄청난 도전을 받고 있었다. 부왕인 민동 민 역시 훌륭한 왕으로 평가받지만, 당시 양곤을 포함한 나라의 남부 해안 지대를 영국에 빼앗겼다. 왕국은 영국에 쫓겨 수도를 내륙 깊숙한 만달라이Mandalay로 옮겨야 했다. 영국은 미얀마의 티크를 탐냈다. 티크는 고급 목재다. 1883년 티바 왕은 영국 기업 '봄베이 버마 티크 목재회사BBTC'에 채벌권을 부여했다. 그런데 2년 뒤 BBTC가 티크를 신고한 것보다 훨씬 많이 불법으로 벌채한 사실이 적발됐다. 장부에는 3만 그루를 잘라냈다고 기록되어 있었으나, 조사 결과 8만 그루를 벌채한 것으로 드러났다. 미얀마 관리들은 5만 그루 불법 벌채에 대해 2억 3,000만 루피(약 57억 5,000만 원)의 벌금을 부여하는 한편,

BBTC의 코끼리 등 벌목을 위한 장비를 압류했다. 이에 BBTC는 벌금이 과다하다고 항의했다. 한 달 열흘이 지난 그해 10월 22일 영국 정부는 미얀마 왕국에 대해 최후통첩을 해왔다. 15일 후 티바 왕은 영국에 대해 선전포고를 했다.

그때까지도 미얀마는 영국의 엄청난 힘을 제대로 파악하지 못했다. 산업혁명으로 이룬 경제적 부가 넘쳐흐르던 영국이었다. 그 나라를 상대로 무모하게 전쟁을 하겠다고 선언하다니. 티바 왕은 세 방면으로 병력 5,000명씩 총 1만 5,000명을 보냈다. 전선에서는 얼마 뒤 승전보를 보내왔다. 왕은 훈장을 보내 격려했다. 하지만 그건 허위 보고였다. 전선은 왕국의 수도에 접근했고, 어느 날부터 영국군의 포성이 궁전에 들려오기 시작했다. 선전포고를 한 지 21일 후 영국군 1만 명이 만달라이를 포위했다. 다음날 영국은 티바 왕과 왕비, 자녀들을 체포했다. 왕과 가족은 소달구지에 실려 수도에서 끌려나와 증기선에 타야 했다. 양곤을 거쳐 인도 마드라스(현 첸나이)로 압송됐다. 마드라스에서 네 달 가까이 머무르다 1886년 4월 10일 다시 배에 실려 영구 유배지인 라트나기리로 떠났다. 이후 30년을 라트나기리를 떠나지 못하고 살아야 했다. 티바 왕이 세상을 뜬 건 1916년 12월이었다. 58세였다. 영국을 대표해서 장례식에 참석한 건 라트나기리의 행정 책임자인 컬렉터도 아니고 2인자였다.

찾는 이 없는 쓸쓸한 무덤

티바 왕의 무덤을 찾는 건 그리 어렵지 않았다. 박물관 직원에게 물어보니, '시바지 나가르'에 있다고 얘기해줬다. 티바 왕은 자신이 살던 저택에서 1킬로미터 남짓 떨어진 라트나기리 시내에 묻혀 있었다. 그가 세상을 떴을 때는 시 외곽이었을 것이나, 지금은 아파트 단지 한복판이었다. 그의 옆에는 그보다 일찍 세상을 뜬 또 다른 왕비(수파야 갈레)의 무덤이 있었다. 무덤의 크기는 가로, 세로, 높이 2미터 정도로, 콘크리트로 만들어진 듯했고 흰색 칠이 되어 있었다.

아파트 단지 한복판에 자리 잡은 티바 왕의 무덤.

　무덤 앞에는 잡초가 높게 자라나 있었다. 출입문은 녹이 시뻘겋게 슬어 있었다. 아무도 찾지 않는 탓이다. 주변에서 공을 차고 있던 아이들에게 "누구의 무덤인지 아느냐"고 물었더니 "티바"라고 했으나, "인도의 왕"이라고 이내 엉뚱한 말이 튀어나왔다.

　티바 왕이 죽은 뒤 수파얄랏 왕비는 그의 유해를 갖고 미얀마로 돌아가려 했지만 식민 지배자들은 잔혹했다. 티바의 유해가 돌아올 경우 미얀마에서 예상되는 파장을 우려해 그를 서둘러 라트나기리에 매장했다. 시신을 쉽게 발굴할 수 없도록 무덤 위에는 무거운 콘크리트 구조물을 올려놓았다. 수파얄랏 왕비는 남편이 죽은 뒤에도 바로 미얀마로 돌아가지 못했다. 3년 뒤 유럽에서 1차 세계대전이 끝난 뒤에야 귀국할 수 있었다. 그녀는 남편의 유해를 이국에 두고, 혼자서 돌아가야 했다. 그도 티바 왕 사후 9년 뒤인 1925년 양곤의 처칠 거리 가택에서 연금 상태로 세상을 떴다.

　시바지 나가르의 티바 민의 무덤 앞에서 잠시 생각에 잠겼다.

● 당신은 왜 여기 있나?

몰라서 묻나? 영국이 나를 이곳으로 끌고 왔다.

● 아무도 찾지 않는 무덤이 쓸쓸하다.

나도 나라를 지키지 못해 외국에 넘겼지만 후손들도 변변치 않은 탓이다. 한때는 태국을 호령했고, 인도 북부 아삼까지 점령했던 미얀마다. 하지만 지금 군사 정부가 미얀마의 권력을 틀어쥐고 있어 국제사회에서 따돌림을 받고 있지 않나? 안타깝다.

● 왜 무모하게 영국에 덤벼들었나?

그렇게 센 줄 몰랐다. 만달라이에 영국군이 진격해와서야 알았다. 그들 포병이 내는 포성은 종전에는 들어본 적이 없는 어마어마한 것이었다. 하지만 때는 이미 늦었다.

● 30년간 유배 생활하면서 왕국의 멸망 과정을 복기해봤을 텐데, 어떻게 했으면 망국의 길로 가지 않았을 것 같은가?

라트나기리에 끌려와 치욕스럽게 살면서 어느 한순간 그 생각을 해보지 않은 적이 없었다. 내가 왕국을 물려받았을 때 미얀마는 이미 해안가의 요지를 영국에 빼앗긴 상태였다. 왕국의 수도 만달라이는 이라와디 강을 따라 내륙 지역 깊숙이 올라간 곳이었다. 영국은 양곤 등 미얀마의 중요한 땅을 이미 차지하고 있었다. 영국의 야욕은 끝이 없었다. 내가 나라를 살리려고 발버둥을 쳐봤더라도 쉽지 않았을 것이다. 그들의 더러운 욕심을 채울 수는 없었을 것이다.

● 하지만 이웃 나라인 태국은 살아남지 않았나?

태국이 독립을 유지할 수 있었던 건 영국과 프랑스 간에 전략적인 타협의 결과다. 베트남을 식민지로 만든 프랑스와, 인도와 미얀마를 집어삼킨 영국 간의 충돌을 막기 위해 태국을 중간지대로 남겨놓은 것이다. 그들이 잘해서가 아니다.

티바 왕의 무덤을 바라보며 잠시 서 있었다. 그러면서 90년 전에 죽은 티바 왕과 짧은 대화를 나누었다. 필자 역시 망국을 당한 나라에 사는 사람으로서 티바 왕에게 몇 가지 묻고 싶었던 것이다.

무덤을 뒤로하고 아파트 단지에서 나오는데 주민들이 낯선 방문자인 필자를 흘깃흘깃 쳐다봤다. 그중 한 사람이 어디서 왔느냐고 묻더니, 티바 왕에 대해 얘기해달라고 했다. 웃어넘기고 말았다. 티바 왕과의 짧은 만남은 그것이 끝이었다. 라트나기리에서 더 이상 그의 흔적을 발견할 수 있는 건 아무것도 없었다.

간디를 잊어야 11억 시장이 보인다

초판 1쇄 인쇄 2007년 5월 30일 초판 1쇄 발행 2007년 6월 4일

지은이 최준석 **펴낸이** 김태영

기획편집 3분사_ 부서장 노창현 **기획진행** 최향금
기획편집 3분사 노창현 최수진 고호장 강재인 김영혜 **본문디자인** 성인기획

상무 신화섭 **COO** 신민식
컨텐츠사업 노진선미 이유정 이화진
홍보마케팅분사_ 부분사장 정덕식 **영업관리** 김은실 이재희
마케팅 권대관 송재광 곽철식 박신용 김형준 이귀애 **인터넷사업** 정은선 왕인정 김미애 전경아
홍보 김현종 임태순 허형식 **광고** 김정민 김혜선 이세윤 허윤경
본사_ 본사장 하인숙 **경영혁신** 김도환 김성자 **재무** 고은미 봉소아 최준용
제작 이재승 송현주 **HR기획** 송진혁 양세진

펴낸곳 (주)위즈덤하우스 **출판등록** 2000년 5월 23일 제13-1071호
주소 서울시 마포구 도화동 22번지 창강빌딩 15층 **전화** (02)704-3861 **팩스** (02)704-3891
홈페이지 www.wisdomhouse.co.kr
출력 스크린출력센터 **종이** 신승지류 **인쇄·제본** 영신사

값 18,000원 ISBN 978-89-6086-028-5 03320

* 잘못된 책은 바꿔드립니다.
* 이 책의 전부 또는 일부 내용을 재사용하려면 반드시 사전에
   저작권자와 (주)위즈덤하우스 양측의 서면에 의한 동의를 받아야 합니다.

* 이 책은 관훈클럽 신영기금 연구기금의 지원을 받아 저술 출판되었습니다.